"大科学"治理

常旭华 陈 强 著

本书系国家社会科学基金项目"面向新征程的国家创新体系整体效能提升研究"（22VRC126）的阶段性成果

科学出版社

北 京

内 容 简 介

　　"大科学"始于曼哈顿计划和阿波罗登月计划，兴于大洋钻探计划和人类基因组计划。当前，全球正处在新一轮科学和技术革命的前夜，科研范式、科研模式、科研手段发生了深刻性变革。通过大科学计划和大科学工程，组建以战略科技力量为代表的大型科研机构，开展以高通量、大规模为基础的集中式科研活动已成为各国政府的共同选择。围绕科研组织模式变革趋势，本书通过"大科学"国际探索和"大科学"中国实践两个姊妹篇，系统阐述了"大科学"的治理内容，包括运作规律、载体建设、项目管理，以及"大科学"与"小科学"的关系处理，提出了中国未来发展"大科学"的治理框架与对策建议。

　　本书可供政府宏观科技管理部门、隶属战略科技力量的相关科研机构及一线科技工作者参考使用。

图书在版编目（CIP）数据

"大科学"治理/常旭华，陈强著. —北京：科学出版社，2024.6

ISBN 978-7-03-077531-3

Ⅰ. ①大… Ⅱ. ①常… ②陈… Ⅲ. ①科学技术管理－研究－中国 Ⅳ. ①F204

中国国家版本馆 CIP 数据核字（2023）第 254266 号

责任编辑：魏如萍/责任校对：张亚丹
责任印制：张　伟/封面设计：有道设计

科学出版社 出版
北京东黄城根北街 16 号
邮政编码：100717
http://www.sciencep.com
北京盛通数码印刷有限公司印刷
科学出版社发行　各地新华书店经销

*

2024 年 6 月第 一 版　开本：720×1000　1/16
2024 年 6 月第一次印刷　印张：14 1/4
字数：282 000
定价：168.00 元
（如有印装质量问题，我社负责调换）

推 荐 语

现代科学诞生以来，人类探究深空深海深地、微观粒子、生命及量子等终极科学命题的梦想从未停息，且愈加强烈。"大科学"加快了人类自由探索、追求真理的步伐。本书在"大科学"运行规律分析的基础上，提出了我国"大科学"治理框架和治理策略等建议，相信能够为我国宏观科技管理、战略科技力量建设提供有价值的参考和借鉴。

——胡志坚

中国科学技术发展战略研究院二级研究员，原院长

当前，全球新一轮科学技术革命愈加临近，科研范式、科研手段正在发生根本性变革，通过大科学计划和大科学工程，开展以高通量、大规模为基础的集中式科研已成为主要科技强国共同选择。中国如何发挥新型举国体制优势，借助"大科学"迅速完成"跟跑""并跑"向"领跑"的赛道转换？本书将大科学计划、大科学工程、国家实验室、常规科技计划作为一个整体进行研究，解析了"大科学"与"小科学"相关支撑关系，为我们全面领会"大科学"治理打开了一扇窗户。

——柳卸林

中国科学院大学经济与管理学院教授、中国科学学与科技政策研究会副理事长

希格斯玻色子、可控核聚变、超级对撞机、登月计划、火星计划……所有这些关系全人类如何走向未来的重大科技壮举都是以大科学计划或大科学工程范式完成的。本书从国际探索和中国实践两个方面，系统阐释了全球典型大科学计划与大科学工程的运作规律，有助于我们深刻理解和掌握"大科学"维度的科技治理体系，提升治理能力。

——陈劲

清华大学经济管理学院教授、中国科学学与科技政策研究会副理事长

序

2012 年 7 月 4 日，位于瑞士日内瓦的欧洲核子研究中心（European Organization for Nuclear Research，CERN）举行新闻发布会，宣布两个国际研究团队基于大型强子对撞机发现了被称为"希格斯玻色子"的基本粒子。2022 年 12 月 13 日，美国能源部下属的劳伦斯利弗莫尔国家实验室宣布，研究团队在国家点火设施进行的可控核聚变实验，首先实现了核聚变净能量增益。继曼哈顿计划和阿波罗登月计划之后，这两次物理学上的跨时代实验突破无疑再次诠释了大科学时代高水平建制化科研组织与重大科技基础设施的巨大价值。无论是高水平建制化科研组织如国家实验室主导的产学研创新主体跨学科跨领域合作，还是平台型、专业型开放的重大科技基础设施与前沿交叉研究平台建设，都对科技投入强度和组织运行管理提出了更新更高的要求，如欧洲的大型强子对撞机耗资 100 亿美元，成为人类有史以来最昂贵的单体装置，引发"大科学"计划与"小科学"计划科技资源配置合理性讨论。

值得指出的是，"大科学"的"大"不单单体现在组织规模大、装置能级高上，更体现在引领人类走向未来的科学技术能力和国际影响力。"大科学"的兴起一方面颠覆了传统的"小科学"自由探索和科学家"单打独斗"的工作范式，另一方面也引发了对"小科学"与"大科学"之间关系的思考，特别是"小科学"在"大科学"组织实施过程中的重要作用。多年来，我国科学家在参与许多国际大科学计划与大科学工程和发起国际大科学计划等方面积累了丰富的经验。但是，向承担大国责任和建设科技强国目标出发，迫切需要基于国际通行规则，完善契合国家利益的"大科学"治理体系，聚焦"大问题、大团队、大平台、大计划、大投入"五个方面的议题，厘清"大科学"治理的底层逻辑、目标任务体系、资源配置模式、组织管理形态及执行载体等，明确科学共同体、政府、市场在"大科学"治理中的定位与分工以及"大科学"分解为"小科学"的标准。

非常高兴看到同济大学常旭华、陈强两位老师合著的《"大科学"治理》一书。全书通过"大科学"国际探索和"大科学"中国实践两个姊妹篇，系统阐述了"大科学"的治理内容，包括"大科学"运作规律、"大科学"载体建设、"大科学"项目管理。"大科学"国际探索篇详细解释了大科学计划的全流程治理、"大科学"工程的全生命周期治理以及作为"大科学"载体的国家实验室运作与管理，阐述了"大科学"与"小科学"的关系，剖析了"大科学"执行阶段分解出的常规科技计划管理问题。"大科学"中国实践篇从大科学计划、大科学工程、国家实验室、常规科技计划项目管理等四个方面，回顾了我国"大科学"工作进展和存在问题，提出了我国"大科学"治理框架与对策建议，相信能为我国宏观科技管理部门、隶属战略科技力量的相关科研机构以及一线科技工作者提供有价值的参考和借鉴。

创新驱动数字转型可持续发展已经成为世界潮流，"大科学"科研进入新时代，科研范式正在经历一场重大转变。一方面基础科学、技术科学、工程科学理论研究面临一系列难以解释的重大问题，迫切需要建构新理论，提出新假说，设计新实验，组建国家战略科技力量，搭建数字化高性能重大科技基础设施；另一方面重大科技基础设施面临新的技术壁垒和严峻的数字转型挑战，迫切需要强化关键核心技术攻关和加速数字化重大科技基础设施建设，提高设施数字化开放共享水平和创新主体国际化发展水平。因此，在深入实施科教兴国战略、人才强国战略、创新驱动发展战略背景下，深入研究"大科学"如何引领"小科学"，"小科学"如何孕育"大科学"，"大科学"如何驱动产业变革与未来产业发展等理论方法并且开展政策实践，已经成为政府、学界和业界共同关注的战略问题，需要社会各界协同创新，探索出中国式"大科学"科研范式和创新生态系统制度文化环境。常旭华、陈强教授合著的这本书正是这类研究的有益尝试和探索，值得一读。

中国科学院创新发展研究中心主任

中国科学学与科技政策研究会理事长

前　言

大科学计划和大科学工程始于曼哈顿计划和阿波罗登月计划，兴于大洋钻探计划和人类基因组计划。当前，全球正处在新一轮科学和技术革命的前夜，科研范式、科研模式、科研手段发生了深刻性变革。面对事关全人类共同利益的重大前沿科学议题，通过大科学计划和大科学工程，组建大型科研机构，开展以高通量、大规模为基础的集中式科研活动已成为全球共同选择。

我国自 2012 年起 R&D 投入规模已连续多年居全球第二，涌现出一大批具有全球影响力的科学家，建成或在建了一批领先全球若干年的大科学基础设施，此时开展"大科学"研究有利于我国加快从科技创新"跟跑""并跑"向"领跑"的赛道转换，亦有利于我国落实大国担当，通过"一流大科学计划和大科学工程汇聚全球一流人才，产出全球一流科研成果"，进而重构全球创新治理新格局。2018 年 3 月，国务院印发了《积极牵头组织国际大科学计划和大科学工程方案》，对未来我国牵头组织国际大科学计划和大科学工程提出了具体的数量要求。

目前，国内学者围绕大科学计划和大科学工程已开展了大量前期论证与基础研究工作。例如，中国科学院大科学装置领域战略研究组于 2009 年详细绘制了"中国至 2050 年重大科技基础设施发展路线图"，在物理、空间科学、生命科学、资源、环境等领域提出了若干设施建设规划。在此基础上，2019 年中国科学院大科学装置领域战略研究组再次聚焦"国家大科学工程设施发展战略"，对大科学设施的管理问题进行了深入探讨。中国科学院上海生命科学研究院的团队主持了《国际大科学计划发展研究——以生命科学领域国际大科学计划为例》研究，聚焦生命科学领域国际大科学计划，明确界定其概念、特征、基本要素，并以人类基因组计划为例对国家决策、组织管理、协调机制等方面进行了深入分析。

不同于单打独斗的"小科学"，"大科学"需要与之匹配的特定执行载体，建设国家实验室、重大科研基础设施及各类创新平台是关键。其中，国家实验室是承担一国重大战略任务、实现重大科技突破的中坚力量，重点解决复杂度高、大尺度、中长期、事关人类共同利益和国家国防安全的重大科技问题；重大科研基础设施通常依托国家实验室布局，单体装置极端性能往往决定了前沿科学研究成果的量级和水平。根据《国家重大科技基础设施建设中长期规划（2012—2030 年）》

（国发〔2013〕8 号）要求，到 2030 年，基本建成布局完整、技术先进、运行高效、支撑有力的重大科技基础设施体系。按照这一规划部署，我国正在北京怀柔、安徽合肥、上海张江、粤港澳大湾区四地建设综合性国家科学中心，重点推进位于昌平、中关村、怀柔、张江、临港、浦江、合肥、广州、鹏城的国家实验室的集中建设。

    大科学计划和大科学工程耗资巨大、持续时间长、参与国家/机构/人员多、需要昂贵复杂的实验设备，与一般性的常规科技计划或小型科研设施管理相比，有着完全不同的科研特征与管理要求。基于"小科学"形成的科技计划管理经验难以完全延续和借鉴，尤其是近年来关于"中国是否应该建设超大对撞机"的学术大辩论，更加凸显出大科学计划和大科学工程的决策难度。因此，在发起和参与大科学计划和大科学工程之前，非常有必要回答"如何针对大科学计划和大科学工程的典型特征建立一套行之有效的管理体系？如何建设'大科学'研究的核心载体——国家实验室？如何优化常规科技计划管理体系，支撑'大科学'研究的稳步推进？"等一系列问题。这是我国"大科学"治理必须回答的问题。

    针对这些问题，我们团队先后承担了 2 项国家社科基金重大项目和 20 余项上海市"科技创新行动计划"软科学研究项目和上海市人民政府决策咨询研究重点项目，包括"新形势下进一步完善国家科技治理体系研究""上海参与国际大科学计划和大科学工程的路径与运作方式研究""国际大科学计划的管理与协调机制研究""国家实验室建设管理与体制优化研究""上海科技计划管理制度体系建设研究""全球主要国家科技基础设施建设管理理念、经验及启示"等课题，开展了大量实地调研和专家访谈工作。本书可被看作对这些研究课题成果的总结，期望能从更高维度给出答案。

    本书将"大科学"研究概括为大科学计划和大科学工程两个方面，尝试性地从"大科学"客观规律（全过程和全生命周期）、"大科学"载体建设（国家实验室）、"大科学"项目管理（常规科技计划）三方面回答上述问题。全书分为上篇和下篇。上篇聚焦国际经验，研究美国、日本、德国、英国等全球主要科技强国的"大科学"治理经验和教训；下篇聚焦中国实践，研究我国参与"大科学"的具体实践和存在的问题，提出了"大科学"的总体治理框架与针对性举措建议。本书的章节结构如图 1 所示。

    "大科学"时代已来，科学技术的进步、经济社会的发展、国际政治关系的交叉缠绕，共同构成了今日复杂且多变的全球科技创新生态。这对科研人员如何及时掌握和理解主要国家的"大科学"治理提出了非常高的要求。为此，我们在写作本书过程中，不断地劳烦刘海峰、韩元建、仲东亭、鲍悦华、刘笑、赵程程等学者，同时也得到了上海市科学技术委员会实验室处的大量资料支持。我们团队诸位研究生，包括宫磊、沈天添、刘海睿、姚雯静、张钰等也为本书的图表制作、文字校对付出了大量时间。本书的出版也得到了科学出版社魏如萍老师的大力支持。在此一并感谢。

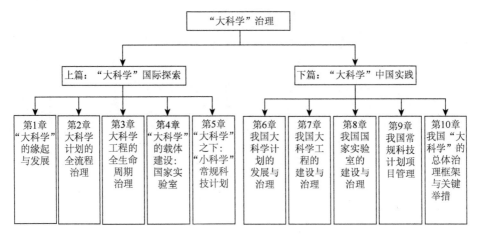

图 1 本书的章节结构

由于成书仓促，诸多"大科学"领域的重大事件、典型案例、最新实践进展未能及时收录。加之团队水平有限，书中难免存在疏漏之处，敬请读者批评指正。

常旭华 陈强

2024 年 3 月于同济大学

目　录

上篇　"大科学"国际探索：发展与协调

下篇 "大科学"中国实践：挑战与治理

上篇 "大科学"国际探索：
发展与协调

第1章　"大科学"的缘起与发展

自曼哈顿计划和阿波罗登月计划开始，"大科学"成为基础前沿科学问题的核心研究范式之一，并被视为全球公认的科创中心的标配。自1949年中华人民共和国成立以来，我国科学研究机构和科学家已经参加了发达国家主导的多项"大科学"研究工作，积累了丰富的科学研究成果和管理经验。21世纪以来，我国为建设创新型国家，提出了创新驱动发展战略，重点加强基础研究工作。在这一国家科技发展总体战略指导下，2018年3月，国务院公布《积极牵头组织国际大科学计划和大科学工程方案》，明确了我国"三步走"战略的近期、中期、远期目标。鉴于此，本章回顾"大科学"的缘起，阐释大科学计划和大科学工程，为后续章节的讨论提供框架指引。

1.1　"大科学"的缘起

20世纪60年代，普赖斯在《小科学与大科学》中创造性地指出第二次世界大战前的科学属于小科学，第二次世界大战时期全球开始进入"大科学"时代。"大科学"时代的特征包括：科研组织模式向"大科学"研究方向发展；科研条件、手段逐渐向极端化、大型化方向发展；科研目标导向与国家重大需求紧密结合。基于这些特征，"大科学"研究与传统研究相比存在诸多区别，如表1.1所示。1961年，美国物理学家阿尔文·M. 温伯格（Alvin M. Weinberg）在《大科学的反思》中继续指出了"大科学"在研究规模和尺度上是大的，如大型火箭和高能加速器等（Weinberg，1961）。1992年7月，经济合作与发展组织（Organisation for Economic Co-operation and Development，OECD）召开第一届大科学论坛，强化了温伯格的大科学工程（mega-science project）概念，将其定义为"为完成一系列重大的、更大范围的、更为复杂的、通常需要大规模协作的科学问题，而需要进行的包括大型仪器设备和基础设施，由众多的人力资源组成的一项科学活动"（Galison and Hevly，1992）。

表 1.1　传统科研方式与"大科学"研究方式的区别

治理内容	传统科研方式	"大科学"研究方式
科研目标	探索未知世界	探索未知世界＋满足国家重大需求
研发途径	基础→技术→应用研究	应用→技术→基础研究

续表

治理内容	传统科研方式	"大科学"研究方式
学科支撑	单一学科为主	多学科交叉集成
研究模式	基础理论、关键技术、产品研发分割	一体化研发
组织方式	个体化、小团队研究	大团队、国际化合作研究
管理机制	自由化、松散式	有组织、有计划、有分工、有集成，成果与资源共享
科研要素	人才-项目-基地	团队-资源-手段-平台

　　总体而言，"大科学"是指规模庞大、人数众多、投资巨大并有相当大的社会影响的综合性的科学研究，主要表现为投资强度大、多学科交叉、需要昂贵且复杂的实验设备、研究目标宏大等显著特征。

　　对全球各国而言，是否启动一项"大科学"的核心判断依据是：在约束科研经费的前提下，是否存在以高通量、大规模操作为基础的集中式科研活动形态，能够提供远远超过分散式科研的成果，且为之所付出的协调成本是值得的。

1.2　"大科学"的分类

1.2.1　大科学计划

　　大科学计划最早起源于美国曼哈顿计划和阿波罗登月计划。经过几十年的发展，与早期国家利益高度优先的发展方式不同，"大科学"已演变出多种类型。按照不同维度，大科学计划有多种划分方式，具体如表1.2所示。

表1.2　大科学计划的分类

分类标准	具体类型
研究目标有无边界	有清晰可达的边界［如人类基因组计划（Human Genome Project，HGP），测序30亿个碱基对］；没有边界亦无判断标准（如气候变化计划）
组织形式	（中央）集权式大科学计划（如曼哈顿计划、HGP）； 分权式大科学计划（如气候变化计划、美国国家纳米计划）
发起单位	国际组织（如联合国教科文组织）； 国家科研机构［如美国国立卫生研究院（National Institutes of Health，NIH）］

　　相比大科学计划，国际大科学计划核心突出国际性，其重点体现在以下方面：①研究人员或团队的国际化；②研究样本的国际化，包括不同国家的自然环境、不同人种等；③研究结论的普适性，适用于全人类，而非某一国、某一特定群体。

国际大科学计划需要全球科学家、科研机构、国际组织甚至国家领导人的密切配合，才有可能实现目标。

1.2.2　大科学工程

大科学工程的核心要点是"大"，包括多重含义：一是占地面积大；二是科学和经济效应突出；三是项目运行的开支巨大，需要大量人力、物力投入。在本书中，大科学工程并不完全体现在定量化尺度上，而是包括国家、科学、经济三个维度。

从投资主体看，大科学工程必须具有突出的政治与社会优先目标，即属于科研、政治、产业相结合的产物，充分体现国家创新任务需要，因此，大科学工程由国家投资。

按照场所要求分类，大科学工程可以分为四类：①单址设施，固定在某一地点的基础设施，如加速器；②分布式设施，一组分散于不同地点的工具或设备，作为一个整体设施进行操作，如天文望远镜阵列；③移动设施，可以被移动或运输的设备，如科考船及其附属设备；④虚拟设施，通过互联网或其他通信工具连接的大型数据库。

按照用途，大科学工程可以分为三类，如表 1.3 所示。

表 1.3　大科学工程的分类

类别	典型代表	从事研究
专用科研设施	托卡马克受控核聚变装置	纯基础研究
公共科研设施	上海光源	基础研究 + 应用研究
公益科研设施	中国地壳运动观测网络	基础研究 + 应用研究

国际大科学工程是指两个及以上国家参与投资建设的大科学工程，其国际性体现在多国出资、多国参与制造、多国建设设施（对于多址设施）方面。

1.3　"大科学"的基本特征

冷战结束以来，以美苏为首的两大阵营对立的紧张气氛逐渐消散，经济和科技的全球化为"大科学"发展提供了机会和广阔的舞台；大量军事国防技术转向民用领域，诸多学科发展水平得到极大提升，大大加速了科技创新活动的开展；电子信息技术革命的爆发、生命科学技术的突破，以及人们对化石能源枯竭的担忧，催生了大量新的社会需求，使得同时期大科学计划和大科学工程得到了社会群体的广泛认同和支持（中国科学院，2009）。基于此，"大科学"是经济和社会发展到一定程度的必然趋势，并表现出以下典型特征。

1. "大科学"重点解决全人类共同面临的全球性挑战

"大科学"所关注和解决的问题不是局部地区的，而是放在全球范围内去考量的问题，也不是关系一部分人的利益，而是关系到整个人类的未来命运与可持续发展。这些问题需要从整体上进行系统研究。局部的研究、零打碎敲的方式不能使这些科学问题得到很好的解决（希尔齐克，2022）。例如，人类的很多疾病都与基因有关，只有把基因理解清楚了，才有认识各种疾病的基础，HGP 正是由此诞生，耗资近 30 亿美元，历时 13 年完成了人类基因测序工作。"大科学"可以进行跨学科、跨地域合作，调动全世界的资源、信息，也因此有可能全面解决全人类和全球性的挑战。

2. "大科学"的科学价值、社会价值驱动大于经济价值驱动

"大科学"虽然可能带来经济利益，但经济价值不是首要驱动因素，真正的驱动力来自科学价值和社会价值。"大科学"的高度已经超出了经济利益层次，关注人类的整体利益和人类社会的可持续发展（Greenberg，1999）。因此，"大科学"的运行不完全遵从市场经济规律，更多地融合着价值观念和人类理想。"大科学"的组织和实施不是单纯依靠市场机制，而是依靠其本身的号召力，争取顶尖科学家、各国政府、国际组织的支持。正因如此，"大科学"的选题都是前所未有的、开创性的，为解决某一领域最重要、最领先、最有意义的议题开展研究工作。这种全新的科学研究活动对科学家有着强烈的吸引力。

3. "大科学"的开展需要尊重基本的科学发展和认知规律

"大科学"的真正开展需要具备诸多基础条件，不可过于超前。研究选题、研究对象均要符合科学认知的根本规律，技术水平和认知水平需要达到一致高度才可能成功。例如，HGP 之所以能够成功，是因为分子生物学、遗传学等学科的发展，也得益于基因测序工具的技术水平提高（从早期的手工测序发展到机器测序，从平板电泳到毛细管电泳，再到自动化、规模化，测序能力年年翻番，费用持续下降）。同时，一个典型的反面例子是美国"国家癌症计划"，由于癌症的复杂性远远超出了人类的现有认知，许多理论问题没有得到解决，攻克癌症的技术条件还不成熟，因此该研究计划累计耗费 350 亿美元，最终却以失败告终。

第2章 大科学计划的全流程治理

聚焦大科学计划，本章按照科技计划管理的客观规律，结合现有大科学计划的案例，阐述其发起机制、顶层设计、组织架构、成员国管理、任务划分、经费管理、知识产权管理及成果管理模块。

2.1 大科学计划的关键步骤与关键主体

大科学计划从项目提出到项目结项往往持续十余年甚至数十年，其流程如图 2.1 所示，关键步骤包括科学问题提出→项目发起→项目团队搭建→项目执行→项目结题→项目升级/拓展。对应地，可划分为计划酝酿、计划发起、组织搭建、计划实施四个环节。

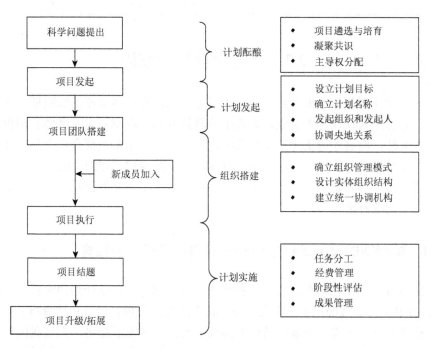

图 2.1 国际大科学计划的关键步骤

大科学计划持续时间长、耗资巨大，其发起、执行、验收过程均非常复杂，是一项系统工程。在此过程中，大科学计划需要全球科学家、科研机构、国际组织甚至国家领导人的密切配合，才有可能实现目标，大科学计划的关键方如表 2.1 所示。

表 2.1　大科学计划的关键方

关键方	作用	举例
召集人	提出大科学计划的概念 酝酿期召集研讨会，凝聚各方共识	HGP：Sinsheimer（辛斯海默）、Dulbecco（杜尔贝科）。 美国国家纳米计划：Roco（罗科）
发起组织	对外宣布大科学计划	HGP：NIH。 国际生物多样性计划：联合国教科文组织、国际科联环境问题科学委员会。 气候变化计划：NSF（National Science Foundation，美国国家科学基金会）、NASA（National Aeronautics and Space Administration，美国国家航空航天局）
发起人	大科学计划核心管理人	HGP：Watson（沃森）、Collins（科林斯）。 美国国家纳米计划：罗科
科研机构	承担项目经费和具体管理任务	HGP：NIH
领导人	声明支持大科学计划	HGP 和美国国家纳米计划：克林顿。 气候变化计划：乔治·赫伯特·沃克·布什（老布什）。 国际空间站计划：里根

2.2　大科学计划的酝酿

大科学计划从概念提出到官方正式发起往往需要长达数年的酝酿期。在此期间，计划召集人或发起人必须最大范围地凝聚共识，取得科学家群体和国内政府部门的支持，而后才能正式在全球范围内发起计划。本节主要介绍大科学计划酝酿期的项目遴选、培育、凝聚共识等内容，并以案例形式详细说明。

须特别强调的是，大科学计划的酝酿通常是一个科学界自发研讨的过程，并不完全受到政府推动的影响。

2.2.1　酝酿期的重要工作之一——对内项目遴选与培育

2018 年 3 月，国务院印发了《积极牵头组织国际大科学计划和大科学工程方案》，方案从四个方面提出了重点任务，其中两方面与项目遴选和培育有关：①制定战略规划，确定优先领域。结合当前战略前沿领域发展趋势，立足我国现有基础条件，综合考虑潜在风险，组织编制牵头组织大科学计划规划，围绕物质科学、宇宙演化、生命起源、地球系统、环境和气候变化、健康、能源、材料、空间、天文、农业、信息以及多学科交叉领域的优先方向、潜在项目、建设重点、组织机制等，制定发展路线图，明确阶段性战略目标、资金来源、建设方式、运行管理等，科学有序推进各项任务实施。②做好项目的遴选论证、培育倡议和启动实施。遴选具有合作潜力的若干项目进行重点培育，发出相关国际倡议，开展磋商与谈判，视情况确定启动实施项目。要加强与国家重大研究布局的统筹协调，做好与"科技创新 2030-重大项目"等的衔接。

1. 项目来源

科学项目来源一般有三种渠道形式，即"自下而上"式、"自上而下"式（表 2.2）和"自下而上"与"自上而下"相结合的方式。

表 2.2　"自下而上"式与"自上而下"式的项目发起形式对比

发起形式	自下而上	自上而下
项目提出	由科学家通过申请或建议提出项目动议	聚焦事关国家重大利益的问题以及重大民生问题，由政府或国立科研机构提议发起
提出者	科学家	政府或其他有执行能力的科研组织
适用类型	自由探索式科研项目	重大科研项目
特点	科技导向性，灵活而有活力	计划性较强，国家意志明显，而一线科学家的声音很弱，强调了科技对社会的作用和需求，而忽视了科学技术自身的推动作用

"自上而下"与"自下而上"相结合的方式，就是既要发挥"自上而下"所具有的目标明确、协调一致的优点，又要吸收"自下而上"所具有的灵活性和活力，将项目发起的政治过程和技术过程有机结合起来，将国家意志和科学家声音结合起来，形成一个客观、科学、有效的决策体制。这样既能减少项目选择的失误，又能得到政府对项目的支持，非常适合作为大科学计划的项目来源渠道。

中国科学院上海生命科学信息中心的研究团队认为：大科学项目的发起，离不开科学家的作用，而且许多项目最初是由科学家，尤其是一些杰出科学家提出建议，并进行宣传呼吁，引起政府的注意，通过两者的沟通，使意见逐步趋于一致，然后得到政府和有关组织的支持，项目才得以立项。这种方式把杰出科学家自身对科学的洞察力与政府对项目的社会价值判断力结合起来，把科学家意愿与政府决策能力结合起来，保证了大科学项目的顺利实施。HGP 的付诸实施就是杰出科学家的建言献策与政府的战略意志相统一的成果。

上海交通大学特聘教授、新泽西州立罗格斯大学讲席教授赵立平接受科技日报采访时指出，大科学计划的遴选首先应将需求和家底摸清楚，"要从科学前沿出发，以解决重大科学问题为导向，自下而上地搞，不能遍地开花"（高博等，2018）。

2. 大科学计划的遴选标准

大科学计划的遴选标准应该是一个系统化的评价体系。结合前期调研和专家访谈，以及官方在媒体上的呼吁，本书认为，遴选标准应从发起国的基础条件、参与国的意愿、大科学计划本身特征三个维度确定遴选标准，具体如表 2.3 所示。

表 2.3　大科学计划的遴选标准

遴选维度	具体遴选标准	典型案例
发起国的基础条件	发起国是否拥有该领域的享有国际影响力的顶尖战略科学家	HGP 提出之前，美国拥有诸如 DNA 双螺旋结构提出者沃森等顶尖战略科学家
	发起国是否具备充分的科学积累	HGP 中，美国在基因测序基础研究、基因测序仪、计算机技术等方面全球领先。 国际 Argo 计划[1]中，美国在沉浮式海洋观测浮标技术上全球领先。 国际大洋发现计划（International Ocean Discovery Program，IODP）[2]中，美、欧、日三方在深海钻探和科考船方面有优势
	发起国是否具备相应的技术优势	
	发起国是否愿意承担最高比例的资金投入	
	发起国是否拥有广泛坚实的国际科技合作基础	
	发起国是否愿意为资金紧张的参与国提供资金支持	
参与国的意愿	潜在参与国顶尖科学家是否愿意介入大科学计划	
	潜在参与国政府是否愿意对大科学计划投入资金	国际通行规则是"自筹资金，共担风险"
	潜在参与国是否愿就大科学计划向其他国家分享本国特有资源、资料及数据	国际 Argo 计划中剖面浮标会在当事国专属经济区监测海洋环境。 国际大洋发现计划会在当事国近海海域开展钻探项目
大科学计划本身特征	目标领先性——大科学计划是否聚焦全球最前沿领域	HGP、Argo 计划等大科学计划均聚焦全球最前沿、无法跨越的科学领域
	实施可行性——大科学计划是否有清晰、可达的终极目标	
	成果重要性——大科学计划一旦攻克，是否颠覆或开创一个研究领域	
	产业带动性——大科学计划是否对发起国和参与国的相关产业有带动或引领作用	HGP 为美国直接和间接带来 9650 亿美元的经济产出，杠杆比率高达 178∶1[3]

1）Argo，全称 Array for Real-time Geostrophic Oceanography，地转海洋学实时观测阵。

2）国际大洋发现计划（International Ocean Discovery Program，IODP）的命名经历过四个阶段。1968 年至 1983 年命名为深海钻探计划（Deep Sea Drilling Program，DSDP），1983 年至 2003 年称为大洋钻探计划（Ocean Drilling Program，ODP），2003 年至 2013 年为综合大洋钻探计划（Integrated Ocean Drilling Program，IODP）。2013 年至今为国际大洋发现计划（IODP）。为统一表述，本书采用最新的名称国际大洋发现计划（IODP）。

3）Battelle Memorial Institute. The impact of Genomics on the U. S. economy [R/OL]. https://www.unitedformedicalresearch.org/wp-content/uploads/2013/06/The-Impact-of-Genomics-on-the-US-Economy.pdf[2018-04-23]

在以上遴选标准中，部分指标具有一票否决性，如大科学计划在目标领先性、实施可行性、成果重要性方面达不到标准，就不具备培育价值；部分指标不属于必要条件，如参与国意愿不强烈时，发起国可以采取先在国内开展前期研究，通过长期吸纳参与国的方式实施大科学计划。

3. 大科学计划的培育工作

遴选出具备发起潜力的大科学计划后，中央和地方政府要开展培育工作：对中央政府而言，要制定国际大科学计划具体的发展战略规划和行动方案，建立专门的网站平台管理和发布信息；对地方政府而言，要结合本地产业优势，选择与区域产业发展战略联系紧密的基础科学领域予以重点资助；地方政府在人才引进、空间布局、科研设施、机构式资助等方面给予政策倾斜，充分保障项目的预研究；对于地方政府成功培育的国际大科学计划项目，中央政府在主办权、项目落地方面制定倾斜性政策。

4. 大科学计划培育成熟的标志

标志大科学计划培育成熟的内容包括：发表全球公认的重大理论研究成果[如在 Cell（《细胞》）、Nature（《自然》）、Science（《科学》）上发表封面论文]；提炼出具有颠覆性、基础前沿性、事关全人类的重大科学问题（科学价值、社会价值高于经济价值）；提出清晰、可达的研究目标和技术路线图；拥有具有全球号召力、领袖型的发起人物，初步组建了一支科研团队；发起国在财政资金、技术、产业上能够支撑大科学计划的推进。

2.2.2　酝酿期的重要工作之二——对外凝聚共识

1. 凝聚共识的基本步骤

在酝酿期内，主要发起国/组织/人需要通过各种途径为大科学计划开展大范围的宣传、预调查和研究等活动。以 HGP 为例，其酝酿期内完成了以下三项工作。

（1）基因测序技术得到发展，快速测序成为可能。

（2）科学家群体内部展开讨论并逐渐取得共识。

（3）解决了政府部门的主导权分配问题。

在此基础上，美国才向全世界正式宣告启动 HGP。具体如表 2.4 所示。

表 2.4　HGP 酝酿期开展的代表性活动

年份	具体活动内容	活动类型
1980 年以前	生物学家推测将来有可能对人类全基因组进行测序	HGP 技术预测

续表

年份	具体活动内容	活动类型
1985 年	加州大学圣克鲁兹分校校长辛斯海默主持召开首次人类基因组测序可行性研讨会,结果多数科学家反对。科学家群体此时更倾向由假设驱动的基础性研究	科学家个体之间先进行观点交锋,NIH 不表态
1986 年	诺贝尔奖得主杜尔贝科在 Science 发文力挺 HGP	HGP 在科学家群体逐渐取得共识
1986 年	能源部(Department of Energy,DOE)拨款 530 万美元启动 HGP 预研工作,研究放射性物质对人类基因的影响	能源部先于 NIH 加入 HGP 支持队伍
1987 年	能源部成立三个基因组研究中心	
1988 年	美国科学院国家研究委员会(National Research Committee,NRC)发布支持 HGP 的报告,并提出"两步走"的技术路线图	国家研究委员会加入支持队伍
1988 年	NIH 成立 HGP 办公室,任命"DNA 双螺旋结构"提出者沃森教授为办公室主任,与能源部签署合作备忘录,使 HGP 升级为国家级研究项目	HGP 项目升级
1989 年	NIH 成立人类基因组研究国家中心,能源部失去主导权	NIH 获得主导权
1990 年	美国政府正式宣布启动 HGP	HGP 正式发起

再以美国国家纳米计划为例,其在酝酿期内主要完成了以下三项工作。

(1)在得不到本部门支持的背景下,召集人建立强有力的组织外同盟。

(2)凝聚科学界、工业界的共识,组建专门团队消除有关技术的负面社会舆论。

(3)推动纳米技术项目从 NSF 内部项目升级为国家提案。

具体如表 2.5 所示。

表 2.5　美国国家纳米计划酝酿期开展的代表性活动

时间	具体活动内容	活动类型
1995 年	NSF 工程部项目管理人罗科教授提出设立纳米技术方面的持续性研究计划寻求 NSF 的内部支持。 求助私人组织,从外部推动 NSF 重视纳米技术。 组建非正式的团队,定期讨论纳米技术进展	推动纳米技术得到官方重视和支持
1996 年	罗科教授联合世界技术评估中心(World Technology Evaluation Center,WTEC)调查日本、俄罗斯、西欧的纳米技术发展,指出美国在纳米技术领域已落后,敦促美国政府重视纳米技术	
1997 年	白宫国家经济委员会特别助理 Kalil(卡利尔)加入,罗科教授获得克林顿政府重视	获得政府高层重视
1998 年	NSF 工程部新主任要求纳米计划让位于其他项目。 NSF 主任(生物学家)不支持纳米计划成为国家提案	NSF 中止国家纳米计划
1999 年	纳米技术大型研讨会召开,罗科教授和卡利尔提出申报"纳米技术国家提案" 美国白宫科技政策办公室(Office of Science and Technology Policy,OSTP)举行听证会,罗科教授提出申请特别领域优先权,5 亿美元预算	被单位内部决议中止,但被更高级别的主管部门认可
2000 年	美国总统克林顿参观加州理工学院,公开宣布支持国家纳米计划	国家纳米计划正式启动

2. 凝聚共识的路径

总结 HGP 和美国国家纳米计划的酝酿期活动，凝聚共识是核心，包括以下途径。

首先，搭建由科学家、私人公司、政府高层官员共同构成的非正式同盟关系。好的科研项目很多，但研发资源总是稀缺，因此，大科学计划在酝酿期必须组建最广泛的同盟。以美国国家纳米计划为例，尽管罗科教授努力宣传，但其自始至终没有获得 NSF 的赏识：①1995 年罗科教授提出纳米计划时 NSF 不予资助，不得不组建非正式的团队，通过私人公司获得 40 万美元捐赠；②NSF 新任工程部主管直接要求罗科教授的纳米计划必须让位于其他优先项目；③NSF 主任是生物学家，其更倾向于支持 NIH 的项目成为国家提案，而非本部门的纳米计划。纳米计划得以推进完全依赖于白宫国家经济委员会特别助理卡利尔和私人公司WTEC 的鼎力支持。

其次，先获得科学家群体的共识和支持，再统一政府部门的意见。无论是HGP、气候变化计划，还是美国国家纳米计划，其在概念提出阶段都经历了数轮研讨会，获得了顶尖科学家的广泛支持。与此同时，大科学计划的召集人都非常重视新技术发展过程中可能对社会造成的冲击，尝试通过各种方式消除非科学领域的质疑。具体如表 2.6 所示。

表 2.6　国际大科学计划获得科学家群体支持的具体行动方式

大科学计划名称	取得科学家群体支持的具体行动方式
HGP	研讨会：加州大学圣克鲁兹分校校长主持召开首次人类基因组测序可行性研讨会。 论文发表：诺贝尔奖得主杜尔贝科在 *Science* 发文力挺 HGP。 决策咨询报告：国家研究委员会召集杰出的遗传学家参加研讨会（包括 HGP 的支持者和反对者）。 专项资金支持社会伦理研究：5%的专项经费
美国国家纳米计划	支持者和反对者分析：WTEC 和罗科教授识别哪些机构和科学家是潜在的同盟，哪些是潜在的反对者。 研讨会：1998 年秋，罗科教授组织了一个包括政府、大学、工业界人士在内的大型研讨会，由白宫国家经济委员会特别助理卡利尔做开幕式发言。 技术对社会影响的分析：成立专门团队说服社会学家和伦理学家

在科学共同体内部达成共识之后，大科学计划召集人还必须取得政府部门的共识，协助完成政府内部的权力分配。具体如表 2.7 所示。

3. 尽量与最高决策者的执政理念和思路相契合

大科学计划在酝酿期必须尽量与政府的执政理念、重点推进工作相契合。以气候变化计划为例，其成功发起离不开几任总统的支持，如表 2.8 所示。

表 2.7　大科学计划取得政府共识的情况介绍

大科学计划名称	取得政府共识的具体行动方式
HGP	邀请顶级科学家介入。尽管 NIH 在能源部之后才开始资助 HGP 研究，但 NIH 成功邀请"DNA 双螺旋结构"的提出者沃森教授出任 HGP 项目主任，使得能源部从领跑者变为跟随者
美国国家纳米计划	强调外部威胁。召集人筹集资金调研日本、俄罗斯、西欧的纳米技术进展情况，强调其对美国构成的技术威胁

表 2.8　大科学计划必须与决策者的执政理念和思路吻合

大科学计划名称	最高决策者的执政理念对大科学计划的影响
气候变化计划	老布什时期：老布什总统以环保形象参加竞选，气候变化计划成为其当选后在科技领域的第一个"总统提案"
	克林顿时期：尽管气候变化计划被克林顿降格，但戈尔副总统对全球环境问题特别感兴趣，使得该计划继续受到政府重视
	乔治·沃克·布什（小布什）时期：小布什 2001 年退出《京都议定书》，对气候变化不重视，导致气候变化计划被搁置

值得一提的是，最高决策者的支持是一把"双刃剑"。有利的一面是可以替大科学计划排除各种政治阻碍，获得更多的经费支持；不利的一面在于决策者本身会有倾向性意见，可能给大科学计划的既定目标、技术路线带来干扰。

2.2.3　酝酿期的重要工作之三——科技决策咨询

专业的科技决策咨询有助于纠正、加强和统一政府部门、社会公众、科学家群体对大科学计划的理解和立场。以 HGP 为例，国家研究委员会的报告对 HGP 的最终启动和技术路线图的确立起到了决定性作用。

国家研究委员会是美国国家科学院、工程院和国家医学院的一个业务部门，其职责是就国家利益相关事务做出高科技含量的专业报告。作为程序烦琐的官僚机构，国家研究委员会虽然运行效率低，属于典型的保守派，但其出具的各项报告却具有很高的权威性。国家研究委员会招募优秀的委员会成员提供无偿服务，尊重他们的自主权，递交的报告接受层层审核。在 HGP 中，国家研究委员会成立了国家研究委员会图解与测定人类基因组序列委员会，聘请了布鲁斯·艾伯茨（Bruce Alberts）为委员会主席，任命沃森、悉尼·布伦纳（Sydney Brenner）、李·胡德（Lee Hood）、丹·纳森斯（Dan Nathans）、沃利·吉尔伯特（Wally Gilbert）等为委员。

1987 年，国家研究委员会组织许多杰出的遗传学家在一起召开讨论会，既包括 HGP 的支持者，也包括反对者。在此次会议基础上，1988 年，国家研究委员会公布了一份会议报告，其历史贡献体现在以下几方面。

（1）报告支持 HGP，并促成支持者和怀疑者达成初步共识——共同为人类尽可能完美地绘制一幅基因组图谱。基于这一共识，报告建议 HGP 的技术路线图应该被设计为"人类基因组遗传定位图谱→分段开展基因测序"。这一技术路线图后来得到 HGP 两任主管沃森和科林斯的一致认可和坚持。

（2）报告建议以每年 2 亿美元，持续资助 10～15 年的方式开展 HGP 项目，且强调 HGP 项目不应挤占 NIH 自身的项目经费。这一建议最大限度地消除了 HGP 反对者的声音和疑虑。

（3）报告鉴于 HGP 项目的复杂性，建议设立一个"牵头"机构，并暗示 NIH 是最合适的组织机构（尽管此时 NIH 尚未公开表态支持 HGP，而能源部的三个研究中心已经启动 HGP 工作）。

鉴于国家研究委员会的报告支持，NIH 时任主任 James Wyngaarden（詹姆斯·温加登）正式向国会申请拨款，并在 NIH 内部组建了人类基因组研究办公室，并任用沃森为该办公室主任。

2.2.4 酝酿期的时间控制

大科学计划动辄耗资数十亿美元，调动全国乃至全球相关领域的科研力量共同展开研究。基于这一特征，大科学计划往往需要一个相对较长的酝酿期。表 2.9 列举了 13 项国际大科学计划的酝酿期，可以看出平均需要 3～5 年的酝酿期。

表 2.9 国际大科学计划的酝酿期

大科学计划名称	提出时间	发起时间	酝酿期
深海钻探计划→大洋钻探计划→综合大洋钻探计划→国际大洋发现计划	1961 年[1]（NSF 莫霍计划）	1966 年发起深海钻探计划	5 年
国际生物多样性计划		1991 年联合国教科文组织等组织共同发起	
人与生物圈计划		1971 年联合国教科文组织发起	
人类脑计划	20 世纪 80 年代早期提出"利用计算机技术建立脑的数据库和模型"；1989 年美国国家科学院医学研究所征集专家意见	1992 年美国国立精神卫生研究所正式确定支持人类脑计划；1996 年 OECD 的科学论坛正式批准人类脑计划	3 年
世界气候研究计划	1979 年，第一届世界气候大会通过"世界气候计划"，世界气候研究计划是子计划之一	1980 年，国际科学联盟理事会、世界气候组织共同发起	1 年

续表

大科学计划名称	提出时间	发起时间	酝酿期
国际大陆科学钻探计划	1992 年 11 月，OECD 科技政策委员会举办"深部钻探"大科学论坛；1993 年 8 月在德国波茨坦召开国际大陆科学钻探会议，提出了国际大陆科学钻探计划框架	1996 年，中、德、美三国正式签署备忘录，成为首批成员方，正式启动国际大陆科学钻探计划	4 年
国际地圈生物圈计划	1982 年，组织召开伍兹霍尔会议；1982 年，国际地球物理年 25 周年年会提出国际地圈生物圈计划构想	1986 年，国际科学联盟正式启动	4 年
亚太全球变化研究网络计划	1996 年，由 12 个成员方共同发起		
Argo	1994 年，尝试建立了热带大气海洋观测网	1998 年，美、法、日科学家发起 Argo 计划	4 年
全球环境变化的人文因素计划	1990 年，国际社会科学联盟理事会发起全球环境变化的人文因素计划	1996 年，国际科学联盟理事会联合国际社会科学联盟理事会共同发起全球环境变化的人文因素计划	6 年
HGP	1986 年，诺贝尔奖得主杜尔贝科在 *Science* 发文论证	1990 年，美国政府正式宣布启动 HGP	5 年
气候变化计划	1987 年，美国国家海洋大气局（National Oceanic and Atmospheric Administration，NOAA）、NSF、NASA 联名向老布什提交美国全球变化研究项目	1990 年，全球变化项目获得"总统提案"	3 年
美国国家纳米计划	1995 年，NSF 工程部门主管罗科教授提出纳米技术持续性研究计划	2000 年，克林顿政府公开支持纳米计划，国会拨款 4.22 亿美元	5 年

1）http://www.iodp.org/about-iodp/history

综合而言，尽管大科学计划的酝酿期具有高度不确定性，但时间不能太长，也不能太短，其原因在于：①主要决策者有任期限制，酝酿期超过决策者任期将大大降低政府公关效果；②包括科学家在内的社会公众对新技术总是持怀疑和否定态度，酝酿期太短将得不到最大范围的支持，尤其是一些冲击传统伦理道德的计划项目更是如此。

2.3　大科学计划的发起

大科学计划的长期酝酿为发起阶段做了充足的铺垫和准备。在此基础上，发起国政府需要衡量利弊，做出一系列决策。本节介绍大科学计划发起阶段的发起原则、计划目标、计划名称、发起机构及发起人任命等内容，并通过具体案例予以阐明。

2.3.1　确定发起原则

大科学计划耗资巨大，一国可能因财力限制、科研人员限制、样本限制、地域限制、资源限制、时间限制等，无法独立完成所有科研任务，需要联合全球科研力量集中攻关。换言之，汇聚全球科研力量开展科学研究的时间成本和经济成本必须小于一国单打独斗式的科研成本，并且为之付出的协调成本是值得的。

尽管如此，发起国为了吸纳国际伙伴加入，通常承诺投入份额（包括资金、人力、物力）占比最高。为对冲这一投入差距，发起国通常会有所诉求；同理，参与国在加入国际大科学计划时，尽管出资比例相对少些，但同样也会有所诉求。

1. 获取技术控制权和潜在商业利益

按照国际惯例，大科学计划的最终成果通常由全人类共同拥有。基于这一理念，国际大科学计划只能完全面向基础研究，其所有产出成果（包括数据、论文、实体样本等）均不能获得知识产权保护；然而，实施大科学计划的相关技术却可以获得知识产权保护。以 HGP 为例，其知识产权共享规则层级分为三层，相应的共享规则由宽松逐渐趋于严格。具体如图 2.2 所示。

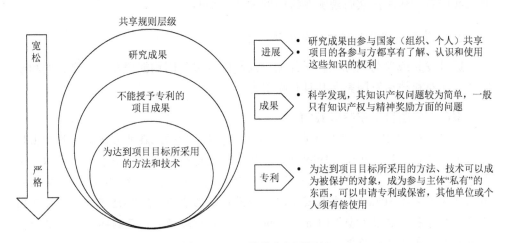

图 2.2　HGP 的共享规则层级

HGP 的核心技术是基因测序仪。当时测序仪领头的制造商是美国应用生物系统公司（Applied Biosystems，ABI）[①]。ABI 一方面向 HGP 下属研究中心出售了

---

① https://www.thermofisher.com/us/en/home/brands/applied-biosystems.html。

大量基因测序仪；另一方面，ABI 联合 NIH 原科研人员 Venter（文特尔）①合作成立了营利性公司 Celera（以下简称塞莱拉）。文特尔出任塞莱拉公司总裁。塞莱拉公司成立后，文特尔向包括 HGP 研究中心、制药企业在内的机构推销"鸟枪法"和基因测序仪技术，收取技术使用许可费。

美国通过发起 HGP，在技术层面获得了巨大收益。

（1）基因测序仪技术得到了飞速发展，长期主导基因测序全球市场。

（2）HGP 采取先绘制人类基因组遗传定位图谱，再分段进行测序的技术路线图，这一做法的好处在于清楚理解每一个分段基因的功能。NIH 采取了一种分散式的大科学组织模式，即每个测序中心只负责一段测序任务，由 NIH 负责将庞大的数据信息用一种独特的方式加以聚集并整合成有意义的形式，因此，尽管 HGP 的基因数据全球共享，但实质上 NIH 整合完整信息蓝图的能力最强。

（3）在绘制基因遗传定位图谱过程中，科研人员发现了很多致病基因，这些致病基因对提升美国生物制药公司的国际竞争力具有极其重要的意义。

再以 Argo 为例，由于 Argo 浮标可在水下长时间随海水流动而漂移，并连续工作，因此可方便地获取漂移沿途的大量海洋环境要素资料，对沿海国的海洋权益会构成一定威胁。因此，我国参与 Argo 的总体目标是掌握先进剖面浮标技术，通过引进国际上新一代沉浮式海洋观测浮标，并将其施放于我国西北太平洋海域，建成我国新一代海洋实时观测系统中的大洋观测网。

2. 培养具有国际科研协作能力的人才

通过发起或参与国际大科学计划，发起国或参与国均能培养一支庞大的科研团队，这对科技后发国家尤其具有吸引力。

案例：中国科学家参与 HGP

中国参加 HGP，虽然只完成了 1%的工作量，但借此在非常薄弱的基础上培养出了一支基因测序队伍。1998 年，中国科学院遗传研究所人类基因组中心（华大基因前身）成立。1999 年，北京华大基因研究中心成立。到 2002 年，华大基因已具备了完成 10%的人类基因组单体型图计划的能力。自 2015 年起，华大基因已连续 8 年被"自然指数"（Nature Index）评为全球最大的基因组学研发机构，成为名副其实的"独角兽"。

另外，大科学计划也有助于吸引全球科技人才。由于发起国通常会将大科学计划的管理总部、数据库、重要实验室等布局在本国内，因此全球顶尖科技人才必须前来做研究。这可在最短时间内将发起国打造成为某一领域的研发高地，进

① 文特尔是人类基因测序"鸟枪法"的提出者，后因与 HGP 负责人沃森意见不合而离开 NIH。

而吸纳跨国企业入驻，并通过技术溢出效应和技术转移等方式直接带动本国相关领域企业创新能力的提升。

3. 国际影响力

发起大科学计划的第三个决定因素是国际影响力。发起或参与大科学计划均需要投入大量国家财政资金。目前全球主要大科学计划的发起方和参与方是美国、西欧等发达国家或地区，而广大发展中国家因财力、人力等问题参与其中的机会很少。具体情况如下。

（1）美国。科研投入全球第一，顶尖科学家全球最多，在几乎所有国际大科学计划中均占据主导地位，属于国际大科学计划的第一极。

（2）西欧国家，以英、法、德为代表。科研投入适中，基础研究实力雄厚，顶尖科学家多，发起了数个国际大科学计划，参与了几乎所有国际大科学计划，是国际大科学计划的第二极。

（3）日本、澳大利亚、新西兰等发达国家。科研投入巨大，顶尖科学家相对较少。日本通常以巨额资助的方式参与国际大科学计划，在基础研究领域发挥日本的国际影响力。日本、澳大利亚、新西兰等属于国际大科学计划的第三极。

（4）以中国、俄罗斯、印度等为代表的国家。科研投入和顶尖科学家偏少，通过参与大科学计划锻炼本国科研团队；同时，因地缘辽阔、国际影响力大，大部分国际大科学计划也离不开其支持。这些国家属于国际大科学计划的第四极。

（5）南亚大陆、南美洲、非洲国家。因缺乏资金投入或科学家群体，几乎没有机会参加国际大科学计划。

大科学计划的国际影响力体现在以下三个层次。

第一个层次是科学维度。发起大科学计划，能够最大限度地领导和调度美国、西欧、日本、俄罗斯的科研力量，这对各发起国争相成长为国际大科学计划的第三极有重要意义。

第二个层次是政治维度。通过发起大科学计划，发起国有机会参与国际研发环境治理，针对广大发展中国家开展"学帮带"式的技术援助。

第三个层次是大国责任维度。通过发起关乎全人类利益的大科学计划，有助于树立负责任的大国形象。

综合以上三方面因素，本书制定了一张是否发起国际大科学计划的检测表（表 2.10）。

表 2.10　是否发起国际大科学计划的检测表

检测问题	是	否	不适用
技术控制和潜在商业利益方面			
（1）若发起国际大科学计划，本国企业是否能够提供技术支撑			
（2）若发起国际大科学计划，能否促进本国在××领域的技术创新			
（3）若发起国际大科学计划，能否为本国企业带来潜在商业利益			
人才培养方面			
（1）若发起国际大科学计划，本国是否具备足够的人力资源支撑			
（2）若发起国际大科学计划，是否能促进本国科学家的成长			
（3）若发起国际大科学计划，是否能吸引海外顶尖科学家前来			
国际影响力方面			
（1）若发起国际大科学计划，是否有助于强化本国的科技地位			
（2）若发起国际大科学计划，是否能提升本国国际政治影响力			
（3）若发起国际大科学计划，是否有助于宣传负责任大国形象			

2.3.2　设定计划目标

大规模、公共的基础研究项目必须设定清晰、明确、特定、有限的目标。对所有资助者而言，项目越大，目标的确定及沟通就越重要。明确的目标能够起到长期指导的作用，并以此来衡量、指导、区分科研活动的优先次序，及时纠正参与组织和个人的行为。

1. 成功案例——HGP 和国际大洋发现计划

HGP 的主要目标很明确——对人类遗传编码的 30 亿个碱基对进行测序。虽然预期需要 15 年时间，耗资 30 亿美元，但因为研究目标有边界、可控，因此科学家普遍认为 HGP 是一个能在规定时间和预算内完成的大科学计划。

在不改变终极目标的情况下，HGP 设定了固定的技术路线图，即"绘制人类基因遗传定位图谱（划分人类基因组章节）→分段测序"，并将绘制遗传定位图谱视为一个中期过渡目标。这有助于提振美国国会对 NIH 按时完成 HGP 的信心，同时也有助于各研究中心根据过渡目标对本部门任务进行合理分工。

与 HGP 设定固定的终极目标不同，国际大洋发现计划至今已执行了 50 多年，其没有终极目标，而是通过可预期的航行路线规划，以"制定 10 年期发展规划→各国科学家在 10 年期规划基础上提交项目建议书"的方式实行目标管理。具体而言：①国际大洋发现计划主要围绕大西洋、太平洋、北冰洋、极地等开展科学考察，其航行路线是可预期的，一个轮回持续 4～5 年，因此，科学家必须在航行路线规划内选择合适的钻探点实施科考计划；②10 年期发展规划的目标是可控的，在此基础上筛选出的项目建议书是可操作的。

2. 失败案例——气候变化计划

气候变化计划历经老布什、克林顿、小布什三任政府，受到政府决策者个人偏好的影响，数次变更项目的科学战略和目标，最终导致该科学计划在目标管理层面是失败的。具体如表 2.11 所示。

表 2.11　气候变化计划的目标设定

执政政府	决策者偏好	目标设定
老布什政府（共和党）	老布什总统希望确定温室效应是不是一个严峻问题，而不是应用研究成果来缓解气候变化	建立一个地球科学系统，将卫星和地面观测相结合，以期建立对气候和地球其他变化的"预测能力"，重点是弄清气候变化的特点，属于基础研究
克林顿政府（民主党）	副总统戈尔认为气候变化的确是一个严峻问题，人类需要积极应对	研究重点变为人类如何采取措施积极应对气候变化问题，包含基础研究和应用研究。这一转变导致研究目标过于分散，规划过于含糊，决策者很难决定哪些该保留或放弃
小布什政府（共和党）	小布什需要紧缩开支，将气候变化计划整体融入气候变化研究提案中	研究重点再次回归到基础研究上

表 2.11 显示，气候变化计划两度变更研究目标和总体方案，导致其组织机构也发生了相应的变动。

老布什政府时期，气候变化计划主要面向基础研究，由美国国家海洋大气局、NSF、NASA 三家机构共同主持，这种跨机构委员会模式被认为是有效的。

克林顿政府时期，由于副总统戈尔的干预，环境保护署（担负缓解和阻止气候变化职责）等实权部门加入，但这些部门并不从事基础研究，因此气候变化计划的管理组织变得庞大而无法协调，气候变化计划开始走向衰败。

小布什政府时期，在对克林顿的政治遗产——气候变化计划进行独立评估时发现，该计划的规划过于模糊，针对此，小布什政府将气候变化计划整合到气候变化研究提案中，并规定其为一项以基础研究为导向的长周期研究项目。至此，气候变化计划在官方层面被中止，其提出的"地球科学系统"自然也就不了了之。

综合以上案例，可以发现以下规律。

（1）如果大科学计划的终极目标或所要解决的根本问题在酝酿期已经获得了科学共同体认可和政府部门背书，之后就必须固化下来，不得变更。

（2）为实现大科学计划的终极目标，可以在整个研究周期内灵活地划分若干个关键节点，设置相应的过渡性目标，这既符合政府项目管理的需要，也有助于大科学计划的分段管理，甚至当总负责机构或首席科学家变更时项目也能正常运转。

2.3.3 确定计划名称

经历了酝酿期充分的铺垫和凝聚共识工作之后，大科学计划所指向的研究领域已经得到了科学家群体和政府部门的认可。在此基础上还需要在题目上取得社会公众最广泛的共识。大科学计划的题目要体现以下几点内容。

1. 需要体现出全球性

大科学计划需要吸纳全球科研力量共同进行研究，其全球性体现在以下方面。

（1）研究地域上必须体现全球性。需要解决的问题首先不能是局部的，必须放在全球视野下去考量，特别注意的是，国际大科学计划的题目及与之配套的子题目必须全部面向基础研究，不得带有国家层面的商业、经济因素的成分。

（2）研究对象或主体体现为全人类。大科学计划的研究问题需要全球科学家共同参加，需要全人类提供研究样本才能取得突破，即需要跨学科、跨地域合作，需要动用全球的资源、信息并充分地交流与合作。

根据这两点特征，梳理现有的大科学计划的题目经常可以发现："人类""国际""全球""亚太"等带有研究范围的词语出现在题目中。

2. 需要回避特定词语

因社会文化、环保、科技伦理等为敏感议题，大科学计划的题目需要回避一些特定词语。例如，国际大洋发现计划在第三阶段名称为"综合大洋钻探计划"，但因为石油钻井平台给全球海洋环境带来的严重污染，社会公众对"钻探"（drilling）一词整体表现为负面甚至抗拒倾向，因此，国际大洋发现计划在第四阶段更名为"国际大洋发现计划"，"钻探"更改为具有积极意义的"发现"。

3. 题目宽度要恰到好处

大科学计划在命名时其题目既不能太窄，也不能太宽。题目太窄与其全球性、解决事关全人类利益的科学问题的定位不相符，题目太宽又容易分散投入，甚至出现项目拼盘的现象。例如，美国国家纳米计划在最终命名时存在争议，焦点在于是否要将"科学"（science）一词放进去，即"纳米科学计划"，对此，纳米计划的召集人罗科教授认为，纳米技术强调的是工程，对纳米技术的巨大投入必然会导致其他各种机构投入经费的减少，因此，为获得最大范围的支持，减少项目的阻力，最终纳米计划没有将"科学"放进去，以缩小研究范畴。与之形成对比的是，美国最早提出"气候变化计划"，却为了延长项目的研究周期，后期将题目更名为"全球变化研究计划"。

2.3.4　确定发起机构

合适的发起机构对大科学计划至关重要。大科学计划的发起机构可以是发起国的国内政府部门，也可以是国际组织（如联合国下属的教科文组织或国际科学联盟理事会）。大科学计划的发起机构需要满足以下要求。

1. 官方发起机构的分管领域须与大科学计划相关

以 HGP 为例，尽管其学科属性与 NIH 最为匹配，但最初 HGP 却是由能源部发起的。

能源部发起 HGP 的原因在于"核辐射等放射性物质对人类基因的影响"。然而，能源部发起 HGP 遭到了很多学院派生物科学家的反对。有科学家甚至公开抨击能源部发起 HGP 是"已失业原子弹制造者的诡计"。很明显，一方面能源部属于典型的应用研究资助部门；另一方面其资助核心是物理、化学、核能等领域，生物学/生命科学研究不是资助重心，因此能源部作为 HGP 的发起组织和管理者必然得不到广大生物科学家的认可。事实上，NIH 从能源部手中接过 HGP 的主导权后，能源部很快就完全放弃了对 HGP 项目的关注，转而资助其他科研领域。

2. 跨机构的发起组织需要获得所有政府部门的认同

气候变化计划最初的发起组织有三家：美国国家海洋大气局、NSF、NASA。从研究的分管领域看，美国国家海洋大气局主要开展气候研究，NSF 主要开展地球科学研究，NASA 则运行地球监控卫星项目。气候变化计划是一项跨学科的多领域项目，美国国家海洋大气局、NSF、NASA 都想获得该计划的主导权，以谋求更多资源，因此关于发起组织的确定一直争论不下。最后，三大机构高层在会面协调后，一致认为合作研究比各自开展研究更具成效，同意共同成立一个跨机构的工作小组，共同发起一个跨机构的气候变化研究提案。三家机构联名给白宫管理和预算办公室（Office of Management and Budget，OMB）致信，将分别拨给三家机构的预算打包做成一个总预算。

气候变化计划名义上的领导权归属于美国地球和环境科学委员会（Committee on Earth and Environmental Sciences，CEES），建立了地球和环境科学委员会＋管理和预算办公室的"自上向下"的组织架构，但实际上是"自下向上"的组织模式，最重要的权力机构是美国国家海洋大气局、NSF、NASA 三家地位相近的实权机构间的协调委员会。

3. 发起机构具有超越国界的号召力和调动能力

联合国组织及其下属机构具有超越国界的号召力。以联合国教科文组织为例，其宗旨是"在于通过教育、科学及文化来促进各国间合作，对和平与安全做出贡献，以增进对正义、法治及联合国宪章所确认之世界人民不分种族、性别、语言或宗教均享人权与基本自由之普遍尊重"。联合国教科文组织的一大职能便是支持前瞻性研究。

对于政府间国际大科学计划，以教科文组织为代表的联合国机构最适合做发起机构。截至 2020 年，联合国教科文组织已经成功发起了"人与生物圈计划""国际地质对比计划""国际水文计划""国际生物多样性计划"等。这些计划不仅需要科学家层面的科技合作，由于涉及领土/领海主权、动植物样本等问题，因而更需要国家层面的官方合作协议。

2.3.5　确定发起人

科研人员参与公共决策始自第二次世界大战期间，以物理学家为主的自然科学家在第二次世界大战后期的战争决策中起到了关键性作用（如爱因斯坦、格罗霍夫、奥本海默参与主持了曼哈顿计划）。第二次世界大战后，在以美国为代表的西方国家中，一大批自然科学家和社会学家以个人或群体形式不断介入政府科技决策过程，向包括最高决策者在内的政治家提供关于科技发展和公共政策的科学建议。正因为科学家地位特殊，在大科学计划中选择合适的发起人对整个计划的成功实施至关重要。表 2.12 罗列了典型国际大科学计划的发起人。

表 2.12　典型国际大科学计划的发起人

国际大科学计划	发起人	发起人背景
HGP	沃森	DNA 双螺旋结构的提出者，诺贝尔奖得主
气候变化计划	Allan Bromley（艾伦·布罗姆利）	白宫总统科学顾问（兼白宫科技政策办公室主任）
国家纳米计划	罗科	肯塔基大学教授，NSF 工程部门项目管理人
	卡利尔	克林顿总统白宫国家经济委员会特别助理
国际地圈生物圈计划	Friedman（弗里德曼）	美国国家科学院物理、数学和自然资源委员会主席

从表 2.12 可看出，若大科学计划有发起人，该发起人必然是该领域的顶尖科学家甚至是学科创始人。

值得一提的是，大科学计划的发起人和召集人不是一个概念。

召集人主要在大科学计划的酝酿期发挥作用，属于自发的个人行为；而发起人只有得到发起机构认可后才可能出面发起大科学计划，不完全属于个人行为，带有官方认可和背书的特殊背景。

召集人和发起人可以是同一个人，也可以不是同一个人。例如，HGP 中召集人是加州大学分校校长辛斯海默和诺贝尔奖得主杜尔贝科，而正式的官方发起人是沃森教授。

由于得到发起机构的官方支持，发起人通常也是大科学计划的首席科学家或核心管理成员。进一步地，考虑到大科学计划的发起人需要承担项目发起成功后的管理职责，对发起人在学术影响力、政治影响力、个人性格等方面均有严格要求。

1. 在学术影响力上，发起人必须是主流科学家群体公认的顶尖科学家

HGP 的发起人沃森是 DNA 双螺旋结构的发现者，在生物学领域拥有非常大的影响力。沃森作为 HGP 的发起人，不仅帮 NIH 从能源部手中夺得了主导权，同时也凝聚了一大批忠诚的追随者加入 HGP。

反观能源部最初的发起人 Charles Delisi（查尔斯·德利西），尽管其也是一名非常出色的癌症生物学家，但其学术地位和影响力相比沃森就显得差距过大。

2. 在政治影响力上，发起人必须具有一定影响力，或者由有政治影响力的人辅佐，内部须处理好与官方发起机构的关系，外部须得到国家决策者的认可

HGP 的成功发起有赖于沃森的大力推动。1989 年，NIH 将沃森所在的 HGP 办公室提升为人类基因组研究国家中心。国会绕过 NIH 直接向该中心拨款，并授权沃森可给单位以外的研究项目分配经费。沃森获得了极大的权力和极高的地位。但到了 1991 年，沃森首先与 NIH 内部的文特尔教授（即后来与 NIH 直接展开竞争的私人公司塞莱拉的总裁）就人类基因组测序技术路线图产生争议，且沃森没有获得 NIH 新任主任 Healy（希利）的支持。这最终导致沃森于 1992 年 4 月辞职。

沃森的继任者科林斯教授（后任 NIH 主任），早期也是沃森下属基因组中心的负责人。尽管科林斯没有沃森的知名度，但其品行、领导才能得到了包括时任 NIH 主任希利在内的大多数科学家的认可，很快被推荐为 HGP 的首席科学家。到 1993 年，尽管希利被克林顿政府解除 NIH 主任一职，科林斯仍然能够主导 HGP 计划。

另一个例子是美国国家纳米计划的发起人罗科，其发起的纳米计划能够成功主要依赖于白宫国家经济委员会特别助理卡利尔。纳米计划一开始并没有获得 NSF 的支持，是卡利尔支持罗科推进研究工作；其后，尽管美国国家纳米计划遭到 NSF 工程部新主任的否定，卡利尔仍然在公开场合不断宣传国家纳米计划；最后，在听证会环节，NSF 主任因其生物背景，更青睐同场竞争的生物学项目而非

纳米计划，还是因为卡利尔的鼎力推荐，纳米计划最终获得 4.2 亿美元的资助。

3. 在个人性格特征上，发起人必须拥有强大的号召力和亲和力

大科学计划的发起人必须有特殊的人格魅力、强大的号召力和亲和力。根据美国锡拉丘兹大学兰布赖特（Lambright）教授撰写的案例《管理"大科学"：人类基因组计划案例研究》描述，沃森是科学名人，喜欢被广泛关注，属于"大手笔"类型的领导者，喜欢到处委派工作任务，为人不够谦逊，甚至比较自负。这也是为什么沃森与 NIH 新任主任希利很快产生冲突的根源所在。

相比较而言，沃森的继任者科林斯虽然学术地位不及前者，但为人谦和，更关注管理的本质和操作细节问题，同时也更能让人产生共鸣，感到亲切。因此，即便希利在克林顿政府时期退出 NIH 后，科林斯仍然得到了继任 NIH 主任瓦尔姆斯的鼎力支持和协助。不仅如此，瓦尔姆斯与克林顿政府高层和国会均相处融洽，这特别有利于科林斯开展 HGP 的管理工作。

2.3.6 确定发起形式

纵观大科学计划的发起，其发起形式包括：召开专门的研讨会或学术会议、借助有影响力的国际会议发起倡议、国家领导人宣布等。具体如表 2.13 所示。

表 2.13 典型国际大科学计划的发起形式

国际大科学计划	发起形式	规则制定
国际大洋发现计划	先以美国国内计划快速推进，再吸纳国际伙伴参加，最终形成国际大科学计划	无规则→创始成员国制定规则
国际生物多样性计划	由联合国教科文组织、国际环境问题科学委员会、国际生物科学联合会共同发起	由联合国组织设立机构并制定规则
人与生物圈计划	联合国教科文组织呼吁并发起	联合国教科文组织成立人与生物圈国家委员会，并制定规则
人类脑计划	美国国家科学院医学研究所发布研究报告，开创神经信息学；OECD 的科学论坛正式批准建立美国领头的神经信息学小组	美国国立精神卫生研究所成立联邦协调委员会，制定规则
国际大陆科学钻探计划	在法国召开的大科学论坛上提出	德国牵头，中、德、美成为首批成员国，制定规则
国际地圈生物圈计划	国际地球物理年 25 周年年会上提出	美国国家研究委员会、NASA 牵头制定规则
Argo	先以美国国内计划推进，再吸纳国际伙伴参加	美国制定规则
美国国家纳米计划	克林顿总统参观加州理工学院时宣布	

从表 2.13 可以看出，大科学计划的发起形式比较多样，要与其发展路径相结合。尤其对于由国内小型科技计划发展而来的大科学计划而言，因为已经具备了相当实力的研究基础和成果，并不需要特别隆重和正式的官方公布。

2.3.7　确定项目预算和预期执行期限

在确定了发起机构和发起人的基础上，发起机构和发起人需要预估整个计划的持续时间、总体预算及资金筹集渠道与分摊方式。这对于所有参与国家政府和机构的参与决策均非常重要。

HGP 中，沃森通过基础设施、劳动力、设备以及其他物资的预计成本估算出"图解与测定人类基因组序列计划"的年度预算为 2 亿美元。以 15 年为期，完成该项目一共需要 30 亿美元，折合每个碱基对的预算成本约为 1 美元。实际上，这只是一个大概的预算，由于当时基因测序技术手段非常不成熟，只有沃森知道决定最终成本的细节因素。关于项目时间，当时有两种声音，一方建议 10 年，一方建议 20 年，沃森提议折中为 15 年。沃森认为 10 年时间内项目可能才刚刚开始，到时候评论家们会说执行进度落后于预定计划；如果定为 20 年的话，可能没有哪个联邦机构会资助持续时间这么长的项目。2 亿美元的年度预算则与美国政策体系有关，沃森做出以下声明："The budget should be \$200 M/yr；Anything bigger would be a fat target during annual budget reviews，while with anything smaller there will not be anything in Illinois."（项目年度预算为 2 亿美元。在年度预算评审过程中，若所报预算太多，就会很容易成为大家非议的靶标，从而影响项目预算的批准；但如果预算太少，在伊利诺伊州又什么也做不了。）

总体而言，关于大科学计划持续时间和总预算的确定不单纯是科学问题，要更多地考虑政治、经济因素的影响。

2.3.8　确定央地关系

大科学计划耗资巨大，往往需要举全国之力；但实际运作过程中又必须选定某一具体区域修建科研设施，布局科研机构，以服务于大科学计划。这就带来了大科学计划的选址问题。从中央政府的角度看，要考虑区域科研水平、经济承受能力、配套设施完备性、国际交往能力及出入境便利程度等诸多因素；而从地方政府的视角看，大科学计划对本地产业发展、科研水平及就业有巨大的带动能力，因此，选址问题必须考虑央地关系的影响。与此同时，中央政府和地方政府的资金配套政策也非常关键。

以 HGP 为例，沃森认为 HGP 需要全美各地广泛的政策支持；同时，鉴于 HGP 巨大的社会影响力、号召力及对本地科研水平和就业的带动能力，各州必定会尽力争取该项目的主办权。基于此，HGP 的科研活动将不能局限于某一州，必须分散到全美各州，以尽力获取各州政府的政策支持。

2.4 大科学计划的组织管理

大科学计划成功发起后，需要建立相应的领导机构和组织架构，部分计划还要求参与成员国在其国内建立相应的国际科技合作对接机构。基于此，本节将重点阐述典型大科学计划的组织架构和领导机构。

2.4.1 设计组织架构

1. 集权式组织管理 vs.分权式组织管理

科学有效的组织是大科学计划实施的关键。不同于一般项目的单打独斗或课题组科研模式，大科学计划需要一个庞大、严密的科研组织共同开展科研攻关，其组织结构具有复杂性、多元化等特征。

从运作和组织方式看，大科学计划分为集权式组织管理、分权式组织管理、混合式组织管理三种。针对不同的科技领域、发起国的偏好，大科学计划应选取合适的管理模式。衡量集权和分权有两条标准：①研究经费和任务是否由总协调机构统一划拨和管理？②研究成果是否由总协调机构统一对外发布？

据此，表 2.14 列举了典型大科学计划的组织架构。

表 2.14 国际大科学计划的组织架构

国际大科学计划	整体组织架构	总协调机构
HGP	松散的组织模式→集权式组织管理	六国研究联盟→NIH 主导的 G-5 中心（NIH 主导的五大基因研究中心）
气候变化计划	集权式组织管理	美国国家海洋大气局、NASA、NSF 共同组织的跨部门管理委员会
美国国家纳米计划	集权式组织管理	纳米科学工程和技术工作小组
国际大洋发现计划	集权式组织管理→后期分权式组织管理	中央管理办公室→美、欧、日三方独立管理
国际生物多样性计划	集权式组织管理	顾问委员会、创始赞助组织、科学委员会、秘书处共同负责

续表

国际大科学计划	整体组织架构	总协调机构
人与生物圈计划	分权式组织管理	由 34 个理事国组成的人与生物圈国际协调理事会
人类脑计划	分权式组织管理	以美国为领头国家的神经信息学工作组
国际大陆科学钻探计划	集权式组织管理	德国牵头，各成员国派驻政府代表参与决策
Argo	分权式组织管理	各国政府均成立了 Argo 浮标管理机构

归纳起来，影响国际大科学计划采取集权或分权组织管理的因素有两方面。

1）大科学计划的终极目标是否有边界

针对具有研究边界的大科学计划，能否在合理预算范围内按规划期限完成研究任务，是各参与国需要考虑的首要问题，此时宜采取集权式组织管理。以 HGP 为例，其研究目标为 30 亿个碱基对，预期耗资 30 亿美元且在 15 年内完成，NIH 必须采取集权式组织管理。尤其在项目后期，面对私人公司塞莱拉的竞争，集权式管理使得 NIH 有能力迅速改变研究策略，调动资源加快研究进度。另外，对于没有终极边界的科研项目，分权式组织管理的研究氛围更为自由和宽松，更有利于吸纳全球科研机构和科研团队参与，如人类脑计划。

2）总协调机构对大科学计划的资金控制能力和科技领导力是否足够强大

在这方面，HGP 是一个比较独特的例子，NIH 拥有足够的资金控制能力，NIH 任命的沃森教授拥有强大的科研领导力和号召力，因此 HGP 采取了由单一部门单一首席科学家集权式管理的模式。

实际上，即便是采取集权式组织管理的大科学计划，其顶层权力机构仍然可能由多个国家、多个组织的科学家共同组建委员会，以投票形式行使决策权。例如，国际大陆科学钻探计划的最高决策机构由创始成员国、联系成员国的科学家组成；国际生物多样性计划的最高决策机构是科学委员会，其成员是各国顶尖科学家。这类集权式组织结构的实际影响力肯定会弱于 NIH 对 HGP 的影响力，并且一旦集权组织瓦解，必然只能转向分权式组织管理。国际大洋发现计划就是最好的例证。

案例：国际大洋发现计划

国际大洋发现计划最早源于美国 NSF 主导的莫霍计划，其后才逐渐演变为国际大洋发现计划。起初，国际大洋发现计划高度依赖美国的"挑战者"号和"乔迪斯·决心"号两艘科考船，NSF 承担了绝大部分研究经费。因此，全球科学家的项目建议书必须提交到设在纽约的中央管理办公室，由后者组织专家评审和航次分配。

到 2005 年，日本投入新一代"地球"号科考船，设施设备更先进，与此同时，欧洲大洋钻探研究联盟（The European Consortium for Ocean Research Drilling，ECORD）也以租赁的形式改造了执行特定任务的科考船。至此，欧洲、日本的强势介入，导致"三强"出现。美国凭两艘科考船一家独大的局面被打破，其在国际大洋发现计划中的绝对主导地位亦不复存在。在其后几年，中央管理办公室先是迁往日本，美国保留分部；到 2013 年，中央管理办公室也被取消，项目建议书的评定和航次分配完全由美、日、欧三家各自决策。

可以看出，国际大洋发现计划的发展历史上，正是美国科技领导力量受到削弱，才最终导致集权式组织结构瓦解，走向分权式组织管理的道路。

2. 实体组织架构

科技计划管理中常用的组织架构形式包括职能型组织架构、项目型组织架构、矩阵型组织架构等，如表 2.15 所示。但针对特定项目的组织架构，不一定要拘泥于固定的组织架构模型，常常会做一些变通，以适应具体的项目要求。

表 2.15　常见组织架构形式的对照

类型	职能型	项目型	矩阵型
结构	按照不同的职能要求，设置若干职能部门，每一个部门负责一种职能工作，各部门由总的领导者领导	按项目划分成若干项目组，不同项目组的人员构成相同或相似，只是承担的任务不同	组织中既有职能部门，又有项目组，项目组的成员来自职能部门。适合大型组织，临时组建项目组完成临时性项目工作，项目结束后，项目成员回到原职能部门
优势	适合完成日常的重复性工作，员工都由一个部门领导，便于管理	转向快，反应迅速，适合临时性项目工作	可最大限度地利用本组织的资源，减少人员浪费
劣势	不太适合临时性项目工作	不便于协调管理	项目组成员受到项目组负责人和职能部门负责人的双重管理，而且项目组和职能部门之间有可能出现工作冲突，争抢资源，权力不易平衡

大科学项目宜采用复合式的项目型组织架构。即整体上属于项目型，每个项目组来自不同国家/区域的职能部门，兼具职能部门和项目组的双重身份，但从事项目工作。项目结束后，整个职能部门继续从事原组织中的职能工作。

在整个组织架构中，总项目协调机构负责协调工作，分项目组具体承担特定任务。分项目组负责人有双重身份：对于总项目协调机构而言，分项目组负责人是一个项目组的负责人，领导着一个分项目组；与此同时，在大科学计划中，职能机构通常整体性地参与其中并构成一个分项目组。分项目组负责人相对于总项目协调机构、其他分项目组均具有一定独立性，其独立地领导本项目组即本职能部门。分项目组成员一般是原职能部门的员工，他们从事的工作既是项目任务，也是日常职能工作。有时为了工作需要，也可能从其他职能部门借用少数新员工，这类员工从事的是项目性临时工作，既要对项目组负责人负责，又要对其原所在部门的负责人负责，完成项目工作后将再回到原职能部门。

职能部门整体构成一个分项目组，这就把项目组的项目行为转化成了职能部门的日常职能行为，大大降低了管理难度，使项目组的工作更加卓有成效。因为项目组负责人也是职能部门负责人，所以对下属员工的管理直接而有效，指挥有力，能有效行使权力和调配资源。

复合式的项目型组织架构同时兼具职能型、矩阵型组织架构的优点，同时克服了矩阵型组织架构的双重领导和权力不易平衡的问题。每个分项目组由独立的职能部门构成，可以保证分项目组利益的完整性，维护其利益时便于协调和统一。

3. 虚拟组织架构

除了构建实体组织架构外，大科学计划通常会搭建网上平台，构建一套完备的虚拟组织架构，以确保全球科学家的信息交换和数据流通。本书认为，虚拟组织架构应包括以下内容：借鉴矩阵式管理思路，根据不同成员等级设置信息平台权限；运用云技术，建立互联网数据库平台，实现数据实时输入和输出。

2.4.2　建立领导机构

为确保正常运转，大科学计划通常需要建立统一的协调机构。这也是大科学计划正式运作的标志之一。

1. 集权式组织管理下的领导机构

在集权式组织管理模式下，发起国的发起组织自然具有最高的权利。如 HGP 中的 NIH，气候变化计划中的地球和环境科学委员会等。这些集权式的领导机构代表大科学计划的发起国政府，主要行使以下权利。

1）项目评审

大科学计划通常有数十家单位参与，其内部采取复合式组织架构。为使项目保质保量完成，各项目组之间通常存在一定的竞争关系。例如，HGP 早期允许不同项目组之间展开竞争，并为此设立了淘汰机制，以体现 NIH 对科研质量的高标准要求。国际大洋发现计划早期设有中央管理办公室，专门从事成员国的项目建议书受理和评审工作。

基于项目组之间的竞争性分工，集权式领导机构的核心权力之一是项目评审。

对于有边界的大科学计划，既定任务将被分配给最合适的科研机构；而对于本身没有边界的大科学计划，领导机构将根据项目申报的可行性和科学性进行判断，并确定是否批准。

2）经费划拨

与项目评审紧密相连的是，集权式领导机构拥有划拨科研经费的权力，这也是领导机构能够统领参与国科研组织的唯一纽带。尽管很多大科学计划要求所有参与国自筹资金，共担风险。但实际操作过程中，自筹资金有两种形式。

第一种形式是参与国自筹资金资助本国科研团队参与大科学计划，发起国配套部分资金或技术。典型的例子是 HGP。

第二种形式是参与国以入会费的方式缴纳自筹资金，再由集权式领导机构统一划拨和使用。典型的例子是早期的国际大洋发现计划和联合国组织的多数大科学计划。

3）组织协调

有赖于项目评审和经费划拨权利，集权式领导机构的组织协调能力最强。尤其当大科学计划外部科研或政治环境发生剧变时，集权式领导机构能够迅速调整组织结构，做出适当的调整。在 HGP 项目早期，沃森领导的管理小组实施的是一种较为松散的组织架构，由全球六个国家的测序中心同时开展测序工作，NIH 负责总集成；但当私营的塞莱拉公司拥有了比 NIH 更先进的测序仪和独特的技术路线图之后，科林斯领导的 HGP 管理小组迅速做出反应，对外寻求政治支持（包括 NIH 主任、美国总统克林顿、英国首相布莱尔的背书），对内迅速调整任务分工，将主要基因测序任务委派给美国国内的五个基因研究中心，并给 G-5 配备最先进的基因测序仪，招募大量职业基因测序员，延长 G-5 基因研究中心的工作时间，以求在与塞莱拉公司的赛跑中获胜。

2. 分权式组织管理下的领导机构

相比集权式领导机构，分权式组织管理下的领导机构通常权力有限，更多地承担了总体协调、技术咨询、组织各项目组定期沟通交流的职能。

1）总体协调

大科学计划因为参与成员众多，即便在分权式组织管理模式下，仍然需要一个准中央管理机构来协调各成员国/理事国之间的国际交流，定期组织会议对科技计划执行情况等进行研讨。

国际大洋发现计划中，美国、日本、欧洲形成"三强态势"后，为了维持计划的整体性，促进各成员国单位之间的交流，设立了一个国际性协调组织，每年组织一次全球性的学术会议。人与生物圈计划的协调管理机构是一个由 34 个理事国组成的人与生物圈国际协调理事会，每 2 年开一次会。理事会闭会期间，由主席 1 人、副主席 4 人、报告员 1 人组成执行局，下设秘书处，协调双边和多边国际合作，促进世界生态圈保护区网建立。

2）技术咨询

大科学计划瞄准的是前沿科学议题，学科交叉性强，需要集聚全球顶尖的科学家贡献智慧，基于此，部分大科学计划的领导机构设立了顾问机构，提供技术咨询。

国际生物多样性计划成立了专职的顾问委员会，由 14 位科学家组成，均为对国际生物多样性计划非常赞同且愿意帮助实施该计划的顶尖科学家。国际地圈生物圈计划的顾问小组定期召开会议，给相关工作和项目进展情况提供建议。

2.4.3　领导机构成员分布——分配规则制定权

大科学计划需要联合多个国家共同参与，投入资金和人力，因此，在发起国和参与国之间合理分配规则制定权就显得特别重要。

首先，针对联合国组织发起的大科学计划，领导机构成员通常考虑到国别、性别、地域等客观因素，成员分布相对广泛，保证规则制定权分配的公平性。尤其是某些事关全人类重大利益和国家发展前途的大科学计划，各国都必须确保在领导机构中有委员代表本国利益。

案例：世界气候研究计划的领导层国别分布

世界气候研究计划中，各国科学家通过在联合科学委员会（最高指导机构）中担任委员来发挥影响力，积极维护本国利益。与发达国家相比，中国在世界气候研究计划中的影响力有待提高，2000～2010 年我国仅有丁一汇和吴国雄两位科学家担任过委员，美国有九人担任委员，法国、英国、俄罗斯各为四人，印度、日本、加拿大、德国则各有三人。

其次，针对某一发起国组织发起的大科学计划，领导机构成员遴选则通常由全球科学家群体的认可度和参与国的出资水平共同确定。参与国要想获得一定的话语权，只能尽可能尝试邀请海外科学家为其发声，或以推荐本国科学家在组织内担任重要职务等非正式方式促进影响力的发挥。换言之，发起国若想进一步吸纳其他国家政府和科学家共同参与大科学计划，除给予资金资助外，还可通过让渡一部分主导权的方式提高吸引力。

2.4.4　主办地和核心管理机构选址

大科学计划能够吸纳一大批全球顶尖科学家参与其中，因此，主办地和核心管理机构的选址对发起国、参与国均具有重要意义。本书认为有以下两个原则需要考虑。

国际层面需充分平衡发起国、参与国的国家利益。例如，欧洲大洋钻探研究联盟整体参与国际大洋发现计划，为平衡参与国利益，决策机构设在法国、岩芯库设在德国、航次管理机构设在英国。

发起国内部须充分考虑中央地方关系。大科学计划能够迅速带动区域科研水平，在发起国内部，地方政府必然向中央政府积极争取主办权。对此，中央政府必须充分考虑科研活动地理分布、城市包容性和开放性、城市经济实力等因素，统筹设立大科学计划的主办城市和承办城市。

2.5　大科学计划的实施

完成前期酝酿、组织架构搭建、领导机构组建等工作后，特定领域的大科学计划就将进入实施阶段。这一阶段的工作包括任务分工、过程控制、经费管理、阶段性评估、成果管理等环节。

2.5.1　任务分工

科学合理的任务分工是保证大科学计划顺利推进的首要关键环节。

1. 机构式分工协作——针对终极目标有明确边界的大科学计划

大科学计划的领导机构首先须明确"技术路线图"，并固化下来；其次，按照预定技术路线图选择最合适的团队开展科学研究。

案例：HGP 的技术路线图固化

以 HGP 为例，征集科学家群体的广泛意见后，国家研究委员会最早提出"先绘制基因组遗传定位图谱→分段测序"的技术路线图。此后，沃森、科林斯两任 HGP 负责人均严格执行了这一技术路线图。即使面对私营公司塞莱拉的技术路线图挑战，HGP 也没有轻易改变技术路线，只是调整了任务分工比例。其中很重要的一个原因是任务分工已经按照固化的技术路线图进行了合理布局和分工。

由于目标清晰、路线图明确，领导机构评估参与机构的科研能力后即可将任务分配下去。资助模式上以机构式分工为主，同时为确保研究质量，适当引入竞争机制。

2. 基于同行评议的竞争性申请——针对终极目标没有边界的大科学计划

由于没有清晰、有限的终极目标，这类大科学计划通常只规划未来五年或十年的过渡性目标，以锁定研究领域、划分子计划的方式确保大科学计划按照既定目标推进。以世界气候研究计划为例，其划分为气候与冰冻圈、气候与海洋变率可预测性及变化、地球系统模拟和观测、全球能量与水分循环、区域气候信息、平流层-对流层过程及其在气候中的作用①六个目标更为清晰、具体的子研究计划。

在此情境下，这类大科学计划的任务分工以竞争性申请机制为主。具体如下：①参与国科学家向大科学计划管理机构提交项目建议书；②大科学计划管理机构集中评审项目建议书，对于研究价值高的项目申请，进一步与科学家团队进行沟通和协调，形成正式的项目建议书；③会同其他项目建议书一并提交大科学计划的最高决策机构审议，评估项目的实施可行性、资金需求等，并形成最终的项目计划；④拨款实施。

从目前实践看，国际大洋发现计划、国际大陆科学钻探计划等没有具体终极目标的大科学计划均以竞争性的项目申请制进行任务分工。

2.5.2　过程控制

大科学计划在执行过程中很可能会遇到各种情况，超出项目计划的预期，这就需要对项目实施过程进行控制，以保障项目目标最终得以实现。通常而言，大科学计划的过程控制包括以下方面。

1. 范围控制

大科学计划有特定的研究背景和研究范围，应避免做和项目无关的、超出项目范围的工作。最典型的教训来自气候变化计划，因为美国三任总统在气候变化问题上立场和观点不一致，导致该计划的研究目标发生变更，相应的研究范围也发生了较大波动，最终导致该计划失败。

2. 进度控制

大科学计划通常要求在规定时间内完成指定的研究任务，为此必须控制项目进度，防止某个环节的进度拖延时间过长，从而导致整个项目周期被迫延长。进度控制的必要性体现在以下方面：①大科学计划开展时间越长，耗资越高，这是

---

① 资料来源：世界气候研究计划官网，此信息截止到 2023 年 12 月。

发起国和参与国均不愿意看到的情况；②通过进度控制，缓解政府巨额资助大科学计划时面临的财政绩效考评压力，有助于增强政府继续资助的信心。

值得一提的是，进度控制要根据环境变化随时做出调整。以 HGP 为例，沃森认为应在 2005 年前完成人类基因组遗传定位图谱的绘制，科林斯接手 HGP 后认为图谱绘制耗时太长，不利于项目推进，尤其当面对塞莱拉的竞争时，科林斯及时做出改变，加快了 NIH 的科研进度，获得了时间上的优势。

3. 资金控制

项目付出的经济代价要和科学价值、社会价值成比例。尽管大科学计划耗资巨大，但必须在可承受范围之内，因此实施过程中要严格控制项目预算变更。事实上，有些大科学计划就是因为科研费用过高，严重超过了项目预算而不得不中途停止，造成项目失败。典型案例是美国"国家癌症计划"。

4. 风险控制

风险控制在项目实施中地位非常重要，它是整个项目顺利有序进行的保证。大科学计划的管理部门要对项目进展过程中的风险形势变化做出反应，对各种风险因素加以控制。由于大科学计划的组织结构可能具有松散性、灵活性等特点，且各项目组之间具有相对独立性，因此协调沟通工作尤其重要，否则整个项目可能陷入一盘散沙的局面。

2.5.3　经费管理

经费管理是大科学计划实施过程中非常重要且不容回避的问题。大科学计划一般采用"项目分担，资金自筹"原则，各参与主体自行筹措资金开展研究工作。同时，大科学计划不以营利为第一目的，商业性不强，只能更多依赖国家政府部门、公立/非营利机构、私人基金会、国际组织、企业、民间捐赠等提供的资金（肖利和汪飚翔，2011）。

1. 参与主体的出资原因

大科学计划中，各参与主体之所以愿意出资，主要是因为责任和利益的双重驱动。

从责任角度看，大科学计划研究的是全球性问题，事关全人类利益，因此各国都有责任、有义务参与其中。例如，全球生态环境问题、人类基因组问题等关系到全人类的可持续发展，各国责无旁贷，不可推卸。

从利益角度看，大科学计划具有国家化和非国家化的特征。尽管科学知识是属于全人类的，但大科学计划所产生的价值、创造的利益是有国界的。大科学计划中产生的专利，直接或潜在的经济价值、军事价值都是国家化的。一国参与大科学计划，一方面是对人类命运负责，另一方面也是基于本国国家利益的现实考虑。以中国参与 HGP 为例，中国以 1%的工作量和很少的资金投入就取得了共享研究成果、数据以及相关事务的发言权，形成了接近世界水平的基因组研究实力，在国际基因组研究中得以占有一席之地。

对大学、研究所而言，出资参与大科学计划可推动学科发展，提高科研水平。例如，东南大学参加丁肇中教授领导的寻找宇宙中反物质和暗物质 AMS（阿尔法磁谱仪，Alpha Magnetic Spectrometer）实验，东南大学要负责部分数据处理和分析工作，要建立 AMS（02）数据接收站，还要完成包括探测器在内的实验装置加工制造与测试。这就发挥了东南大学在计算机、自动控制、微波及无线通信等方面的学科优势，通过 AMS（02）项目又进一步提升了这些学科的水平，有望使东南大学在空间科学领域跻身世界一流大学的行列。

民间捐赠和私人基金会的资助则体现了人类追求科学进步和求知、求善、求真的信念。通过大科学计划解决一些全球性问题，解决人与自然的关系问题，解决人类自身发展的问题，实现人与自然的和谐共处，实现人类的不断进步，更加关注人类、关注自然，为人类创造一个更加美好的明天。

企业和风险投资机构参与大科学计划，则是看中了其中的经济价值、商业利益。美国塞莱拉公司就曾通过为医药企业提供基因测序数据获得了可观回报。整体来讲，由于回报见效慢、回报率低，目前参与大科学计划的企业仍非常少。大科学计划很难进行商业化融资，主要依靠公立机构、政府拨款运营。

2. 资金筹集特点

大科学计划的资金筹集与一般的科技项目有很大不同，表现出以下特点。

1）资金共担，量力而行

大科学计划投入的资金一般没有追索权，一旦项目失败，投入的资金就无法收回，投资风险大。为了转移风险，一般采取多方投资、分担风险的做法，因此大科学计划一般有多个参与主体，它们既是项目的参与者，也是项目的投资者。

在具体出资比例方面，首先，国家财力状况是核心影响因素，各参与国量力而行，发展中国家通常承担少量资金。例如，HGP 中，中国投入资金仅有 500 多万美元，和整个项目近 30 亿美元的投入相比比例较低，但这 500 多万美元同样来之不易，中国当时根据自身的财力状况量力而行。

其次，参与方依据项目的战略意义决定出资规模。例如，"阿尔法"空间站计划，总计划投资约 600 亿～900 亿美元，其中俄罗斯投资 350 亿美元，美国投资 350 亿美元，日本 90 亿美元，欧盟 80 亿美元。俄罗斯之所以愿意投入如此多的资金,是因为空间技术对于俄罗斯具有非常重要的战略意义。

2)项目分担,资金自筹

大科学计划要进行项目分解,形成若干个分项目组。分项目组基本上要独立完成所承担的项目内容,不仅在人员投入上独立进行,在资金投入上也要自筹。例如,参加 HGP 的六个国家彼此财务独立,不存在一国将自己研究经费支援给另一国使用的情况。

3)商业性不强,主要不依靠市场机制

大科学计划要实现科学上的创新,解决一些全球性的问题,首先考虑的是社会价值和科学价值,而不是商业价值。大科学计划所能产生的经济效益往往要很长一段时间后才能凸显。因此,大科学计划的资金筹集难以靠市场机制实现。

3. 资金筹集渠道

目前,大科学计划的资金来源主要是政府政策性资助,国际科技组织的资助和少量的民间捐赠。以 HGP 为例,六个参与国的研究经费均来自政府部门或私人基金会的捐赠。美国的经费主要来源是能源部和 NIH,其仅在 HGP 头五年就投入了 10 亿美元。这些资金投入以基金制形式运作[①]。英国政府直接投资 5 亿美元建设了桑格基因测序中心(Sanger Institute),使之成为世界上最大的测序中心。法国除了政府组织的研究之外,诺贝尔奖奖金获得者多塞(Dausset)用自己的奖金于 1983 年底建立了人类多态研究中心(Centre d'Etude du Polymorphisme Humain,CEPH),并且这一研究中心得到了法国民众的支持,获得了至少 5000 万美元的民间捐助,为 HGP 研究做出了贡献。中国 HGP 的资金筹措由国家拨款、个人投入和民间赞助几部分构成,其中国家拨款占比最大。具体而言,1992~2000 年国家自然科学基金委员会资助中国 HGP 研究重大项目 2 项,重点项目 4 项以上,国家杰出青年科学基金项目 10 项以上,资助总金额达 4000 万~5000 万元。除了政府方面的资助,中国的 HGP 研究人员还拿出个人积蓄做测序工作。

与此同时,在 HGP 中,除公立研究机构外,还有另一支私立机构,即美国塞莱拉公司扮演了重要角色,这家公司运用了现代金融手段支持人类基因测序工作。塞莱拉公司的创始人文特尔说动了风险投资家沃里斯·斯坦伯格,后者拿出 7000 万美元投资给文特尔,成立了一个基因研究所(The Institute for Genomic Research,TIGR)。之后文特尔又与制造了当时最快读取基因序列机器的亨克·比勒结盟,成立了一个新公司即塞莱拉公司。这些合作使文特尔获得了所有投资者提供的共

---

① NSF 的全部投入以基金制运作,NIH 的投入 2/3 以基金制运作,1/3 作为院内研究所使用,这两笔基金约占美国政府基础研究拨款总额的 70% 以上。

3 亿美元的资金，启动了塞莱拉公司的研究和产品开发，并在纳斯达克上市，发行股票募集资金。塞莱拉公司之所以取得成功，是因为人类基因组研究本身具有潜在的经济价值，孕育着基因产业。

2.5.4　阶段性评估

大科学计划通常持续十余年甚至数十年，有必要开展阶段性评估，与一般科研项目不同的是，大科学计划的评估是分散式的。这主要体现在以下两个方面。

（1）评估主体是分散的。大科学计划的发起国和参与国均承担了部分科研经费，均需对本国科研团队的科研产出情况进行评估。

（2）评估形式是分散的。既通过大科学计划顶层管理机构开展规范性评估，也通过定期召开理事会、国际研讨会形式开展评估。

2.5.5　成果管理

大科学计划面向基础研究，其核心理念是科研成果全球共享，因此其最终科研成果几乎不涉及知识产权问题。大科学计划的成果包括两方面：一是所有实体样本和最终数据全球共享。HGP 要求所有测序中心的基因测序结果必须在 24 小时内上传到互联网；国际大洋发现计划中，每个航次的科学家可优先取得岩芯实体样本和扫描数据，但 1 年后，所有岩芯样本和数据全球共享。二是论文以项目组集体的名义公开发表。

科研成果全球共享是科学家参与大科学计划的一项前提条件。这点在 HGP 项目中特别明显。NIH 之所以与塞莱拉公司展开竞争，核心目的就是以科林斯教授为代表的一大批科学家怀着造福全人类的道德理念，拒绝与塞莱拉公司在基因可专利性和分享方面妥协。因此，未来我国发起大科学计划，必须尊重国际惯例，向全人类免费分享科研成果和数据。

HGP 一开始就确立了数据共享原则，即百慕大原则。尽管这一原则与知识产权保护原则相违背，有些科学家出于个人利益考虑想延迟数据发表，但是科学家最终达成共识，即只有及时地公布研究成果，才不至于让别的实验室在不知情的情况下重复劳动，同时别的实验室可引用这一数据，这一原则虽然有损于科学家个人利益，但从项目整体进展来看，利大于弊。因此，1991 年美国人类基因组研究所制定了数据释放政策，要求原始数据在 6 个月之内释放。1996 年，由于基因测序技术的重大突破，基因数据日生产量越来越多，再加上私人部门的加入，6 个月的释放标准改为"24 小时公开"原则，这一原则也成为数据共享百慕大原则的基石。百慕大原则的提出，直接促进了生物学领域里公共数据库的发展和科学数据平台的建设，为科学研究成果在商业领域的应用奠定了基础，激励了开发与创新。因此，百慕大原则不仅促进了 HGP 的成功，同时为今后科学数据共享系统树立了典范。

2003 年，百慕大原则扩展成劳德代尔堡协议；2008 年，NIH 将其数据共享预期扩展到了全基因组关联研究，目标是分析人体内成百上千的共同基因组学变异本，揭示复杂遗传病的潜在发病基因。2014 年，在 HGP 领域开始实施一项扩展版的"基因组学数据共享政策"，要求几乎所有使用 NIH 资助产生或分析的大规模基因组学数据都要共享。

2.6　大科学计划成功的关键

美国锡拉丘兹大学兰布赖特教授总结 HGP 取得成功的关键要素包括：明确的目标；灵活的组织结构；政治支持；竞争；领导才能（Lambright，2009）。

1. 明确的目标

大科学计划具有大规模、高投入、长周期、公共利益至上的属性。为了确保计划得以顺利实施，同时也为了对各参与国的财政投入有所交代，大科学计划必须设立清楚、明确、特定的目标。明确的目标既能起到长期指导的作用，同时也可以用来衡量、指导、区分科研活动的优先次序，并纠正参与团体和个人的所有决策。

2. 灵活的组织结构

组织的含义是必须处理"谁做什么"的问题，其本质是确定分工（包括正式和非正式分工）。首先，大科学计划的各参与方基于各自价值取向、利益诉求等走到一起，共同组建大科学计划的研究团队；其次，团队中的主导机构通过制定组织规则，确保所有参与成员按照规划好的路径统一行动。需要强调的是，所有组织机制均必须围绕大科学计划的终极目标进行设置，并应根据环境变化随时进行动态调整。

3. 政治支持

无论是国际还是国内层面，大科学计划均离不开政治支持。目标、组织、政治支持三者相互统一，互相影响。虽然政府对科研项目的具体细节不够了解，但对时间表和资金管理则比较擅长。此外，由于政府时刻面临着纳税人的合理质疑，因此大科学计划必须及时展示其成果以维持政府持续支持的信心。

4. 竞争

大科学计划决策机构应充分平衡科学自由性和任务导向性，适当运用竞争机制增加组织活性。通过项目申请方面的竞争，引导参与机构围绕大科学计划的终极目标，精心设计具体的、可执行的小目标；通过同行评议式的管理竞争，明确参与机构必须向评委证明自身出色地完成了科研任务；通过与外部机构的竞争，促使大科学计划的管理团队始终有一定的压力，必须按时按质实现既定目标。

5. 领导才能

领导才能是影响大科学计划成败的最关键因素。兰布赖特教授特别指出领导才能可将其他因素整合到一起发挥作用。尤其是大科学计划，发起阶段需要发起人具有领袖气质浓厚的号召能力，实施阶段则需要领导人具有理性气质和推崇制度的领导能力。

第3章 大科学工程的全生命周期治理

"大科学"包括大科学计划和大科学工程。针对后者，本章换一个视角，从全生命周期治理角度出发，分析大科学工程的论证与筹建、预制研究、建设团队组建、运营与维护、升级与退役管理过程。

3.1 大科学工程建设首先需要回答的几个问题

3.1.1 大科学工程与大科学计划的区别

比较大科学工程与大科学计划，有以下几点重要区别。

1. 投资规模不同

大科学工程实施可以概括为建设和运营两个阶段，科学问题和工程问题交织其中，涉及大量非标准化的科研仪器设备制造和基建工程，投资数额比大科学计划多数倍甚至数十倍。表 3.1 列出了典型大科学工程的耗资。

表 3.1 中外典型大科学工程的耗资情况

大科学工程名称	耗资	投资主体	用户主体
北京正负电子对撞机	0.4 亿元（预制费用）＋2.4 亿元（建设费用），占当年科教固定资产投资的 5.85%	单一	国际
合肥光源	1.18 亿元	单一	国内
500 米口径球面射电望远镜（FAST）工程	6.67 亿元	单一	国际
上海光源	0.8 亿元（预制费用）＋12 亿元（工程造价）	单一	国际
上海硬 X 射线自由电子激光	超过 100 亿元	单一	国际
美国超导超级对撞机（superconducting super collider，SSC）	118 亿美元（终止时已耗资 20 亿美元）	国际	国际
国际热核聚变实验堆计划	50 亿美元	国际	国际

注：FAST 全称为 Five-hundred-meter Aperture Spherical Radio Telescope

大科学计划与大科学工程的投资策略差异巨大：一是大科学计划初始投资规模小，经费可以分批划拨，发起国或东道国的财政压力较小，而大科学工程的东道国初始投资巨大，对一国财力有较高要求。二是大科学计划可以通过参与国"自备干粮"的方式完成科研活动，而大科学工程无法做到这一点，投入无法分摊，即使第三国愿意分摊，通常也是采取实物投资的方式进行（杜澄和尚智丛，2011）。

2. 基础研究与应用研究的考虑

大科学计划非常强调基础研究的纯粹性，通常不允许掺杂带有应用目的、国家利益诉求的科学活动。HGP 中，NIH 在与塞莱拉公司竞赛时举全国之力加快测序工作，且要求 24 小时内测序结果全球共享，以确保全球共享共用基础研究成果。国际大洋发现计划同样如此，不允许任何国家提交的研究计划书夹杂油气勘探等具有潜在商业利益的活动。对比而言，大科学工程通常有应用研究方面的考虑。以北京正负电子对撞机为例，就"中国是否应建设对撞机？"这一根本性问题争论了近 10 年，其本质就是基础研究与应用研究之争。最后，时任对撞机领导小组负责人谷羽在李政道教授的建议下，为正负电子对撞机加装同步辐射光束线，将对撞机建设方针改为"一机两用，应用为主"，这才获得中央领导的认可，并将建设经费从 9000 万元追加到 2.4 亿元。从后续我国建设的大科学工程设施看，大都也兼具了应用研究功能（杜澄和尚智丛，2011；柳怀祖，2016；赵忆宁，2018）。

3. 科学与工程的高度结合

大科学计划具有分散性的特征，各参与国或参与机构围绕统一的科学目标开展科研活动，其交流更多体现在科学层面的研究数据、研究成果上。大科学工程不仅是科学问题，更是工程问题。工程建设的工期、质量、设备安装调试等决定了大科学工程项目的整体成败。工程一旦延期，必然导致建设经费超支，影响决策层对项目的看法。大科学工程属于精密工程，整个施工环节需要极高的组织性、纪律性，大科学工程领导小组通常分为科学小组与工程小组，真正参与施工的通常是东道国顶尖水平的建筑团队或国防施工单位。

3.1.2　大科学工程具有天然的国际化属性

1. 研究问题事关全人类共同利益

大科学工程的国际化首先体现在研究问题上，必须是体现事关全人类利益的基础前沿议题，如天文学、物理学等，或立足人类未来数十年后面临的终极问题，如能源问题、星际探索问题等。

2. 工程设计与设施设备的国际化来源

在大科学工程设计论证与设施设备研制阶段，基于用户参与的理念，其设计与制造环节均体现出多方参与的特征。例如，我国加速器的建设路线经历了"7 GeV 质子加速器→中能强流回旋加速器→2.0 GeV 电子同步加速器→3.2 GeV 质子同步加速器→40 GeV 常规质子同步加速器→400 GeV 质子环形加速器→2.2 GeV 正负电子对撞机"。反复多次，最终在李政道教授和美国能源部下属国家实验室的协助下，确定了北京正负电子对撞机的技术路线与工程设计方案（柳怀祖，2016）。在元器件方面，大科学工程通常也集聚全球力量开展研制攻关，或直接提供相应的成熟设施设备。

3. 大型科研基础设施的唯一性带来的用户国际化

大科学工程的核心价值体现在设施设备的全球唯一性，只有具备了唯一性的前提，才能吸引全球顶尖科研人员前来做实验，开展科研合作。美国 20 世纪末放弃建设超导超级对撞机，使得欧洲核子研究中心的大型强子对撞机成为全球唯一、最强大的对撞机，最终发现了希格斯玻色子（俗称上帝粒子）。北京正负电子对撞机建成后，由于亮度高、性能好，国际上这一能区的同类加速器都宣布关闭了，均转到北京正负电子对撞机开展实验。这极大地助力北京成为全球八大高能物理研究中心之一。

3.2　大科学工程的论证与筹建

3.2.1　大科学工程的提出

大科学工程的筹备过程通常会经历"政府议程→国家战略→项目设立"三个阶段。在"政府议程"阶段，大科学工程的诱因包括外部环境刺激和内部科学精英推动两种。

外部环境刺激可解释为自上向下的强国家干预，是指国家为应对外在压力直接推进项目建设，政治影响因素强，研究领域明确，任务具有明确指向，紧迫性高于效率性。典型例子如美国橡树岭国家实验室是为应对德国核研究而紧急筹划建立的实验室（仲平等，2017）。

内部科学精英推动可解释为自下向上的弱国家干预，政治影响弱，研究领域多，决策空间大，项目论证的可行性、效率性高于紧迫性。典型例子如北京正负电子对撞机是由张文裕等老一辈科学家向中央提议发展高能物理而建立，筹建计划论证了十余年。

3.2.2　大科学工程的论证

大科学工程通常从全人类共同利益视角进行论证，聚焦影响全人类命运的能源、气候变化、生命健康等问题，充分考虑当时的国际背景。论证的角度可概括为以下方面。

1. 是否与国家所处发展阶段、基本国情相匹配

由于资源有限，大科学工程投资额巨大，国家需要考虑大科学工程的回报和对其他学科发展的影响问题。当一国经济发展尚处于较低水平时，应当以应用研究为主，以迅速提升综合国力，而外部性较强的基础研究可以适当放缓。自 20 世纪 70 年代末以来，杨振宁教授就一直主张中国应把重点放在经济生产和应用研究上，在不同场合反对中国以建造高能加速器的方式发展高能物理。到 1977 年，李政道、吴健雄等虽然赞同中国建造加速器，但不赞同建造高能的电子对撞加速器，理由是每台加速器都有特定的物理目标。中国在当时经济条件下可能难以承受高能加速器的建设成本，应当另辟蹊径，建造能量较低的正负电子对撞机，发挥其独特价值。

2. 是否有足够的人才储备运转大科学设施，做出有意义的科研成果

大科学工程的人才包括运行设施设备的人才和科学用户两方面。在高能物理领域，由于 20 世纪 70 年代中美关系回暖，再加上丁肇中教授和李政道教授的大力协助，我国通过"丁训班"（丁肇中教授在欧洲的实验室）培养了近 850 名高能物理实验人才，通过"李政道学者"计划向美国各大学和三大国家高能实验室输送学员，培养了数十名高能物理骨干人才（柳怀祖，2016）。相比较而言，在科学用户方面，我国历来是短板。对此，杨振宁教授认为，我国在短期内需要突破两关，"一是要有足够的实验物理学家利用大科学设施；二是要有理论物理学家在加速器上完成重要实验"。

3. "窗口期"有多长

大科学工程的唯一性是相对的，其"赢者通吃"效应只能固定在特定国际背景下的一段时间内。随着全球其他国家在大科学工程领域的投资，不断提升设施设备性能，大科学工程设施终有被国际科学界淘汰的时候，因此，每个大科学工程都有特定的"窗口期"。从历史经验看，苏联、日本均有投入巨资建设加速器、科考船，但最终没有取得重大科技成果突破的失败案例。

4. 政治因素需要重点考虑

大科学工程设施复杂，一国即使经济上能够承担，技术储备也不太可能完全覆盖，需要借助国际力量；同时，由于设施设备的尖端性，政治因素直接左右了这些尖端设备能否不受出口国技术管制和相关国际条约/协定的限制（聂继凯和危怀安，2015）。

北京正负电子对撞机最终能够顺利建成离不开两个政治因素的推动：一是1985 年我国台湾地区宣布建设高能加速器，核心设施设备主要从美国采购，技术路线得到了袁家骝、吴大猷等科学家的支持，海峡两岸开启了"高能加速器"的建设竞赛；二是高能物理是中美两国科技合作的开端，美国在高能物理领域放宽了对华技术管制，为中国高能物理研究培养科技人才，向中国出口了当时最先进的 VAX8550 大型计算机。

综上，参考国际经验，大科学工程的论证和设计至少需要花费五年时间。

3.2.3 大科学工程的优先级判断

当多个领域申请建设大科学工程时，政府部门需要进行优先级判断。基于美国 NSF 的经验，需要明确项目优先级。具体而言，NSF 首先排列出项目的优先级，其次，在同一优先级内部再进行项目建设排序。具体优先排序规则如表 3.2 所示。

表 3.2 大科学工程优先排序规则

同一优先级下的项目排序规则	第一优先：已经启动尚未完工的项目	第二优先：已经批准尚未开工的项目	第三优先：新的科研基础设施建设项目
1. 项目改造性大吗			
2. 项目会改变科学与工程的基本思路吗			
3. 项目属于科学最前沿吗			
4. 项目效益大吗			
5. 项目服务交叉学科吗			
6. 设施需求的紧迫性强吗			
7. 国家能承担吗			

3.2.4　选址布局

大科学工程体现了国家科技资源配置的总体安排，一方面需要考虑项目用户群的地域分布、配套基地建设布局。另一方面，从工程建设难度和设施设备的客观地理要求看，科学选址需要综合考虑以下原则。①工程施工地理条件；②避开环境震动；③整体效应与发展前景；④方便用户使用和便于社会开放交流；⑤留有可持续发展的空间；⑥地方政府的支持和优惠条件；⑦基本具备"七通一平"的基础设施；⑧生活设施基本配套；⑨显示度和投资规模。

以上九个原则针对不同的科研基础设施，权重调节会有所差异。从现有国际、国内大科学工程的选址经验看，充分体现了以上原则。

案例：上海光源的科学选址

上海光源建设之前，北京已经建立第一代同步辐射光源，合肥有第二代同步辐射光源，在上海建设第三代光源相对合适。同时，上海市承诺对建设资金和建设过程予以充分配合，并考虑引入合适的教育、科研项目，使光源周边形成有利于科技发展的生态环境。

案例：FAST 的科学选址

FAST 是中国"十一五"期间大科学工程设施建设项目之一，位于中国贵州省黔南布依族苗族自治州内。FAST 的选址历时 10 余年，需要考虑"尽量远离手机、电视机及其他电子设备的射频干扰""地球电离层和对流层的特征""气候和温度的历史纪录""基础设施成本、电力供应""运行和维护成本""远离人口密集区，必须限制台址周边经济发展，确保可长期持续作为无线电静默区"，以及洼地几何条件、地质条件、工程开挖量等，最后从贵州黔南和黔西南的 82 个喀斯特洼地中选出最佳方案。

3.2.5　经费来源

大科学工程以国家中央财政投入为主，地方财政投入为辅，同时，鼓励工业界注资或捐赠，扩大大科学工程的运行经费来源。具体而言，对于具有开展商业化运行潜力的大科学工程装置，可以采用公共合作（public-private partnership，PPP）模式扩展经费来源渠道，成熟案例如上海光源、"彩虹鱼"深海观测（陈力等，2017）；对于纯基础研究的大科学工程，在筹备阶段应充分利用央地关系和选址决策，引导地方多投入配套建设资金（陈立华等，2016）。

3.3　大科学工程的预制研究

大科学工程技术含量高，许多技术具有验证性、创新性、时效性，建设风险较大，必须进行预制研究，对工程中的关键技术、关键材料、关键工艺先进行研究突破。预制研究成功后，聘请国内外同行专家进行评估，评估通过后才会正式转入建设阶段。预制阶段主要解决以下问题。

（1）自行设计方面，建设设施的关键技术路线、质量、进度计划等，并对所有方案进行评审。

（2）委托加工方面，大科学工程的部件多为非标加工，需要定制化生产，预制阶段就应当通过邀标→议标，确定意向加工企业，并开展资质考察、技术文件交底、专家评审、合同洽谈、质量标准体系制定等工作。

（3）过程监控方面，对于重要技术需要实施技术代表驻厂制度，实时跟进加工进度、关键工艺参数。

（4）总成调试方面，建立装配、调试规范，撰写操作手册。

成功案例：合肥光源和上海光源

合肥同步辐射一期工程于 1977 年列入国家科技发展计划，1978～1981 年开展预制研究，经严济慈等科学家的论证、测试后，预制结果报送中华人民共和国国家计划委员会。1983 年国家正式批复命名合肥同步辐射为国家同步辐射实验室，1984 年列入国家"七五"规划重点工程，正式破土动工。

上海光源属于第三代同步辐射装置，国内没有相关的技术储备。1997 年科技部批准开展上海光源的预制研究，拨款 8000 万元，其中国家投入 2000 万元，上海投资 6000 万元。预制经费约占项目总投资的 6.7%。

失败案例：LAMOST 项目

LAMOST（Large Sky Area Multi-Object Fibre Spectroscopic Telescope，大天区面积多目标光纤光谱望远镜）是我国科学家自主设计、自主建造的大型光谱巡天望远镜。LAMOST 在预制阶段需要研制望远镜本体、焦面仪器、数据采集和处理、科学目标实现、观测环境和工程建造等多项技术。然而，我国是第一次自主设计制造 LAMOST，采用了国际首创的薄镜面拼接加变形的主动光学和光纤定位技术，但技术储备不足、室外光学实验条件、预研经费不是独立经费支持等因素，导致项目预制与项目施工同步进行，最终导致工期延误、经费超支等问题。

总体而言，预制研究必须先于项目建设，以单独立项的方式对项目建设中的核心部件、关键技术开展技术试验和预研，以确保项目一旦开工建设，不会出现等设备、等技术的情况，能够按照既定预算和工期顺利完成。

3.4　大科学工程的建设团队组建

3.4.1　大科学工程的工程建设领导小组和科学顾问团队

　　大科学工程建设投资数额巨大，事关国家长远发展和重大战略利益。基于我国特殊的体制机制与政治环境，完成项目论证后需要组建管理团队，包括：①组建跨部门、高层级的建设领导小组，统筹协调整个工程建设进展，控制进度，防止超支；②组建国际化的科学顾问团队。表 3.3 列出了我国部分大科学工程的领导小组和科学顾问团队。

表 3.3　大科学工程的领导小组成员（时任职务）与科学顾问团队

大科学工程	领导小组成员（时任职务）	科学顾问团队
北京正负电子对撞机	方毅（国务委员兼国家科学技术委员会主任） 谷羽（中国科学院新技术局局长，实际负责人） 林宗棠（国家经委副主任） 张寿（国家计委副主任） 张百发（北京市副市长）	李政道、潘诺夫斯基、袁家骝、吴健雄、杨振宁、邓昌黎等
上海光源	路甬祥（中国科学院院长，组长） 韩正（上海市市长，副组长）	方守贤（主任） 冼鼎昌（副主任）

资料来源：根据媒体资料和柳怀祖（2016）的资料整理

3.4.2　建设模式

　　建设大科学工程有两种方式：一是效率导向，所有资源按需、足量、集中供给，属于整体发包模式；二是经济导向，所有资源逐年、分散供给，属于分包模式。

　　北京正负电子对撞机一期建设属于典型的整体发包模式，主要包括以下方面：一是在对撞机建设领导小组的组织下，2.4 亿元人民币总投资一次拨付；二是所需科研人员按需从各科研院所、高校、工厂征调；三是设备生产虽然实行合同制，但明确要求涉及对撞机的生产"不赚钱"，按时优质完成有奖励，出现问题要追究责任；四是场地基建、设备安装调派解放军支援。

　　但到了北京正负电子对撞机二期改造工程，我国采取的是分包管理模式，充分注重市场规律的作用发挥，采取了经理负责制、采购招标等，资源逐年、分散供给，建设经费按年度拨付。

3.4.3　多方参与建设

大科学工程是全新甚至全球唯一的科学设备或设施，通常没有对应的"现货采购市场"，科学界需要与工业界合作，共同设计、制造符合性能要求的关键设备。一旦设施设备设计定型，建设方将与行业供应商签署合同，由其全权负责设施设备的制造、装配、测试、维护工作。这一阶段涉及新技术的密集研发，需要设施所在国大量企业参与研发和建设工作，通常对本国相关技术领域企业的研发能力提升最快。

3.4.4　国际合作

大科学工程的国际合作可吸收国外先进的科学思想和科研经验，引进需要的关键技术、先进设备及管理技术，从而在技术上少走弯路，缩短工程建设时间，节省建设经费。

大科学工程设计的关键设备和零部件大都为非标设备，多国参与研发的大科学工程，需要明确建设分包、质量标准、采购包类型、知识产权规则等内容。以国际热核实验堆（international thermonuclear experimental reactor，ITER）计划建造为例，中国承担总经费约 10%，其中约 80%以实物贡献方式提供，承担 12 个采购包。采购包类型以按图加工和功能规范为主。采购包协议包括主文件、管理规范、技术规范，其中，主文件内容包括知识产权、采购物项、进度要求、经费安排等内容（Holtkamp，2007；罗德隆，2012）。

3.4.5　建筑施工队伍

大科学工程的建设既有工程性质又有科研特点，相比一般民用工程较为特殊，技术复杂，需要科学技术人员和工程技术人员密切配合。因此，大科学工程的施工方选择非常重要，通常是由国防系统、铁道系统的专业施工队伍承建。在此过程中，特别强调应当由科学家主导，工程技术人员配合。例如，美国在建设超导超级对撞机过程中，关于应当由物理学家主导还是国防部主导建设的问题，曾经产生了重大争议。这些主导权争议导致工程一再延期。

3.5　大科学工程的运营与维护

3.5.1　实体管理机构

大科学工程一旦建设完成，需要配备大量的操作和运维人员。这些人员必须是高技能型的科学家或工程师，可以为本设施内的科学家或来访用户设置实验条件，提供必要技术支持，并监督其安全操作。因此，不管是单一型还是综合型大科学工程设施，均需要建立具有一定规模、学科交叉融合紧密的实体管理机构。

从国际经验看，美国无论是"国有国营"还是"国有民营"的大科学工程设施，通常建立了规模庞大、在联邦部门指导下的单一型实体科学机构，如依托大学、非营利机构组建的国家实验室。欧洲国家则因为体量原因，无力独自承担大科学设施群的建设工作，更多采取联合会的方式，统筹国内或欧盟区内分布在各地的大科学设施。具体如表 3.4 所示。

表 3.4 发达国家围绕大科学工程形成的管理实体

国家实验室	大科学工程设施	所属学科
阿贡实验室	大气辐射测量气候研究设施	地球系统与环境科学
	先进光子源	材料科学
	纳米材料中心	材料科学
	阿贡串联直线加速器系统	粒子物理与核物理
	阿贡高性能计算设施	工程技术科学
劳伦斯伯克利国家实验室	联合基因组研究所	生命科学
	先进光源	材料科学
	分子工厂设施	材料科学
	LZ 暗物质实验	粒子物理与核物理
	能源科学网络	工程技术科学
	国家能源研究科学计算中心	工程技术科学

资料来源：希尔齐克（2022）

注：LZ 为 LUX-ZEPLIN 的缩写，LUX 和 ZEPLIN 分别为两个项目的名字

3.5.2 用户管理

大科学工程具有典型的多学科性、综合性特征，往往能够服务生命科学、生物工程、农林业、材料科学、医药、物理、国防等多个领域。在建设之初，通常需要开展广泛的用户调研，包括从事基础研究、应用研究的科学领域分布、实际需要、实验场景等。以上海光源为例，其在开工建设之初就调查了约 300 个用户单位的需求情况。

在用户管理上，大科学工程管理方应设立包含国际专家在内的用户评审委员

会，制定机时分配办法，从服务用户的视角出发，对用户申请进行审核，平衡好基础研究与应用研究的关系、平衡好高校院所与商业用户的需求。针对我国基础研究相对薄弱的特性，大科学工程管理方一是需要对内培育未来用户，对外吸引海外用户，迅速提升大科学工程设施的知名度；二是需要邀请用户共同参与实验设施搭建、改造，以上海光源和北京正负电子对撞机为例，均有管理方与用户共同建设专用实验站的成功经验。

3.5.3　开放共享规则

毫无疑问，除涉及国防、国土安全等敏感领域外，其他大科学工程都面向全球开放共享，核心是如何建立共享机制。以美国强磁场实验室为例，其面向全球用户设计了在线申请系统[①]。实验室内部也组建了专门的同行评议会，根据科技价值和可能的影响将申请书分为：优秀、中等、差。经过实验室主任批准后，获得优评的将根据设施使用计划和试验要求与申请者对接（董璐等，2019；冯伟波等，2020）。

欧盟委员会则于 2016 年发布了《欧盟科研基础设施开放共享章程》（*European Charter for Access to Research Infrastructures*），该章程依据申请人的目标、权利与义务的不同制定了三类差异化的开放共享规则：卓越科学模式、市场规则模式和普惠模式。在卓越科学模式下，申请者提出开放共享申请后，需要由内部或外部同行专家对其申请是否属于科学卓越、原始创新进行评估，或者从技术和伦理等方面评估其开放共享申请是否具有可行性，若通过评估，申请者则可以获得最好的科研基础设施、科研资源和服务。这种开放共享模式可以促进跨地域和跨学科的科研合作。在市场规则模式下，用户和科研基础设施单位可以通过签订不对外公开的费用协议开展设施开放使用活动。在普惠模式下，科研基础设施单位尽其所能为用户提供大量的科研数据和数字化服务（程如烟，2017）。

在组织管理层面，欧洲构建了系统化的组织管理体系。欧洲科研基础设施开放共享管理机构的主管部门是欧盟科研创新总司，分管部门是欧盟科研创新总司的开放科学与创新司，具体执行部门是开放科学与创新司的科研基础设施处。此外，在执行过程中，欧盟委员会还调用了管理协调方的力量。例如，由欧盟委员会、欧盟成员国及区域政府、科技界、工业界和利益相关方代表组成的欧洲科研基础设施战略论坛（European Strategy Forum on Research Infrastructures，ESFRI）可以参与欧盟层面大型科研基础设施的建设决策，制定发展路线图。欧洲政府间研究组织论坛（The European Intergovernmental Research Organisation forum，EIROforum），负责管理八

---

① 资料来源：https://nationalmaglab.org/user-resources/requesting-magnet-time。

个政府间国际大型基础设施和研究计划，并整合各成员组织的资源、设施及专业知识（张志勤，2015）。欧洲研究基础设施协会（European Research Infrastructure Consortium，ERIC）旨在协调并开放欧洲前沿研究设施，参与国际竞争。

在技术支持层面，欧盟推进的"欧洲开放科学云"计划支持科研基础设施，包括：①基于云服务整合与合并欧洲各处的科研和信息化基础设施，并构建欧盟科研基础设施电子地图，清晰地呈现了一体化欧洲联合研究生态系统的分布图，为欧洲研究人员及其全球合作者提供一个覆盖全球的开放科学云服务；②基于云计划解决设施所产生的研究数据分散难题，以便让欧洲1700万科研工作者能够获取并分享彼此之间的科研数据，并根据参与欧洲开放云身份（数据使用者、数据提供者、科学家、发明人、是否为欧盟境内的公民）制定差异化的数据使用规则，有效保证数据共享的机密级别。

案例：布鲁克黑文国家实验室的大科学工程设施开放共享操作细节

来自学术界、政府实验室和商业机构的科学家可以从各种各样的研究技术和设备中进行选择。合格的研究人员可以使用的设施包括国家同步加速器光源、功能纳米材料中心、相对论重离子对撞机和 NASA 空间辐射设施。

访问布鲁克黑文国家实验室（Brookhaven National Laboratory，BNL）的步骤如下。

第一步：所有的设施使用者和访客需要通过实验室的访客信息系统登记。

第二步：研究人员必须先完成一系列注册。有些访客可能还需要提交一份用户协议、预订住房、开设项目账户，并将材料运送到实验室。

第三步：访客办理登记手续时需要携带身份证件，并在星期一至星期五的早上7点至下午5点前往布鲁克黑文国家实验室的用户和访客中心办理登记。

第四步：所有在布鲁克黑文国家实验室进行研究工作的人员都有正式的结账程序。化学品、设备和其他材料的花费必须在离开之前完成结算。

在布鲁克黑文国家实验室进行公共研究的步骤如下。

训练：完成与将要从事的工作相关的培训。训练结束后，研究工作才能开始。

拟定协议：对于正在进行研究的客户和用户，必须在工作开始之前准备好协议。协议类型取决于正在进行的工作、在何处进行工作以及由谁资助研究。

身份认证：16岁及以上的美国公民必须携带由联邦政府或州政府签发的有照片的身份证件。非美国公民有其他要求。

此外，布鲁克黑文国家实验室还专门配备了用户和访客中心（Guest, User & Visitor Center，GUV 中心）。GUV 中心欢迎来自美国国内外大学、政府实验室和工业的研究人员。GUV 中心是为所有客人、用户和访客提供服务的中心联络点，并配备了熟悉布鲁克黑文国家实验室的员工，他们可以回答访客可能提出的任何问题，或者指导访客联系能够提供帮助的个人。

总体而言，布鲁克黑文国家实验室在承担国家科研项目的同时，积极开展公共研究，并且成立了一套较为完备的开展公共研究的体系，激发了国内外科研人员在布鲁克黑文国家实验室开展公共研究的热情。此外，布鲁克黑文国家实验室的GUV中心充分体现了布鲁克黑文国家实验室对于科研交流的重视，为外部科研人员与布鲁克黑文国家实验室的交流提供了极大的便利与支持，使得布鲁克黑文国家实验室的科研不局限于内部员工之间，变得更为开放合作，视野也更为开阔。

3.5.4 是否接受非学术用户的商业使用申请，并支付用户费

受全球经济波动影响，近年来部分发达国家科研经费持续紧张，是否应当向非学术用户开放设施，通过成本分担机制或用户费补充方式维持基本运营，已经受到美国、英国政府部门的重视（刘贺等，2019）。美国大部分设施主管单位持反对意见，美国国家研究委员会认为征收用户费会破坏依据科学家业绩对设施使用权进行专家评审的基本原则，并且用户费的波动性将为设施的预算管理和日常运维支出带来不确定性。美国能源部的部分国家实验室设置了用户费制度，对非学术商业用户为获得专利而进行的实验按"成本回收"价收费，理由是这些研究获得的信息不共享，不会对共享科学知识做出贡献。

英国认为大科学工程设施由国家投资建设，应当优先满足公共科学研究需要，但同时也应兼顾非学术用户的商业使用，以分担部分资金投入。以英国达斯伯里实验室的同步辐射光源为例，近一半的英国上市公司都曾经使用过该光束线站，并支付了使用费。

3.5.5 设施的备件管理

大科学工程设施具有通用性、交叉性特征，需要满足不同实验要求，并为之调整技术参数和搭配设施；同时，设施使用时间长，部件损耗高，因此，必须围绕大科学设施开展备件管理。以美国强磁场实验室为例，其周边衍生出一系列服务于强磁场装置的中小型企业，满足磁体研发、建造、测试、材料处理和大通量数据分析等方面的衍生需求。这些企业大部分由实验室雇员或前雇员创建，目标客户是强磁场实验室及来实验室做实验的科研人员或科研单位（朱相丽等，2019）。

3.5.6 设施安全管理

大科学工程通常模拟极高温、极低温、强辐射、高致命病毒等极端环境，能源、国防等领域的装置大都涉及核装置，因此，实验室安全管理至关重要（罗小

安等，2007）。回顾过去，尽管有明确、严格的管理制度和操作规范，但美国、日本国家实验室内部的大科学设施都出现过不同等级的安全事故。美国洛斯阿拉莫斯国家实验室历史上发生过数次因科学家操作失误酿成的重大核事故；1997 年布鲁克黑文国家实验室发生了氚泄漏事故[①]。

案例：布鲁克黑文国家实验室的环境保护工作

布鲁克黑文国家实验室首次发生污染后，周边的许多社区成员高度关注泄漏的清理过程。实验室也鼓励公众共同参与清理。1996 年，应社区要求，布鲁克黑文国家实验室成立了一个社区工作小组，由市民代表和其他有兴趣进一步了解布鲁克黑文国家实验室活动和运作的人士组成。1998 年，社区咨询委员会（community advisory committee，CAC）成立，由 27 个来自社区、公民、雇员、环境、教育和健康相关组织的代表构成。

自 1998 年以来，CAC 通过参与决策过程，为实验室管理提供清理和其他与社区环境相关问题的建议，在布鲁克黑文国家实验室的环境保护工作中发挥了关键作用。CAC 每月举行会议并制定自己的议程。会议向公众开放，并鼓励有兴趣服务委员会的人士出席。

2005 年 10 月，美国能源部和布鲁克黑文国家实验室在实验室附近最终完成了重大环境恢复项目。实验室的清理工作是在 1980 年由环境保护署管理的《综合环境反应、补偿和责任法》规定的严格程序下进行的。在这项清理工作中，所有地下水清理系统都已安装完毕，并将继续运行，直到达到地下水清理目标为止。同时，对佩科尼克河和土壤开展清理工程。布鲁克黑文石墨研究反应堆于 2010 年成功拆除，并于 2012 年完成了热屏蔽层和生物屏蔽层的拆除。2010 年 8 月，HFBR 限制建筑被长期安全储存，直到大型部件的辐射水平衰减到足以安全拆除为止。320 英尺[②]高的红白反应堆堆体的拆除工作已于 2020 年完成。反应堆的大型部件、容器、热防护和生物防护将在限制建筑内进行监控，直到大约 2072 年可以安全拆除。

布鲁克黑文国家实验室和能源部非常重视环境管理工作。作为实验室负责任运作承诺的一部分，布鲁克黑文国家实验室和能源部建立了布鲁克黑文国家实验室环境管理体系，确保环境问题得到系统的识别、控制和监控。此外，环境管理体系还提供了各种机制，报告环境绩效并持续加强改进，以应对不断变化的环境条件和要求。

---

① 泄漏详情：1997 年例行环境监测中，在布鲁克黑文国家实验室反应堆南部地下水里发现了放射性的氢，即氚。氚从反应堆用过的燃料池中泄漏出来，数年来该燃料池一直都未进行过检测。经过大量取样，能源部认定污染只局限于布鲁克黑文国家实验室的范围，对布鲁克黑文国家实验室的雇员或公众未构成威胁。为确保受影响的地下水只停留在布鲁克黑文国家实验室场地，能源部安装了一个补救系统。1999 年，能源部宣布高通量束流反应堆（High Flux Beam Reactor，HFBR）永久退役。

② 1 英尺 = 0.3048 米。

布鲁克黑文国家实验室环境管理体系的基石是实验室环境、安全、安全和健康（ESSH）[①]政策。具体的环境承诺包括遵守规则、预防污染、保护和服务社区。布鲁克黑文国家实验室的环境管理体系符合国际标准化组织（International Organization for Standardization，ISO）14001 环境管理标准的严格要求，并特别强调合规、污染预防和社区参与。每年进行一次环境管理体系注册审核，每三年对整个环境管理体系进行一次重新认证审核。审核结果均表明实验室符合 ISO 14001 标准。2007年以来，布鲁克黑文国家实验室获得了八项环境奖，包括三项美国能源部污染预防和环境管理成就奖，表明其环境保护工作获得了业界高度认可。

3.6 大科学工程的升级与退役

1. 设施设备升级

大科学工程设施的升级改造贯穿于设施管理全过程。大科学工程在设计之初，就需要预留升级空间、保留升级接口及相关升级工程通道。只有通过不断的升级改造，大科学工程的设施才可能持续保持领先水平，最大限度提高设施的效费比。

升级改造项目立项之前，需要考虑升级改造与国家科技发展规划的契合度、技术上的可行性与前沿性、环境保护等要求（张恒力和高元强，2007）。升级改造中，需要关注以下问题：①设计方、施工方、设备供应方的活动应协调统一，防止机构的临时性、人员的非专业性影响升级改造工程质量；②跟踪管理与前瞻性调控，提前为升级改造留出窗口期；③时间控制，不同于建设过程，升级改造工程周期短，工程复杂度更高，应防止派生不良影响。

2. 设施设备退役

当大科学工程的设施无法再翻修或延期使用时，需要做退役处理。全球现已退役的设施，有以下几种处理方式：①部分仍有使用价值的退役设施，被转移至其他地点继续使用；②清理并存储起来，作为同类设施的备件；③捐给博物馆，作为历史资料，或作为科普场馆的实体样本。

3.7 大科学工程失败案例——以美国超导超级对撞机为例

3.7.1 超导超级对撞机的提出

1976 年 12 月，美国国家参考设计研究中心首次正式讨论并研究了设计容

---

① ESSH 代表环境（environment）、安全（safety）、安全和健康（security and health）。

量为 20TeV 的超导超级对撞机技术和经济可行性。该项目早期获得费米实验室
（Fermilab）主任和诺贝尔物理学奖获得者的支持，而后在 1983 年左右获得认
可。20 世纪 80 年代中期，美国能源部进行了深入的审查。到 1993 年末，项目
已挖掘了 17 个竖井与 22.5 公里的隧道。

　　然而，在超导超级对撞机设计和施工阶段期间反对的声音从未停止。超导
超级对撞机高额的建设费用与 NASA 对国际空间站（International Space
Station，ISS）的建设金额相似，国会议员和非超导超级对撞机领域的科学家
们都认为美国无法同时承担两个重大工程。1993 年 6 月，政府项目监督组织
（Project on Government Oversight）发布了能源部监察长的审计报告草稿，严厉
批评了超导超级对撞机项目。1993 年 10 月 29 日，美国国会终止了已花费约
20 亿美元的超导超级对撞机项目。此举将美国在高能物理领域四十多年的领导
地位让给欧洲，促使欧洲核子研究中心利用大型强子对撞机证实希格斯玻色子
的存在。

3.7.2　中止的原因

1. 成本估算上升，缺乏国际资助[①]

　　支持者一直低估了超导超级对撞机的成本。1986 年最初估计的项目总成本
在 44 亿美元。但在 1988 年超导超级对撞机的第一个预算请求中，项目总成本估算
上升到了 53 亿美元。国会预算办公室随后发布了一份报告，指出从其他高能粒子实
验室的历史成本来看，超导超级对撞机成本可能被严重低估了。

　　1990 年 1 月，超导超级对撞机实验室估计项目总成本为 72 亿美元，其中还
不包括电力等实际运行超导超级对撞机的成本。如果加上这些费用，则成本估计
超过 78 亿美元。到 1990 年 6 月，能源部详细调查了超导超级对撞机的估算成本，
结论认为项目总成本估算是 82.5 亿美元。因此，当年超导超级对撞机的官方估算
成本已从 72 亿美元增加到超过 82.5 亿美元，增长了近 15%。

　　成本的失控并没有止步于此。能源部的独立成本估算人员（the independent
cost estimating staff）经过仔细审查后估计项目的总成本超过 93 亿美元。此外，能
源部认为，外围支出（peripheral expenditures）也应包括在项目总估算成本内，这
些费用又将增加大约 25 亿美元，超导超级对撞机真正的总费用约为 118 亿美元。

　　超导超级对撞机建设初期，部分物理学家认为超导超级对撞机作为国际项目
预计会有 17 亿美元的外国捐款。美国带头，其他国家会像建造国际空间站那样效
仿，最终美国实际支付费用会大幅减少。但事与愿违，除日本原首相宫泽喜一同

① https://physicstoday.scitation.org/doi/full/10.1063/PT.3.3329。

意向超导超级对撞机捐赠 10 亿美元外,其他国家领导人很少响应超导超级对撞机项目;加之美国意识到欧洲对美国霸权的威胁后,促使超导超级对撞机成为美国国内的国家实验室,而不是一直倡导的国际实验室。此外,国会希望减少当时已达 2550 亿美元的预算赤字,进一步加速了中止超导超级对撞机的决定。

与之对比,尽管欧洲核子研究中心同样面临财务压力,但从一开始就决心将大型强子对撞机项目国际化。在获得理事会批准之前,欧洲核子研究中心已从加拿大、中国、印度、日本、俄罗斯和美国等非欧盟成员国获得大量资金或其他物质支持。大型强子对撞机在 1996 年获得批准时,就已是一个国际科学项目,拥有来自 20 多个国家的坚定的资金支持。

2. 超导超级对撞机的管理结构与物理学家和能源部官员的管理策略不善

超导超级对撞机架构最初是按照军事工业部门设置的,但对于如此专业的施工项目,部门内无法决定是由军工工程师还是物理科学家来主导超导超级对撞机实验室中对撞机部分的施工。能源部任命的项目经理无法满足这样一个复杂、庞大项目的需求。直到 1990 年底,能源部部长詹姆斯·D. 沃特金斯(James D. Watkins)有意将物理学家爱德华·希斯安排进超导超级对撞机的管理架构中,才正式使一位高能物理学家获得整个项目的控制权。美国斯坦福直线加速器中心(Stanford Linear Accelerator Center,SLAC)的物理学家约翰·里斯(John Rees)在 1992 年担任超导超级对撞机项目经理之后,他和爱德华·希斯开始有效的合作,最终使电子化的成本和进度控制系统投入运行,才使该项目得到有效控制。但为时已晚,因为超导超级对撞机的前期管理不善和成本失控,整个项目在国会的声誉已经下降。

相比之下,欧洲核子研究中心从一开始建设大型强子对撞机时就有相对完善的管理结构,在其理事会的监督下,该组织在很大程度上将其领导人和科学家与不可避免的成员国政治斗争隔离开来,而超导超级对撞机没有设置监督理事会,超导超级对撞机主任或项目经理不能在国会召开调查小组等会议中出席,不能直接就管理失误或成本超支等问题与政府管理层沟通。同时因受美国政府的直接管理,超导超级对撞机项目每年会面临国会在空间站等各个科技项目之间的拨款与绩效争斗。相反,欧洲核子研究中心受理事会管理,间接受欧盟监督,在 2001 年大型强子对撞机发生大笔费用超支等严重问题时,问题都在理事会中得到解决。该理事会包括各成员国有关部门的代表,通常以协商一致的方式开展工作。这种柔和的治理结构有助于使项目控制权掌握在相关科学家的手中,并阻止政府官员直接干预项目。

由于理事会还必须平衡欧洲各个合作伙伴的利益,因此欧洲核子研究中心领导人特别关注年度预算、新项目规划和成本超支可能等问题。通过这种方式，欧洲其他学科的科学家在欧洲核子研究中心的管理层中拥有重要的发言权，而在超导超级对撞机的管理机制中，受限于国会等国家机构的直接干预，因超导超级对撞机而利益受损或有建议却无法沟通的科学家只能选择以公开宣讲等方式宣泄不满。普林斯顿大学、斯坦福大学、宾夕法尼亚州立大学等多所大学的知名教授都在公众场合或国会听证会中质疑项目，直接影响了超导超级对撞机项目后期在众议院中的支持率。

3. 随着苏联解体，美国不再需要证明其科学地位的绝对领先

超导超级对撞机项目的很多高能物理学家和工程师甚至整个项目都是冷战时期美国为与苏联进行科学竞赛而招募组成的。冷战结束后，长时间的经济衰退使美国开始部署全方位的财政紧缩政策。超导超级对撞机项目等大型军事工业综合体建设受到了极大挑战。美国高能物理顾问小组（High Energy Physics Advisory Panel，HEPAP）在 1990 年曾一致认为，美国 20 世纪 90 年代初的财政恶化已经难以维持像超导超级对撞机这样为政治目的而诞生的大科学工程。在此背景下，作为社会大众不了解、成本持续超支、缺乏国际支持的基础科学项目，超导超级对撞机项目很容易成为美国国会削减预算的政治目标。

冷战后军事工业综合体的衰败，导致了超导超级对撞机内部的高能物理学家和工程师在项目管理意见上产生冲突。例如，超导超级对撞机总项目经理希斯和磁体部门总监托马斯·布什（Thomas Bush）在管理大型项目和开发复杂组件的方法上有很大差异。他们争论的焦点是超导超级对撞机项目是否从一开始就需要完整的成本和进度控制系统。采用成本与进度控制系统是国防部监督大型军事建设和发展项目的强制性做法，而超导超级对撞机建设过程中并未采用此做法。在已经运行多年的费米实验室中，类似的冲突也可能发生，但分歧不如超导超级对撞机项目严重。

4. 可以用相同的费用资助许多较小的同等价值的科学实验

以菲利普·安德森（Philip Anderson）为首的其他领域科学家认为，尽管超导超级对撞机肯定可以支持更高质量的研究，但这并不是获取新的基础科学知识的唯一途径，付出几十亿美元的代价是不合理的。与高能物理相比，凝聚态物理和材料科学等其他学科的基础研究资金不足，这些领域更可能产生具有技术和经济效益的应用。

事后看来，大型强子对撞机的大小更适合其主要的科学目标：发现希格斯玻色子。直到 20 世纪 80 年代后期，涉及超对称性的理论开始揭示希格斯玻色子轻质碰撞的可能性之后，科学家才广泛意识到它的能量可能降至 125GeV。但是，

超导超级对撞机的模型被设计成了一个圆周长为 87km，质子碰撞能量为 40TeV（2×20TeV）的巨型对撞机，远远超出了实际运用的上限。1989 年下半年，为了在保持功率的情况下降低设计风险，大约需要再增加 20 亿美元。美国国家加速器实验室副主任帕诺夫斯基（Panofsky）认为该项目的规模应缩小到 35 TeV，但几乎所有人都反驳说，需要使用完整的 40 TeV 来确保能够发现希格斯玻色子或得到其他重要发现。

费米实验室曾在 1983 年提出，实现 20 TeV 质子对撞机只需要用 10 亿美元对现有设备进行升级。斯坦福大学物理学家斯坦利·沃西基（Stanley Wojcicki）也曾提出一个方案，让布鲁克黑文国家实验室继续建造伊莎贝尔（Isabelle）对撞机，而让费米实验室启动中能质子-反质子对撞机的设计工作，当时预计成本约为 6 亿美元。这些保守、渐进的方法可以使美国高能物理研究能力的领先水平至少再维持十年，且这类提议与高能物理学界在美国政界逐渐减弱的政治影响力更加吻合。此外，此类小型建设项目的构造和控制也容易得多，可以完全依靠实验室内部的物理学家完成，不必动用国防军事领域的工程师。

5. 建造规模与最初设计不合理

斯坦福大学物理学家沃西基最初建议设计一个 20TeV 至 40TeV 的对撞机，直到 1984 年，欧洲核子研究中心才决定通过向正在建造的大型正负电子对撞机（Large Electron-Positron Collider，LEP）中添加超导磁体来实现 14TeV 的质子对撞机。尽管如此，在 1990 年保留超导超级对撞机设计之初全部的 40TeV 能量具有重要的政治意义，正如帕诺夫斯基所认为的，降低超导超级对撞机的能量就可能面对超导超级对撞机反对者提出的尖锐问题："如果不需要远大于 14TeV 的对撞机，那么美国物理学家为什么不加入欧盟大型强子对撞机项目？这样可以让美国纳税人节省数十亿美元。"

为此，美国高能物理学会选择下注 40TeV 对撞机。但该对撞机如此之大，最终不得不更改为 1982 年所设想的扩建费米实验室方案，决定将超导超级对撞机建造在美国西南部的一个新实验室中。这个选择意味着超导超级对撞机需要放弃已经在高能物理领域使用了近 20 年的实验室。通过将超导超级对撞机设在费米实验室附近可以节省的基础设施成本估计在 4.95 亿美元至 32.8 亿美元之间，同时还可以使用费米实验室的人力资源，而最终在得克萨斯州重新建设超导超级对撞机的总基础设施成本（包括人力和物力）约为 20 亿美元。

新建实验室的另一个缺点是人才的流失。施维特斯（Schwitters）和其他超导超级对撞机管理人员试图吸引顶尖的物理学家来担任实验室的工作人员，但1988 年以后，超导超级对撞机中央设计小组（Central Design Group，CDG）的许多专家都回到了大学和其他国家实验室。例如，中央设计小组主任莫里·蒂格（Maury Tigner）回到了康奈尔大学。尽管建立世界一流科学实验室的希望很大，但对于许多年长的、有成就的高能物理学家而言，长途跋涉到当时学术资源并不突出的达拉斯-沃思堡（Dallas-Fort Worth）地区进行临时的咨询工作是可以接受的，但是从事永久的全职工作，乃至与其家人一同移居此地是较为困难的。

相比较而言，欧洲核子研究中心通过扩展现有设施，并在新项目中重复使用旧机器的零件，从而降低了成本。欧洲核子研究中心通过这样的方式也聚集并培养了众多世界上经验最丰富的加速器物理学家与工程师。20 世纪 80 年代后期，费米实验室拥有一批经验丰富的工程师与功能强大的物理基础设施，而超导超级对撞机的建设却没有充分利用这类资源，在得克萨斯州，包括超导超级对撞机管理团队在内的人力与物力资源都必须重新准备，加之克林顿总统最初对前任总统执政期间开始的项目缺乏支持，超导超级对撞机项目要在国会日益紧缩的财政预算中获取建设资金自然会异常困难。综合这些因素，超导超级对撞机项目的失败似乎早已注定。

第4章 "大科学"的载体建设：国家实验室

无论是大科学计划还是大科学工程，均需要强有力的科技管理组织来承担相应任务。从发达国家经验看，国家实验室是"大科学"的核心载体，如何有效运作和管理这些国家实验室及其大科学装置具有相当程度的挑战性。正因国家实验室的关键性功能，全球主要科技强国均将其作为战略科技力量加以规划、建设、运营，赋予其明确的战略目标和职能使命，形成了一系列具有学科交叉、战略前瞻、综合集成特点的国际一流研究机构。这些机构也的确不负众望，产生了大量具有全球影响力、造福全人类的前沿科技成果。

4.1 国家实验室的布局、组织与管理程序

4.1.1 国家实验室的形成机制

1. 建设之前具有明确的使命导向

第二次世界大战期间，为完成特定武器装备研制而设立。20世纪前期，物理学在宏观和微观两个尺度取得了重要突破，直接促使原子弹、雷达通信技术、导弹技术的产生。在军事研发合同的刺激下，诞生了一大批以国防研发为核心业务的国家实验室（卞松保和柳卸林，2011）。

冷战期间，为从事核物理研究而设立。冷战期间，美国与苏联都开展了高强度的科技创新活动，尤其在核物理领域开展了激烈的核军备竞赛，由此诞生了一大批以核物理研究为主要方向的国家实验室。苏联不仅成立了大量国家实验室，还在民主德国设立了德累斯顿罗森多夫核物理中央实验室，从事核废料处理、环境保护方面的研究。美国在新墨西哥州建立了洛斯阿拉莫斯国家实验室，从事武器级核弹头的研制与生产工作，在田纳西州建立了阿马里诺潘特克斯核武器国家实验室，专门从事核武器的销毁、安全维护工作。

后冷战时代，为应对大科学时代而设立。20世纪末期，以HGP为标志，大科学研究时代到来。这就需要大型科研基础设施设备、多学科交叉支持、调动多方资源，传统高校院所内部单打独斗式的科研组织形式已不再适用（效率低，重复研究多），需要新的科研组织形式。在此背景下，国家实验室被各国提上了建设日程。

启示：从发达国家成立国家实验室的目的看，国家实验室是战略科技力量，科研活动始终聚焦国家重大战略任务，好奇心驱动的自由探索研究占比不高。当前，我国正在建设综合性国家科学中心和国家实验室，应当明确国家战略导向、使命多样化导向，在一定时期内固定研究目标、研究路线，以科学研究"快速形成效果，快速取得突破"为第一任务，人才培养任务可以次之。

2. 国家战略响应能力

国家实验室必须时刻快速响应国家战略需求。在此过程中，实验室需要根据国家需求，不断更新和调整发展重点，配合国家任务和科技战略的顺利完成。表 4.1 列出了美国国家实验室的任务变动情况（李昊和徐源，2021）。

表 4.1　美国国家实验室的任务定位

美国国家实验室	初始任务定位	变更后任务定位
洛斯阿拉莫斯国家实验室	核武器研制	核试验模拟和核武器库管理
布鲁克黑文国家实验室	原子能的和平应用	长期和高风险前沿基础研究和应用研究，研制设施
阿贡国家实验室	民用原子能研究	前沿基础研究、重大公益性研究
转变：单一、明确的任务导向→综合化、任务多样化、学科交叉化、模糊化的任务导向		

3. 筹建过程中有明确的牵头部门

国家实验室聚焦国家重大利益和战略目标而建设，必须有明确的牵头部门和主管单位，以完成财政拨款、任务协调、绩效考评等具体工作。以美国为例，43 个国家实验室由 11 个联邦部门进行资助与管理，具体如表 4.2 所示。

表 4.2　美国联邦部门资助与管理的国家实验室数量

联邦部门	国家实验室个数	联邦部门	国家实验室个数
能源部	16	美国退伍军人事务部	1
国防部	11	司法部	1
NSF	5	NASA	1
国土安全部	3	商务部	1
交通运输部	1	核管制委员会	1
卫生与公共服务部	2	合计	43

资料来源：钟少颖和聂晓伟（2017）

4. 命名规则

国家实验室的命名通常基于三个原则：对象原则、工艺原则、模糊原则。对象原则是指按研究对象来命名，如天文观测站、FAST 等；工艺原则是按某种工艺过程来命名，如液压实验室或机械加工实验室等；模糊原则是采用非既定对象和工艺过程而不随时间和地点变更的模糊方法命名，一般采用名人、资助者、校名等命名，以确保在很长的历史中名称不变。例如，卡文迪什实验室是以实验室创建者，也是剑桥大学校长的名字卡文迪什命名；劳伦斯伯克利实验室是以加州大学伯克利分校校名和著名物理学家欧内斯特·劳伦斯的姓命名。

美国国家实验室命名规则中，如果出现"国家实验室"字样，一般属于综合目标实验室（如爱德华国家实验室、洛斯阿拉莫斯国家实验室），否则，通常为单一目标实验室（如国家能源技术实验室、国家可再生能源实验室）。

4.1.2　实验室目标与独立性

国家实验室的建设初衷是某些研究仅靠单个科学家或研究小组无法承担或完成，必须借助特定的组织载体，形成有效的大规模研究团队，通过跨学科、跨地域、跨行业、跨机构的方式，开展有组织的科研，快速完成特定科学任务（曾卫明和吴雷，2008）。

1. 目标如何定？综合目标或单一目标

国家实验室建设过程中，首先需要明确组织目标是单一性目标还是综合性目标。若实验室围绕单一大科学设施布局，如核反应堆、加速器、光源等，此类实验室侧重科学研究的某一环节，研究任务通常具有单一性；若实验室围绕学科群开展研究，如生命科学、凝聚态物理、纳米技术等，此类实验室强调由点及面，研究任务具有丰富的拓展性，属于典型的综合性实验室。

2. 独立性如何确保？相对独立的自治机构

美国的国家实验室最早起源于 1941 年成立的科学研究与发展办公室（Office of Scientific Research and Development，OSRD），由万尼瓦尔·布什领导，主要从事国防军事研发服务，著名的曼哈顿计划就由该机构主导。1967 年，联邦合同研究中心（Federal Contract Research Centers）更名为联邦资助研究与发展中心（Federally Funded Research and Development Centers，FFRDCS），意指联邦政府通过合同承包分配科研任务，联邦资助研究与发展中心具有如下特征：从事基础研究、应用研究或开发活动；依托单位内部相对独立的实体或完全独立的法人实体；

在政府监控下，根据政府要求或特许，执行研发任务；主要经费来自政府部门（70%及其以上）；与主要资助部门有五年以上合作关系；大部分或全部科研设施归联邦政府所有。

德国的国家实验室与联邦政府部门之间的相对独立性更强。以德国亥姆霍兹国家研究中心联合会（下文简称亥姆霍兹联合会）为例，其核心权力部门——评议会的 25 位成员代表组中：4 名代表来自四大科研机构、4 名代表来自政府部门（联邦教研部、财政部、州代表）、9 名来自国内外的高水平科学家、8 名来自经济界和工业界的专家代表。这一权力架构确保科技界代表比经济界、工业界、政府部门始终多 1 票表决权，维护了科研机构的相对独立性。

3. 国家实验室按需建设，重在效益

国家实验室建设数量不宜过多，应当结合特定的历史背景，优先选择国家安全战略急需的优势领域筹建。纵观美国的国家实验室发展历程，其在建设和维持数量上出现过波动，如表 4.3 所示。

表 4.3　美国国家实验室数量变化

阶段划分	国家实验室数量	数量减少或增加的原因
1947~1969 年	74 家	冷战导致核研究、空天研究需求旺盛
1970~1981 年	34 家	美国因越战失利而不得已与苏联缓和关系，同时国内对国家实验室耗资过高、研究导向不明提出疑问
1982~2003 年	40 家	出于星球大战计划、第三次科技革命需要，部分实验室分拆以规避因体量过大受到的限制
2003 年至今	43 家	任务多样化、特殊化、明确化，强调国土安全、公共利益方面的研究

4.1.3　权力架构

国家实验室由国家出资建设，由政府部门或第三方机构运营，为此，必须设立职权分明、相互监督的权力架构。参考美国、德国国家实验室的权力架构，包括以下部分。

（1）实验室管理委员会，包括实验室主任、分管副主任、项目管理负责人、安全事务主管、首席科学家代表、政府主资助部门代表等，全面负责实验室各项重要事宜。

（2）科学委员会，包括实验室内部各研究中心或实验室的负责人，代表实验室科学家利益，负责监督国家实验室的科学方向。

（3）外部咨询委员会，包括主资助部门代表、外部科学家代表、工业界代表等，就实验室重大研发方向转变、重大项目决策等提供建议。

（4）外部用户委员会，为国家实验室的设施和用户服务提供反馈意见。

案例：布鲁克黑文国家实验室的权力架构

以布鲁克黑文国家实验室 2013～2022 年任期的管理团队为例：实验室主任 Doon Gibbs（杜恩·吉布斯）、科技部副主任 Robert Tribble（罗伯特·特里布尔）、行政部副主任 Jack Anderson Jr.（杰克·小安德森）。

实验室主任吉布斯在共振磁 X 射线散射方面提出了开创性理论，同时兼任长岛地区经济发展委员会、长岛协会理事会和石溪大学先进能源研究和技术中心的董事会成员，在全国和纽约州提高实验室的知名度方面发挥了重要作用。吉布斯 1977 年获得犹他大学物理学和数学学士学位，1979 年和 1982 年分别获得伊利诺伊大学厄巴纳-尚佩恩分校物理学硕士和博士学位。1983 年以助理物理学家的身份加入布鲁克黑文国家实验室，并于 2000 年晋升为高级物理学家。吉布斯的科学生涯专注于利用 X 射线散射分析磁性材料表面。他在布鲁克黑文国家实验室的管理经验包括担任 X 射线散射小组组长、凝聚态物理学系主任、基础能源科学实验室副主任和科学技术实验室副主任。2013 年，他成为布鲁克黑文科学协会（Brookhaven Science Associates，BSA）实验室主任。

科技部副主任特里布尔与实验室主任、副主任和助理实验室主任以及布鲁克黑文科学协会董事会科学与技术指导委员会密切合作，规划实验室未来的研究方向。特里布尔 1969 年在哥伦比亚的密苏里大学获得物理学荣誉学士学位，1973 年在普林斯顿大学获得博士学位。1975 年加入德州农工大学，1979～1987 年任物理学系主任，2003 年起任回旋加速器研究所所长。他的众多荣誉和奖项包括被授予 Alfred P. Sloan（艾尔弗雷特·P. 斯隆）奖学金（1976～1980 年）、美国物理学会奖学金（1982 年）、俄罗斯圣彼得堡州立大学荣誉博士学位（2009 年），表彰他在教学和研究方面的卓越成就。

行政部副主任安德森在 2013 年 10 月加入布鲁克黑文国家实验室之前，是费米实验室的首席运营官和运营部副主任，他还担任了费米实验室的临时实验室主任。2007 年至 2012 年，他曾任橡树岭国家实验室综合绩效管理主任。在此期间，他在布鲁克黑文科学协会运营委员会工作，该委员会为布鲁克黑文国家实验室和布鲁克黑文科学协会董事会提供运营方面的建议。在此之前，他曾在普林斯顿等离子体物理实验室工作，从 1990 年到 2007 年逐步晋升至领导职位，包括安全与应急部门主管、设施和环境管理部门主管，提供安全健康与基础设施支持。安德森还曾在佛罗里达电力和照明公司、辛辛那提燃气和电力公司及通用动力公司工作。他拥有工业工程学士学位，罗格斯大学（Rutgers University）经济学学士学位，莱德大学（Rider University）工商管理硕士学位，并在罗格斯大学布劳斯坦规划与公共政策学院

（Bloustein School of Planning and Public Policy）完成了广泛的公共政策研究。

从以上三位主要领导的简历来看，其在所管辖的领域都具有丰富的实践经验，同时都与其他的部门或者单位有着密切的合作关系，形成了直接有效的领导，推动了实验室在社会声誉、未来规划、行政运营等方面的快速发展，保证了实验室管理顶层在所管辖领域的权威性以及分工的科学性。

除此之外，布鲁克黑文国家实验室成立了专门的布鲁克黑文科学协会，邀请世界上六所顶尖的研究型大学（哥伦比亚大学、康奈尔大学、哈佛大学、麻省理工学院、普林斯顿大学和耶鲁大学）参与实验室的管理和监督。这些强大的院校为布鲁克黑文国家实验室做出了重大贡献[①]。

4.1.4 项目管理

1. 项目划拨

国家实验室必须体现国家战略意志，围绕国家重大科研任务开展项目管理。

在美国，国家实验室作为独立的一级项目管理主体，充当了联邦政府部门和具体项目负责人之间的桥梁。以美国能源部的国家实验室系统为例，能源部根据国会预算，按研究计划将研发经费分配给下属各国家实验室，再由国家实验室与具体项目承担单位或个人签订研究合同（蒋玉宏等，2015；钟少颖和聂晓伟，2017）。

在德国，国家实验室系统由马普学会、亥姆霍兹联合会、弗劳恩霍夫协会、莱布尼兹联合会组成。其中，亥姆霍兹联合会是德国大科学设施最全的组织，其研究领域包括能源、环境、健康卫生、关键技术、物质结构、航天与交通六大领域。亥姆霍兹联合会在项目管理上采取评议会制度，定期制定研究战略，并向政府推荐符合国家和国际利益的科研领域，接受联邦政府资助进而开展自主性研究。

在我国，北京正负电子对撞机始终聚焦高能物理研究，以项目形式对这一研究领域进行多样化、系统性持续研究，从早期的核心研究领域（轻子研究、同步辐射研究）拓宽到凝聚态物理、材料科学、生物医学、环境科学等领域。

2. 项目竞争机制

国家实验室必须优先保障国家战略任务的完成，需要平衡竞争性项目和非竞

---

① 布鲁克黑文科学协会由16人组成的董事会管理，其中5人由纽约州立大学研究基金会任命，5人由巴特尔纪念研究所任命，6人分别来自哥伦比亚大学、康奈尔大学、哈佛大学、麻省理工学院、普林斯顿大学和耶鲁大学。其主要职责为根据董事会的治理角色，对实验室的管理进行政策和信托监督；进行独立的企业自我评估；就重大的科学、技术或管理问题向实验室主任提供建议和协助；对合约表现进行全面评估。布鲁克黑文科学协会委员会由多个委员会支持，包括科学和技术指导委员会，该委员会负责对布鲁克黑文国家实验室的项目和科学设施进行同行评审，并就直接影响实验室科学使命的科学指导、用户设施操作、管理和政策事项向委员会提供建议。

争性项目的比例。美国的国家实验室通常会预留部分经费，以主任基金等相对灵活的形式，开展内部探索性研究，以支持青年科学家或访问学者。这类项目资助通常短平快、相对激进，但若取得成功将具有重大意义。

3. 是否可以承接非资助单位之外的科研任务？

国家实验室具有明确的战略任务导向，必须优先完成国家交代的各项任务。对于能否承接除政府之外的科研任务，各国做法不一。美国能源部的国家实验室由科学办公室、国家核安全局、监管办公室自上向下监管，部分实验室，如洛斯阿拉莫斯国家实验室只能执行由国家核安全局或其他政府机构批准、指派的工作；国防部下属国家实验室占国防部科研任务比重不大，主要以公共利益为核心、不涉及市场利益冲突、拥有长期的国防科研核心能力。尽管这些国家实验室接收了来自工业界的约三分之一的开发类经费，但国防部要求下属国家实验室不得与非国家实验室为了竞争一个正式的投标申请，而在国家实验室协议约定的运营范围外进行竞争；国防部明确了实验室承担非资助单位工作的协议操作规范，对允许参与的伙伴类型进行了限制（周岱等，2008）。NSF 允许下属五家研究中心（如国家大气研究中心）承担政府之外的科研任务，也允许获得少量商业收入。

尽管事先做了明确规定，美国联邦政府部门与其下属实验室的目标并不总是一致。例如，美国能源部曾在《国家实验室绩效评估报告》（2016 年）中质疑：国家实验室与能源部出现了信任危机。国家实验室没有完全信任能源部，私自与国会和其他机构签订项目合同，对于出现的问题也未及时告知能源部；能源部也未完全信任下属国家实验室，对实验室的微观管理工作、预算等方面设置了过多限制。

4.1.5 数据管理和知识产权管理

国家实验室因实验复杂性、交叉性、用户多元化会产生大量实验数据。为此必须建立一整套严格的数据管理体系。

1. 数据标准

由于国家实验室大科学设施性能差异、实验用户的定制化实验要求等，实验过程中将产生图像、文本、声音、光谱等多种形式的数据，因此，国家实验室需要建立一套元数据规范，以方便全球用户读取和使用。例如，HGP 的所有原始基因测序数据均按照统一数据标准对外发布；国际大洋发现计划的深海沉积物数据和岩芯标本在取得一年之后按统一数据标准向全球开放。

2. 数据访问和开放

国家实验室通常指定专人拥有数据专有权，设置层级合理的数据访问权限。以美国国家强磁场实验室为例，只有负责实验的首席研究员对与实验有关的所有数据（包括原始数据和元数据）享有专有权，并可授权相关研究人员调用。对在国家实验室开展实验研究的用户，国家实验室未经用户同意不得私自开展数据挖掘，数据开放必须征得用户同意。

3. 数据保存

国家实验室全部实验数据必须定期保存和备份，但实验室不必然享有调用数据的权利，未经用户授权，不得将数据与他人共享。

4. 知识产权管理

国家实验室的知识产权管理与高校知识产权管理存在一定差异。以布鲁克黑文国家实验室为例，当布鲁克黑文国家实验室职工有一项发明或新发现时，需要向知识产权法律小组（The Intellectual Property Legal Group，IPLG）提交一份发明记录（record of invention，ROI）。发明记录用于通知布鲁克黑文国家实验室和能源部关于实验室的发明和发现。技术商业化和伙伴关系办公室（Technology Commercialization & Partnership，TCP）评估发明记录中描述的发明的商业潜力，并确定是否通过申请专利来保护发明。作为布鲁克黑文科学协会员工的义务之一，其必须将任何可申请专利的发明的所有权都转让给布鲁克黑文科学协会，如果布鲁克黑文科学协会拒绝接受所有权，则转让给能源部。如果能源部继续拒绝接受所有权，布鲁克黑文国家实验室职工可以选择向能源部申请转让豁免并获得所有权。如获豁免，布鲁克黑文科学协会员工可自行或通过专利代理人/律师，提交专利申请。

布鲁克黑文国家实验室的专利保护和许可程序具体如下。

（1）技术商业化和伙伴关系办公室员工分配——知识产权法律小组收到的发明披露将被给予布鲁克黑文国家实验室编号，分配给特定的技术商业化和伙伴关系办公室员工进行商业评估。指定的工作人员将负责所有商业化行动。

（2）评估——技术商业化和伙伴关系办公室工作人员将与发明者会面，根据商业评估和初步新颖性判定，技术商业化和伙伴关系办公室工作人员将向知识产权法律小组提出是否为该发明申请专利的建议。技术商业化和伙伴关系办公室的决定和相关文件将分发给部门主席，供他们审查。

（3）专利保护——所有与专利保护和维护相关的事宜由知识产权法律小组处理。

（4）市场营销和许可谈判——技术商业化和伙伴关系办公室将接触可能感兴趣的公司，并给予感兴趣的公司评估该发明的机会（以保密为前提）。如果公司感兴趣并希望获得许可，技术商业化和伙伴关系办公室负责准备许可协议，知识产权法律小组负责审查与该许可协议相关的法律问题，与被许可方谈判，以求最终达成双方都满意的协议条款。

（5）跟踪被许可方的进展——在许可期间，技术商业化和伙伴关系办公室工作人员将跟踪被许可方的表现。大多数许可协议要求被许可方定期提供与许可技术相关的财务报告。

（6）版税分享——所有版税支付将由技术商业化和伙伴关系办公室收集。在收到一项发明的所有专利实施和许可费用后，净许可收入将由专利发明人和布鲁克黑文国家实验室按一定比例共享。布鲁克黑文国家实验室所获收入份额将用于教育、研究事业。

4.1.6　经费管理

美国的国家实验室分别隶属于美国联邦政府的能源部、国防部、NASA 等部门。美国对国家实验室的投入数额大、比例高，以 2016 年为例，美国国家实验室总科研经费约 192.20 亿美元，占当年美国 GDP 的 0.1035%。其中，联邦政府资助高达 188.56 亿美元，约占总科研经费的 98.11%。由此可见，国家实验室作为国立科研机构，主要经费来源为美国联邦政府，尽管也可通过竞争申请、与企业合作等方式获得额外经费，但须取得主资助部门的同意（寇明婷等，2020）。科研资助主要有以下几个特点。

1. 应用研究投入占比大

美国国家实验室的研究与试验发展经费支出分为基础研究、应用研究、发展研究三大类。基础研究负责提供理论基础，应用研究负责将基础研究的成果转化为实用技术，发展研究负责把应用研究的成果付诸生产与实践。从全美国家实验室总计投入来看，应用研究投入占比最大，发展研究次之，但具体到各典型实验室，因承担研究任务与范围不同，其经费投入情况各有不同。例如，费米国家加速器实验室的主要使命为进行物理学相关的基础研究，经费支出中主要用于基础研究的投入占比 99.98%。林肯实验室的主要使命是把高科技应用到国家安全问题上，林肯实验室的应用研究投入占比约为 91.25%（寇明婷等，2020）。

2. 依据实验室类型进行经费配置

美国国家实验室的类型分为大学型、非营利型、工业型三类，大学型国家实验室主要致力于基础研究，非营利型国家实验室主要致力于使技术与知识商业化，而工业型国家实验室致力于将基础研究的成果转化为实用技术。因此，从经费支出占比看，联邦政府对大学型国家实验室在基础研究方面支持最多，对非营利型国家实验室在应用研究与发展研究方面支持最多，对工业型国家实验室在应用基础研究方面支持最多。因此，依据功能定位合理配置国家实验室经费可以使资源利用效率更高。

3. 构建了全过程灵活监管体系

美国国家实验室科研经费的全过程灵活监管体系有利于经费管理的透明化与灵活化。一是监管体系涵盖全过程，通过"政府宏观监督＋主管部门日常监督＋机构内部监督＋审计部门事后监督"的模式，形成内外结合、宏微观结合、定期与不定期相结合的监督机制。二是在项目实施过程中，定期向资助机构提交阶段性报告，以便资助单位了解项目进展及预算合理性。例如，布鲁克黑文国家实验室设立了合同管理人制度，合同管理人必须每年提交书面成绩评估报告，包括科学技术和运作管理评价，项目监督和资产评估机构参与监督管理过程。

4. 实现精确的经费预算

在整体评估中，美国国家实验室普遍采取"绩效预算"管理来实现较精确的经费预算。这种结果管理式的预算管理办法，不仅能够在很大程度上减轻科研人员的工作量，还能通过绩效评估和绩效拨款发挥正向激励作用，与"紧缩预算，提高效率"的目标不谋而合，确保国家实验室进行高优先级的研究，而非在重复项目上浪费资源。

首先，美国联邦政府驻地办公室根据国家实验室上报的年度预算及上周期的绩效制定当年预算，交由美国国会进行审议。国会通过后，由资助单位和运营单位通过"雾化预算"方式将预算资金具体分配到每个"资金桶"（钟少颖和聂晓伟，2017）。每个预算周期结束后，美国审计署会对国家实验室的绩效进行外部评估，并根据绩效评估结果来确定下一个预算周期中绩效拨款的额度。其中，总绩效预算中的核心层面——"雾化预算"，由两部分构成。第一部分由相关法律规定，即由国会控制，管理和预算办公室将总拨款资金分为 A、B、C 三类，由此建立程序、项目、活动级别，根据这些级别将总拨款资金按年度、项目、活动等进行划分。在此基础上，第二部分由方案办公室执行，办公室跟踪和管理，制定九位数的预算报告编号。最后再根据各项工作完成的地点将九位数字代码按地点划分，以此将资金分配到各地国家实验室。

4.1.7 人才管理

1. 实验室负责人的选取

国家实验室的主任通常是由领域内学术水平高、社会影响大的顶尖科学家担任。实验室主任需要承担几个方面的使命：①按照国家战略部署落实实验室研究战略；②始终确保实验室的研究处在国际最前沿；③协调好实验室日常项目管理；④其他人事、组织、财务管理等。

在美国，政府拥有、政府管理（government-owned and government-operated，GOGO）的实验室，负责人由联邦政府直接任命；政府拥有、第三方机构管理（government-owned and contractor-operated，GOCO）的国家实验室，依托单位董事会和联邦政府部门共同确定负责人。总体而言，实验室主任的遴选标准包括：①学术水平，强调发现新研究方向的能力，很多是诺贝尔奖获得者；②社会影响力，强调组织协调能力、资源调动能力、资金筹集能力等。

以英国卡文迪什实验室为例，其在 150 多年的发展历史中，研究方向涉及近代和现代物理学的所有方面。为确保实验室始终处于国际最前沿研究领域，实验室在不同时期均有一个明确的主方向（阎康年，2012）。具体如表 4.4 所示。

表 4.4　卡文迪什实验室的五次重大转型

时 期	实验室主任	学术成就	主要管理贡献
电磁理论和实验时期	麦克斯韦	电磁理论奠基人	壮年时从理论物理转向实验物理，亲手组建了物理实验室
	瑞利	声学理论奠基人	加强实验物理
	汤姆孙（学生有卢瑟福、威尔逊）	电磁理论专家	为实验室开拓了气体放电研究新领域
原子物理和核物理时期	卢瑟福（学生有玻尔）	发现质子，原子核分裂	将主攻方向转到核物理上，培养了第一批核物理人才
多研究方向时代	布拉格	晶体结构专家，诺贝尔奖获得者	卢瑟福突然去世，导致核物理研究群龙无首，布拉格采取多研究方向战略，安抚原核物理团队，带领实验室转向固体物理、分子生物学、射电天文学
半导体和超导体物理时期	莫特（莫特的父母都是汤姆孙的学生）	固体物理学派的首领	组织大调整：停止建设大型加速器，将分子生物学分离出去，发展半导体和超导体，加强与企业界联系
	派帕德（莫特助手）	固体物理学派	开拓凝聚态物理研究，彻底带领实验室走出旧的剑桥时代
凝聚态物理时代	爱德华兹	凝聚态物理学家	凝聚态物理研究成为主攻方向
	弗伦德	有机聚合物半导体	打破实验室不重视成果应用的传统，在剑桥科技园成立显像技术公司

总结卡文迪什实验室的历任主任，可以得出以下规律。

（1）实验室的发展离不开主任高瞻远瞩的目光和竭尽全力的气魄，尤其早期的麦克斯韦等教授不惜放弃自己的研究基础，带领实验室转型。

（2）历任实验室主任都是享誉世界的物理大师，均高度重视下一代人才的培养，几乎历届主任都有"剑桥血统"。

（3）为确保实验室始终处于国际研究最前沿，实验室主任不惜壮士断腕，与实验室传统研究力量对抗，实施改革。

总结卡文迪什实验室发展中实验室主任建立的五大机制，为实验室主任的遴选标准提出了具体要求（危怀安和胡艳辉，2013），如表4.5所示。

表4.5 卡文迪什实验室发展中室主任建立的五大机制

机制	典型代表
导向机制——创新定位	卡文迪什实验室始终把握科技最前沿，离不开正确的创新定位和果断的研究转型
凝聚机制——创新人才	实验室主任不仅拥有至高的学术权威和非凡的人格魅力，同时能够通过制度创新使实验室在人才吸纳方面始终走在全球前列，卡文迪什实验室首次打破性别歧视，最早建立招收国际研究生的制度，较早推行客座教授制度
筹资机制——创新经费	历届实验室主任除身体力行，带头加强私人捐赠外，还不断开展对外合作；此外，自制科研仪器也能提高经费使用效率
表率机制——创新文化	重视非权力管理，麦克斯韦主任将其人生最后岁月奉献给实验室，卢瑟福主任淡泊名利，莫特主任80多岁仍开展实验，汤姆孙主任重视平等交流
育人机制——创新后备	延长增粗人才培育链，为实验室持续发展培育后备支撑力量

资料来源：危怀安和胡艳辉（2013）

2. 科学家的管理

国家实验室学科领域广、专业交叉融合、多方面协同，在人员规模、结构组织上具有特殊性（郝君超和李哲，2018）。总结发达国家国家实验室的科学家团队管理，有以下规律。

（1）规模保障，美国国家实验室平均人数约4000人，有足够多的科学家从事基础研究。

（2）结构合理，国家实验室由研究型科学家、工程师团队、实验技术人才、管理人员、博士后研究人员、访问学者等构成，部分大学负责运营的实验室还有本科生、研究生，或者不直接招生，但提供实习岗位（如劳伦斯伯克利国家实验室）。

（3）研究团队以任务为导向，采取自上向下的组建方式，根据科研任务随时抽调实验室内部中心的科研人员，任务完成随之解散。

在人员身份性质上，实施政府拥有、政府管理的国家实验室，工作人员均为政府雇员，人事管理上采用国家公务员管理制度；实施政府拥有、第三方机构管理的国家实验室，由依托单位选择合适的人事管理制度，可以是大学雇员，也可以是公司雇员或临时聘用人员等。

在人员流动性上，美国国家实验室的技术支持人员、行政管理人员、部分科研核心人员采用固定岗位（包括终身职位、连续聘任及任期职位）；为完成科研任务而临时召集的研究人员、博士后、访问学者则主要采用流动岗位。

3. 管理人员的管理

国家实验室管理团队应当注重传承性和突破性，内部培养和外部聘用并重。美国各个国家实验室的主任大都属于"空降兵"，如劳伦斯伯克利实验室主任曾是费米实验室的主任。这类实验室主任科研能力强，学术声望高，但相对欠缺基层管理经验，不利于将实验室研究项目贯彻实施。为克服这一局限，实验室通常强调管理团队的传承性，为"空降兵"主任配备单位内部培养的副主任。

4. 学生管理

实验室是否招生是一个两难的决定。招收硕士/博士研究生需要实验室满足如下要求：①意味着要有成体系的教学方案，保证学生学有所成，这与实验室的职能定位不相匹配（实验室并不必然有培养人才的责任和义务）；②实验室要有稳定的学科发展方向，确保学生获得学位。然而，不招收硕士/博士生，实验室将得不到充足的人力资源支持，顶级科学家缺乏足够的助手和项目团队，在保持创新活力和项目持续性上将面临重大挑战。

4.1.8　考核机制

1. 战略审查

政府主管部门负责为国家实验室制定战略研究方向，首要考评就是对国家实验室实施战略审查，明确实验室是否优先完成了政府主管部门安排的科研任务。

2. 绩效考评

国家实验室是举全国之力而建，应当建立综合考评体系。主资助部门以绩效目标为导向，围绕科学技术以及实验室的自身运作管理两方面进行评估。评估类型分为自评估和外部评估。其指标涵盖多个方面，如表4.6所示。

表 4.6　国家实验室综合考评体系指标

评估形式	一级指标	二级指标
自评估报告	运行有效	是否稳定运行，未出现重大安全责任事故
	科研产出指标	是否完成主管部门交代的科研任务
	影响力指标	是否充分发挥国家实验室的功能定位

续表

评估形式	一级指标	二级指标
外部评估	运行效率	为完成科研任务支出的成本 科研设施使用率、设备完好率
	科研产出	科研任务完成数量、质量 国家重要核心技术的研发能力 新兴研究方向的掌握能力
	影响力	科研经费规模 合作网络规模 商业化拓展

考核手段上，自评估和外部评估均以同行评议为主。自评估由国家实验室的最高决策部门（如德国亥姆霍兹联合会）组织实施，评估内容包括实验室的战略计划、科学研究质量与水平，以及实验室在科学探索和学术自由等方面的效率。外部评估由主资助单位设立的独立评审委员会负责（成员包括来自学术界、工业界、政府机构及其他实验室的专家、财务专家等），评估内容与自评估类似。

3. 成本考评

国家实验室的成本支出需要接受考评，尤其是管理费用等间接成本和大科学设施设备的运行成本。

4.1.9 技术转移

在美国，根据《史提文森-怀德勒技术创新法案》的规定，国家实验室大都设有专职技术转移部门，推动实验室成果进入商业化市场（骆严等，2016）。以布鲁克黑文国家实验室为例，其技术转移举措如下。

1. 许可证

针对布鲁克黑文国家实验室研发的知识产权，技术商业化和伙伴关系办公室负责寻找在技术和财务上有能力将早期技术转化为商业产品的公司，授予这些公司非独占或独占许可证。

2. 专业软件

布鲁克黑文国家实验室为公众提供开源的免费专业软件，用于纳米材料、晶体和非晶材料的建模和结构确定，使用多探针数据分析。

3. 资助研究

布鲁克黑文国家实验室在新兴技术上有许多与行业合作的方式，资助这些技术尽快进入市场。

4. 合作研发协议

合作研发协议（cooperative research and development agreement，CRADA）为非联邦实体在合作基础上获得布鲁克黑文国家实验室提供的独特技术、设施和专业知识提供了灵活方式。合作研发协议下的研究工作可以在布鲁克黑文国家实验室、非联邦参与者的实验室或两个机构中进行。通常由合作研发协议中所有参与者来支持。布鲁克黑文国家实验室对合作研发协议的捐助可以采取人员、设施、设备和其他资源的形式，但布鲁克黑文国家实验室不能向其他参与者提供资金。

合作研发协议合作者的福利：①布鲁克黑文国家实验室和参与者可以协商知识产权的共享，如专利权、机密信息的保护和授权；②与会者可以利用布鲁克黑文国家实验室设施；③作为合作研发协议工作的一部分而产生的数据可以被视为私有数据长达五年，不受《信息自由法》的约束。此外，美国能源部建立了模块化的合作研发协议文件，以加快能源部的审批过程，为布鲁克黑文国家实验室和非联邦参与者提供就发明和其他知识产权进行谈判的灵活性。

5. 战略伙伴关系项目

外部资助的研究项目主要通过能源部的战略伙伴计划（Strategic Partner Program，SPP）进行。虽然布鲁克黑文国家实验室开展的大多数研究都得到了能源部的财政支持，但其他联邦机构以机构间协议或赠款的形式提供资金也是有益和适当的。这些资助有助于实现实验室的研究目标，促使布鲁克黑文国家实验室的科学家参与其他联邦机构正面临的重要研究挑战，包括与国土安全、反恐、医疗等相关研究议题。

战略伙伴计划的职责包括：①与能源部和布鲁克黑文国家实验室的使命保持一致或相辅相成。②不会对定期分配的布鲁克黑文国家实验室执行程序产生负面影响。③没有将布鲁克黑文国家实验室置于与国内私营部门的直接竞争中。④不会给能源部的资源配置带来额外负担。

6. 小企业研究资源

布鲁克黑文国家实验室对与小型企业合作持积极态度，纽约小企业管理局和长岛高科技孵化器等组织帮助企业家制定商业计划、营销计划，或提供负担得起的现代实验室。小型企业可以制定合适的短期和长期计划，利用布鲁克黑文国家实验室的科学资源获得经济收益。

7. 技术商业化协议

技术商业化协议（The Agreement for Commercializing Technology，ACT）是一种新的技术转让机制。技术商业化协议旨在使非联邦实体与国家实验室之间的谈判更加灵活和及时。此前，私营企业利用目前资助的研究途径或为其他协议工作，都遇到了能源部的政策和程序障碍。布鲁克黑文国家实验室的承包商布鲁克黑文科学协会被授权承担美国政府无法承担的风险。布鲁克黑文科学协会负责提供更灵活的条款，以适应私营行业的做法，如知识产权许可协议、付款条款、赔偿及发展伙伴关系等。有了技术商业化协议提供的灵活性，更多无法在合作研发协议或 WFO[①]协议下开展工作的私营企业，将有机会根据技术商业化协议与国家实验室开展合作。

8. 企业家和投资者

实验室提供给潜在许可方的技术通常是需要继续开发的早期技术。初创企业需要集中大量资源，将技术"产品化"并投入市场。鉴于此，布鲁克黑文国家实验室接受新企业以股权作为技术许可交易费用，以减轻初创企业的现金负担。布鲁克黑文国家实验室理解企业家所面临的挑战，并努力制定伙伴战略，为布鲁克黑文国家实验室的股票投资组合创造价值。

4.2　高校主导国家实验室——美国林肯实验室

第二次世界大战结束后，美国、英国、法国作为西方阵营的战胜国，为进一步巩固科技和军事实力，最多维持着近 70 家国家实验室的运转。这些国家实验室的总体布局和战略发展，一定程度上左右着全球科技发展趋势。以美国为例，国家实验室绝大部分隶属于联邦政府部门，包括能源部、国防部、NASA、NSF、NIH、DOC（Department of Commerce，商务部），只有 5 家国家实验室由民营机构拥有，包括查尔斯·斯塔克·德雷珀实验室、冷泉港实验室、休斯研究实验室、IBM 研究实验室、国家传染病中心。下面将节选其中的典型代表做分析。

林肯实验室是一所由美国国防部资助的研究与发展中心，位于马萨诸塞州列克星敦，现由麻省理工学院管理。1951 年，林肯实验室作为改善美国防空系统工作的一部分成立于麻省理工学院。

1）人员概况

截至 2019 年，林肯实验室大约有 3600 名员工，其中半数为科研人员。其中，

---

① reimbursable work for others，为他人提供有偿工作。

三分之二的科研人员中拥有高级学位（博士、硕士学位），23%拥有学士学位或没有获得学位。

2）资金情况

联邦资助研究与发展中心 2019 年财政报告显示，林肯实验室 2019 年共获得约 11 亿美元的资助，其中 87%来自美国国防部及其下属部门，主要资助领域有通信系统、防空及导弹和海上防御技术等（图 4.1）。

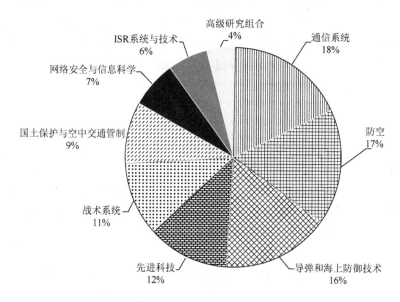

图 4.1　林肯实验室研究任务领域资金占比

3）任务领域和研究

半自动地面环境（Semi-Automatic Ground Environment，SAGE）防空系统是麻省理工学院林肯实验室开发创新技术的历史开端。半自动地面环境防空系统旨在快速收集、分析并最终转播来自多个雷达的数据，从而在必要时进行防御响应，帮助美国应对空中威胁。在后续的发展中，林肯实验室的研究范围逐渐从防空扩展到了空间安全、防空、导弹和海上防御技术，通信系统、网络安全与信息科学，情报、监视和侦察（intelligence，surveillance and reconnaissance，ISR）系统与技术，战术系统、国土安全、航空管制等领域。林肯实验室的研究为美国国防部提供长期战略技术上的支持和发展，其研究项目多为当下有关国家安全的重要问题。同时，向政府、学术界和行业传播信息是林肯实验室的重点任务之一。林肯实验室通过举办年度技术研讨会和课程，出版《林肯实验室杂志》，以及其他出版物包括技术说明、年度报告、林肯实验室概述手册，向学术界和工业界传播知识和技术。

4）林肯实验室组织结构

林肯实验室与国防部的合同签署于 2015 年，由空军生命周期管理中心监管。国防部对林肯实验室的资助大多通过该合同进行。根据合同，林肯实验室进行的一切研究活动都需要通过国防部不同部门代表所组成的联合咨询委员会（Joint Advisory Committee，JAC）批准才能进行。

林肯实验室由一位主任、两位副主任、一位运营副主任、各部门主管和技术部门负责人组成的指导委员会（Steering Committee）、联合咨询委员会，以及由学术界、政府和工业界的代表所组成的咨询委员会（Advisory Board）共同管理。

5）技术转移

作为联邦政府资助的国家实验室，林肯实验室的一个重要任务是向政府和行业转移技术，从而确保美军获得创新技术，增强美国企业在世界经济中的竞争力。林肯实验室在转让国防和民用领域技术方面有着悠久历史，其最初为满足国防部需求而开发的许多技术已被工业界使用。实验室成功转让技术的原因之一是积极参与行业赞助商支持的计划。这些计划弥补了实验室在技术开发和产品原型化方面的工作不足。例如，由林肯实验室开发的 193 nm 光刻投影物镜至今仍用于集成电路器件制造系统。

林肯实验室的技术转让涉及几个不同但相关的领域，包括政府资助技术向运营用户和行业的过渡，以及与商业和非营利合作伙伴的合作研发。情况允许时，可以通过以下几种方式完成技术转让：①直接转让；②一对一技术会议；③资助林肯实验室研发成果的产业化发展；④开放技术研讨会；⑤实验室专业领域的全行业研讨会；⑥合作验证先进测试平台系统的性能。

衡量实验室对国家经济贡献的一项标准是其成功地将技术转让给了公司。林肯实验室成立以来成功孕育了100多家高科技公司，将原本为政府开发的技术工业化。这些公司的服务和产品范围较为广泛，从多媒体软件服务到高级半导体光刻都有所涉及。衍生企业中有大型组织，如 MITRE（一家非营利性研究与开发公司），也有小型企业（如 SimSpace，一家在全国范围运营的网络安全咨询公司）。

林肯实验室开发的大部分成果的知识产权可以通过麻省理工学院技术许可办公室对外许可。自 1951 年以来，林肯实验室共获得了约 1127 项美国专利。林肯实验室会与企业和大学签署一些子合同，从而实现技术和知识的互换，如合作研发协议、小型企业技术转让计划（Small Business Technology Transfer Program，STTR）以及小型企业创新研究（Small Business Innovation Research，SBIR）计划。上述几种方式都促进了实验室与工业界的交流、知识交换和共享以及技术转让。其中，STTR 和 SBIR 计划旨在资助和协助小型公司进行早期研究与开发计划，目的是刺激技术创新和开发具有商业价值的产品。每年有 11 个政府机构通过 SBIR 计划和 STTR 向小型企业分配了超过数十亿美元的资金，其申请流程大致如图 4.2 所示。

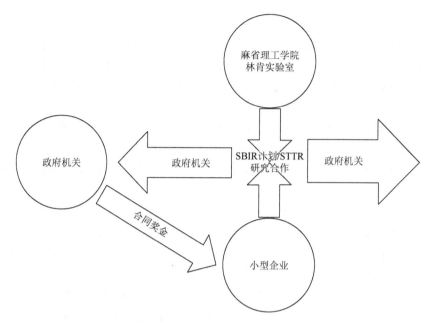

图 4.2   林肯实验室 SBIR 计划/STTR 申请流程

4.3   工业企业主导国家实验室——美国贝尔实验室

4.3.1   使命导向与形成机制

贝尔实验室作为企业研发机构，一直以支持美国电话电报公司的电话业务，保持其垄断优势为使命，并试图创建一个能够随时随地联系世界上任何一个人的"系统"。贝尔实验室的主要领导人默文·凯利对贝尔实验室的解读是以"提供高质量的服务，并把寿命长、维护费用低、可靠性强作为设计和制造的基本理念"为使命导向的"保守且具备竞争力的组织"（阎康年，2004）。

贝尔实验室创办几年后，弗兰克·朱厄特在美国专利商标局的成立仪式上说，工业实验室"只不过是一个由聪明人组成的组织，这些人都有些创新能力，接受过知识和科学方法方面的特殊训练。实验室提供设施和资金让他们来研究、发展与自己相关联的产业。简而言之，现代工业研究的目的就是把科学应用到日常生活中。通过这种手段，可以避免盲目的试验性实验造成的许多错误。针对某个具体问题，工作实验室可以发挥众人智慧，这自然远远超过任何个人可能具备的能力"。

贝尔实验室并不是从零开始创办的，而是从西电公司工程部独立出的法人实体。西电公司工程部原有 2000 名技术人员和 1600 名后勤人员。1924 年底，美国电话电报公司的董事会决定将庞大的西电公司工程部发展成为有一定自主权的新公司，通过创办"中心实验室"的方式更好地为美国电话电报公司和西电公司开展科学研究。1925年1月1日，美国电话电报公司正式成立贝尔实验室。贝尔实验室由最开始拥有西电公司工程部几千名员工、在纽约西街占地40万平方英尺①的研发部门，不断发展壮大为拥有上万名员工、在新泽西州的默瑞山设立综合性实验室、在其他偏远地区设立辅助性实验室的大型工业实验室体系。除默瑞山外，还有最多可容纳5500名员工的霍姆德尔实验室、马萨诸塞州实验室、开展卫星研究的克劳福德山实验室等。

贝尔实验室的组织目标与以美国电话电报公司为核心的贝尔系统的企业目标相一致，致力于研究与人类通信相关的一切。贝尔实验室为美国电话电报公司开展交换与传输规划，发明新的通信设施，为西电公司开发设计新设备（黄海洋和李建强，2011）。

贝尔实验室的组织独立性较弱。作为一家独立法人企业，贝尔实验室并没有生产或销售任何产品和设备，其资金全部来源于母公司，并由投资公司主要领导人担任其董事会成员，参与并监管贝尔实验室的运营。另外，在资金充足的情况下，贝尔实验室可以制订近期和远期计划，包括5年计划、10年计划，甚至20年计划，线路、电波、录音、视觉影像等所有和通信相关的领域都可以纳入自由探索范围。

4.3.2 内部组织架构

由美国电话电报公司总工程师和贝尔实验室总裁构成的公司董事会是贝尔实验室最高权力机关。

总裁主要负责接洽、协调贝尔实验室的内外部工作，除了需要与美国电话电报公司和西电公司的负责人沟通外，也需要和政府以及陆海空军、NASA等各方代表保持密切联系，还承担提升贝尔实验室声誉和地位的责任，需要在美国甚至全球范围内参加报告会，宣传贝尔实验室的研究成果和最新进展。

执行副总裁是贝尔实验室的主要管理人，负责贝尔实验室内部的各项工作，保障实验室的正常运转，包括职位任命和调动、项目设立到结束的生命周期管理、预算审批等。

研究部主任负责管理贝尔实验室各项基础研究工作的进程，在各项目小组遇到困难时予以指导，定期向执行副总裁或总裁汇报项目取得的重大成果。化学家威廉·贝克任研究部主任时，每个月召集所有负责研究的15～20个主管和高管开

---

① 1平方英尺约等于0.093平方米。

会讨论他们最感兴趣和最新的研究成果。开发部主任负责管理贝尔实验室各项应用研究工作的进程，探索突破性创新成果的新生产方法、新用途，真正把贝尔实验室创意和新知识转化为创新产品。除此之外，作为贝尔实验室的中层管理者，研究部主任和开发部主任在一定时间内仍然承担重要的研发任务，以便时刻掌握研发进度、把握研发方向、带领团队攻克研发难题，在确认研究成果的重要程度之后每周或每两周再将消息向上传递一个层级，以免取得突破的消息过早地传递给高级管理层。

法律部主任负责处理贝尔实验室的法律事务，帮助发明人申请专利。公关部主任负责贝尔实验室的新闻发布会、报告会等重大公开活动的宣传工作。

贝尔实验室的内部组织架构如图4.3所示。

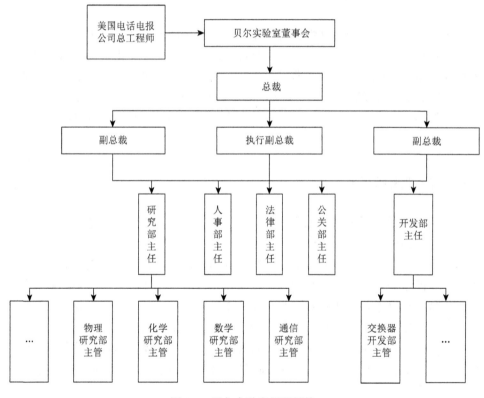

图 4.3 贝尔实验室组织架构

4.3.3 项目管理

贝尔实验室的项目大多来源于母公司、西电公司和地方性电话公司，但是也常常承接原子能委员会、NASA、交通局、军事部门等非资助企业的科研任务。

在第二次世界大战末期，贝尔实验室和陆军军械部、空军合作探索研发"陆基导弹系统"。1949 年，美国电话电报公司和美国原子能委员会（能源部前身）签署协议，由美国电话电报公司和贝尔实验室作为"富有经验、专业技能和社会责任感的工业承包商"承接桑迪亚实验室的任务，为美国原子能武器计划提供技术指导，但美国电话电报公司不能通过管理桑迪亚实验室营利。在此项目中，贝尔实验室与美国陆军、空军和道格拉斯飞行器公司合作，共同研发了代号为"奈克"的防空保护系统，向保护区域提供了比传统高射炮更高级别的保护。此外，因为第二次世界大战期间贝尔实验室在雷达和通信领域的杰出能力和贡献，贝尔实验室和西电公司也在军方的要求下设计和建造一系列雷达装置，部署在北极圈上部形成远程预警线防御苏联的核袭击。

贝尔实验室的有源卫星项目，又称泰事达项目，由贝尔实验室的工程师尤金·奥尼尔负责，由 500 多名科学家和工程师组成的开发团队完成。有源卫星项目也受到 NASA 资助，且仅就火箭发射一项就向美国电话电报公司资助 300 万美元。反观贝尔实验室自主开展的且不受看好的无源卫星项目，仅由贝尔实验室的30 余名员工完成，总经费不到 200 万美元。

贝尔实验室各个研发项目之间也存在竞争，由贝尔实验室的管理层评估后决定批准或否决，通常会从组织目标、经费审核等方面考虑。例如，为保证贝尔实验室的研究项目能够实现组织既定的目标，按时完成贝尔实验室制订的电话系统改进定期计划，时任贝尔实验室总裁默文·凯利拒绝了约翰·罗宾逊·皮尔斯的无源卫星项目。为避免美国电话电报公司审核贝尔实验室经费支出时产生争议，默文·凯利以难将费用支出合情合理地列入已有项目范围或者难以合理解释费用支出的理由驳回了吉姆·菲斯克想要在地下室修建游泳池研究鲨鱼动力系统的请求。除高级管理层外，研究部主任和开发部主任也可以筛选决策部门内部的项目。威廉·贝克任研究部主任时根据各个研究主管和高管每个月的汇报成果决定贝尔实验室会继续为哪种研究提供资金。

贝尔实验室的研究项目通常没有时间限制，有些项目甚至在很长一段时间内都处于规划设计阶段，如横跨大西洋的海底电缆项目，规划设计阶段就长达几十年，其间一直进行技术和设计的创新，直到在技术上可操作、经济上有回报，项目才投入实施。同样地，贝尔实验室的工程师也习惯于有序地安排工作，侧重产品的质量和耐用性而不是研发速度，因此，严格的研发周期限制和资金压力对贝尔实验室的工程师来说是不合常规的。

就单个项目而言，贝尔实验室会设立项目研究负责人，并以此人为核心组建研发团队。在组织管理层级和项目管理层级冲突的情况下，由主要负责人融合成小规模管理团队降低内部沟通成本。

　　霍姆德尔实验室距离桑迪胡克海滩和大西洋仅有几分钟车程，是贝尔实验室用于检验大型天线和新技术在无线微波传输中用途的核心场所。鲁迪·康夫纳是实验室的主要管理者，副手是卡特勒。原则上来说，他们是电气工程师比尔·杰克斯的上司，但是因为比尔·杰克斯是"回声计划"的负责人，所以涉及"回声卫星"事宜时，他们与比尔·杰克斯形成一种三人负责的管理模式。

4.3.4　经费管理

　　据资料统计，1925 年贝尔实验室的预算大约为 1200 万美元。由美国电话电报公司和西电公司出资，分别享有贝尔实验室 50%的股份。在随后的发展过程中，类似于太平洋电话公司这样的地方性电话运营公司也向贝尔实验室提供小部分经费。

　　为吸引杰出青年人才，贝尔实验室通常会向有能力的员工提供高于大学或其他企业的报酬。1936 年硕士毕业生的薪酬是 29 美元/周，博士毕业生的薪酬是 33 美元/周。1945 年默文·凯利给约翰·巴丁（物理学家，晶体管和超导的发现者，两度获得诺贝尔奖）提供的薪水明显高于任何一所大学可能支付的水平。

4.3.5　人才管理

1. 贝尔实验室总裁遴选

　　贝尔实验室的总裁都从实验室内部人员中选拔，基本上都是从基础研发工作人员到研发部门主任再到核心管理人员逐步晋升（表 4.7）。遴选指标包括三方面：一是学术水平，总裁需要精通研究和开发，理解和满足科学家和工程师的需求；二是社会影响，总裁在政治、军事等方面具有影响力和地位，能够维护实验室的稳健发展；三是预见未来，总裁能够精准把握科学和社会的发展方向，制定科学、正确的组织目标。例如，20 世纪 60 年代，时任贝尔实验室总裁吉姆·菲斯克展望未来，描述了三件事情。第一，系统需要加速发展，这在一定程度上可以借助电子交换系统和按键式电话予以满足；第二，系统需要发送更多的数字信息，这可以借助脉码调制技术扩充信号包括的信息容量；第三，系统需要扩充通信量，否则会变得非常拥挤。

表 4.7　贝尔实验室管理层变革及任职期间主要成果

时间	贝尔实验室管理层				任职期间成果
	总裁	执行副总裁	副总裁	副总裁	
1925~1940 年	弗兰克·朱厄特	奥利弗·巴克利	—	—	二进制数字计算机

续表

时间	贝尔实验室管理层				任职期间成果
	总裁	执行副总裁	副总裁	副总裁	
1940~1951 年	奥利弗·巴克利	默文·凯利	—	—	晶体管（肖克利、巴丁、布拉顿获 1956 年诺贝尔奖）
1951~1959 年	默文·凯利	吉姆·菲斯克	—	—	太阳能电池、激光
1959~1973 年	吉姆·菲斯克	朱利叶斯·莫尔纳	威廉·贝克（主管研究部）	杰克·莫顿（主管设备开发部）	示范蜂窝技术、发光二极管、通信卫星、微波背景辐射（获 1978 年诺贝尔奖）、UNIX 计算机操作系统
1973~1979 年	威廉·贝克	—	—	—	数字信号处理器
1979~1991 年	伊恩·罗斯	—	—	—	数字蜂窝电话技术
1991~1994 年	约翰·梅奥	—	—	—	

2. 研究人员群体管理

人员规模方面，1925 年贝尔实验室有约 300 名科学家和工程师在哈罗德·阿诺德的领导下从事基础研究，约 1700 名员工从事产品开发等应用开发研究。20 世纪 50 年代，9000 名贝尔实验室研发人员中，有 20%的科学家和工程师从事基础研究和应用基础研究，有 20%的科学家和工程师从事军事领域研发工作，其余科学家和工程师都从事电话系统规划与开发等应用开发研究。20 世纪 60 年代，巅峰时期的贝尔实验室大约有 1.3 万名员工。

人员构成方面，贝尔实验室形成了基础与应用结合、多学科交叉的复杂结构。具体而言，贝尔实验室的研究人员大致可以分为三个团队：一是研究团队，主要由理论科学家、实验科学家、工程师组成，负责提供各种全新的知识、原则、材料、方法和艺术，学科领域覆盖了物理学、有机化学、冶金学、电磁学、辐射学、电子学、声学、语言学、光学、数学、机械学、生理学、心理学和天文学等；二是系统工程团队，负责审视研究团队的创新成果，考虑其对于系统改进的可能性、可行性、必要性和经济性；三是开发工程团队，负责开发和设计新装置、新设备，改进电话开关和传输系统。

协同管理方面，贝尔实验室规定研发人员不能关门工作，不能拒绝同事的求助。例如，最初贝尔实验室的数学家的工作主要是为其他需要帮助的物理学家、化学家和工程师提供咨询服务，人员不断壮大之后才成立数学研究部，参与重要研究项目或独立开展研究项目的同时，仍然向寻求帮助的研发人员提供解决方案。

3. 研究生管理

贝尔实验室并不像美国联邦政府投资的国家实验室一样招收和培养研究生。

为提升内部员工的综合水平，贝尔实验室开设了一系列难度极高、极具挑战性的研究生水平课程，被称作通信发展培训计划，也被戏剧性地称为"凯利学院"。

4. 技术助理管理

贝尔实验室为了帮助科学家和工程师开展基础研究和应用研究，聘请了数千名全职技术助理，他们拥有极高的实用技巧，具有潜在的转化突破性成果或者组织实验的能力。

5. 科研成果与知识产权管理/技术转移政策

贝尔实验室的科学家和律师都具有很强的知识产权保护意识。每名员工在入职时，都会和贝尔实验室签署含有知识产权条款的合同，明确约定其今后发明成果的专利申请权和专利所有权都归属于贝尔实验室。为防止创新成果被开展相同研究的组织抢先申请专利，发明人和律师通常在发明完成后立即准备专利申请材料。

为防止发生专利发明人署名争议的情况，贝尔实验室给每位员工配备笔记本，用来记录实验细节、实验结果和对后续实验的看法与计划，以及团队其他成员在某个时间提出的非常具有潜在价值的想法或观点。笔记本不能被撕毁或粘贴，笔迹也不能被随意划掉，修改者必须标记自己名字的首字母。因此，贝尔实验室的主管和律师可以根据编号查询实验记录，明确专利发明人的署名。

除申请专利外，出于提升知名度和行业地位的需要，贝尔实验室通常采取多种方式公开其创新成果。

晶体管主要有三种方式予以公开，但是每种公开方式各有利弊。第一，向美国军方公开。一开始，贝尔实验室的主管同意在晶体管公开之前先展现给军方，但是又担心军方将其作为军事设备予以保密。第二，通过申请专利和召开新闻发布会，向美国公众公开晶体管，但是贝尔实验室的管理人员又担心一旦公众了解晶体管后，贝尔实验室是否还能够独享该专利。因为美国电话电报公司是否构成垄断地位在一定程度上取决于政府对其科学研究公益性的认定。如果他们成功将晶体管转化为极具商业价值的产品或服务，就很可能再度引发政府反垄断部门对公司公众意识和反垄断地位的调查。另外，贝尔实验室的管理者也乐于与竞争对手共享专利技术，在赚取专利许可费的同时促进电子领域的发展，以此展现贝尔实验室的领导作用。在晶体管专利备案之后，贝尔实验室才安排了新闻发布会。但是，多数媒体并没有发现该发明的价值，《纽约时报》仅在广播新闻专栏写了四行文字予以描述。第三，向学术界公开。晶体管的发明人巴丁和布拉顿给《物理评论》杂志投稿，公开晶体管发明，争取在学术界占有一席之地。与新闻媒体的反应截然不同，电子行业的科学家和工程师向贝尔实验室的研发人员表露了自己浓厚的兴趣，并且希望能够得到晶体管设备样品，其中不乏美国无线电公司、摩托罗拉公司等收音机与电视机的制造商，以及哈佛大学、普渡大学、斯坦福大学、康奈尔大学等大学的教授。

维护国家安全方面。在开展雷达技术、声呐技术、曼哈顿计划等重要国防项目过程中，贝尔实验室管理人员都会下发保密令，禁止所有研发人员与他人谈及所从事的工作。

技术转移方面，出于稳定性考虑，贝尔实验室一度以开放性的知识产权和专利制度著称，曾将晶体管专利授权给包括雷神公司、美国无线电公司、通用电气公司在内的许多家公司。1956 年，受制于司法部的反垄断调查，贝尔实验室承诺将已经取得的全部美国专利免费授权给所有美国申请者使用，将来取得的美国专利在收取一小部分费用的情况下无限制地授权给所有美国申请者使用。所有的美国市场主体都可以最低成本地使用贝尔实验室所有的专利技术。

4.3.6 贝尔实验室的监管与考核体系

1. 产出考核

贝尔实验室的产出考核分为战略审查和科研产出两个维度。战略审查方面，贝尔实验室一直以改善贝尔系统的通信网络为使命，在第二次世界大战期间全面服务国家战略，停止了所有的正常研究工作，开展了一系列任务导向的研发项目。科研产出方面，贝尔实验室的多数研发人员既帮助美国电话电报公司改进和完善电话系统，也帮助西电公司完成新设备的开发和设计，再加上少数基础研究人员的创新成果，能够一直保持较高水平和较高规模的科研产出。在 1956 年前，贝尔实验室的授权专利数量就高达 8600 余件，一般企业根本无法与之匹敌。

2. 运行考核

作为一家工业企业实验室，贝尔实验室拥有超群的研究和开发能力，既符合工业企业实验室的功利性，也满足国家实验室的公益性。正如杰出科学家克劳德·埃尔伍德·香农的评价"贝尔实验室研究人员的学术水平至少与整个学术界相当，在某些特殊领域甚至更强"。

3. 考核手段

日常运行过程中，贝尔实验室的管理人员会依据实验室的总体目标和阶段目标对项目的设立、研发过程和成果进行评估。在相关研究人员的论文提交发表之前，贝尔实验室也会开展内部评阅，把控论文的真实性和学术价值。同时，贝尔实验室的发展一直受到社会各界的广泛关注，持续受到学术界和产业界的同行评议，以及美国司法部外部评估。在内部出现学术不端行为后，贝尔实验室在2002 年建立了全部由业内专家组成的独立外部调查机构，通过询问、问卷调查、访谈调查等形式查清事实，做出最终裁定。

4.4　科研机构主导国家实验室——德国亥姆霍兹联合会

德国亥姆霍兹联合会由 18 个国家级独立研究中心联合组成，是德国的大科学研究中心之一，也是国际上影响力最大的科研机构之一[①]。

4.4.1　使命导向与形成机制

德国对大科学研究机构的探索最早起源于 20 世纪 50 年代，目标是集中解决特定的科学问题，如当时较为紧迫的核物理研究，但收效甚微。直到 20 世纪 80 年代中期，联邦德国政府发布了《关于大科学研究机构现状及展望》报告。在报告中，政府将大科学研究在联邦德国科学与创新体系中的任务和目标全面重新定位为"发挥前瞻性的作用，能预见新技术带来的机遇和危险，能有助于应对和解决社会的重大问题"。从此，德国的大科学研究开始快速发展。

1995 年，为整合两德统一之后的科研资源以及德国大科学发展方向等问题，德国大科学中心联合会更名为亥姆霍兹联合会，并在一系列的政策改革之后，逐渐发展成为世界上最具影响力的科研组织之一（德国亥姆霍兹联合会，2018）。

4.4.2　总体架构

亥姆霍兹联合会分别在能源、地球与环境、医学健康、航空航天与交通、物质结构以及关键技术六个领域进行决定人类生活和环境的复杂系统研究，如安全可靠的能源供应、资源的可持续利用、未来的流动性，以及针对以前无法治愈的疾病开发治疗方法等，同时也对更为基本的问题，如宇宙起源等进行研究。亥姆霍兹联合会的研究重点是确保人类生活的长期基础，并为竞争性经济提供技术基础。

相比于美国国家实验室，亥姆霍兹联合会的结构更加松散。作为一个注册社团组织，亥姆霍兹联合会下属的 18 个研究中心在法律意义上都是独立的组织，其

---

① 本部分以德国亥姆霍兹联合会官方网站，德国亥姆霍兹联合会编写、何宏等人翻译的《德国国家实验室体系的发展历程——德国亥姆霍兹联合会的前世今生》为源开展文献研究，同时参考其他研究成果。

运营管理都遵守相应的章程。2011 年，联合会从原先的各中心独立，直接从联邦政府相应部门获取经费、自我管理的模式，改为项目优先资助模式，但科研总经费比例并未发生改变，政府提供的资助仍占科研总经费的 2/3 左右，其中联邦政府与地方政府的资助比例为 9∶1。

截至 2020 年 7 月，亥姆霍兹联合会雇员总数超过 4 万人，其中 38%为科研人员、13%为博士生、8%为其他科研人员、3%为受培训人员，其余为基础设施人员。

4.4.3　组织管理

亥姆霍兹联合会主要由评议会、政府出资机构监事会、主席和执行委员会、成员大会以及秘书长进行管理。

其中，评议会与成员大会是亥姆霍兹联合会的决策中心。评议会由一位负责科学研究的联邦部部长，一位负责经济事务和能源的联邦国务秘书，两名由所在地联邦州推荐的州科研部部长，六名专业领域覆盖亥姆霍兹联合会科研范围的外部科学家，六位来自商业和工业界的人士，一名联邦财政部的代表和一名由单位所在地联邦州共同任命的各州财政部的代表，来自德国研究基金会、弗劳恩霍夫应用研究促进协会、德国大学校长联席会议、马克斯·普朗克科学促进学会、莱布尼茨科学联合会和科学顾问委员会等机构的各位主席之中的两位代表，德国联邦议会的两名议员以及亥姆霍兹联合会的主席组成。成员大会则由各下属研究中心主任参与。

评议会每年举行一次，其主要工作内容包括：①依据国家科研政策兼顾成员大会的建议和外部专家的战略评估意见，就研究领域的结构和战略提出建议；参与亥姆霍兹联合会的战略布局和规划，监督具体专题项目的实施质量。②负责管理前瞻性专题计划的评估并审理评估结果，挑选评估的专家团队，并确保专家的独立性、专业性和国际认可度。③设定项目的优先权，向政府出资部门就某个科研领域的计划项目提出范围、目标和程序，并加强额外竞争的推荐意见。④接受研究领域的工作进展报告等其他事项。

成员大会每年至少举行一次，其主要职责包括：①提名主席和评议会成员；②提出有关联合会科研领域结构的意见，并以此作为评议会咨询建议的基础；③决议联合会成员组织设立跨中心的新项目和相关研究活动；④确认联合会总部办公室的年度预算，以及财政预算法框架下具有中期约束力的联合会财务预算；⑤确定资金分配比例等。

亥姆霍兹联合会主席是由联合会下属各研究中心提名，经过评议会选举出的联合会最高领导，主要负责联合会的日常管理及项目评审管理，其工作内容包括：

①筹备和实施评议会关于科研专题计划资助方案,包括组织对专题计划的评审;
②协调跨领域的研究计划发展和制定总体战略;③对外代表亥姆霍兹联合会;
④跨部门协调;⑤向评议会提交科研计划草案及其预算,主席要明确各研究中心之间的矛盾冲突和相应的决策方案,如果冲突严重,受影响的研究中心有权要求在评议会进行审理;⑥根据评议会建议与各研究中心和各个出资单位就亥姆霍兹联合会的总经费需求进行谈判协商,并将总财政拨款分配给各个研究领域。联合会主席任期为五年,可以连任一次。

亥姆霍兹联合会由主席、秘书长以及八位副主席组成的执行委员会承担联合会的日常运营工作。其中,秘书长主要负责联合会在柏林和波恩总部,以及在全球各地的分支机构管理。同时,秘书长还负责落实项目资金和后续的项目产出,并为产学之间的技术转移产业(包括建立衍生企业)提供资金支持。秘书长由主席提名,由联合会成员大会选举产生,任期五年。八位副主席的主要职责是协助主席维持联合会的日常运营。秘书长、副主席中有六位是研究中心的科研主任,另外两位是研究中心的行政管理主任。

4.4.4　项目管理

亥姆霍兹联合会改革后实行项目导向的资助方式(program-oriented funding),即联合会不再直接资助各研究中心,而是资助相互竞争的跨中心研究项目(李哲等,2016)。通过这种方式,亥姆霍兹联合会不仅能够研究单独的科学问题,还可以全面解答来自科学、社会和企业的复杂问题,并为其开发系统解决方案。项目导向的资助方式的实施基础是两个阶段的系统审查:一是对各研究中心和现存项目的科学评估,二是对未来研究领域发展前景的战略评估。该系统审查模式于2017年底开始实施,且均已顺利通过首轮评估。

4.4.5　经费管理

根据亥姆霍兹联合会提供的截至2020年7月的数据,其经费高达49.6亿欧元,其中约2/3的经费来自政府,29%来自第三方资助(包括项目资助),5%来自特别资助。来自政府的经费中,有90%来自联邦政府,10%来自地方政府,具体如图4.4所示。

在49.6亿欧元中,35亿欧元为基本资助(政府资助部分)。这部分资金中84%用于项目资助,7%用于专项融资,6%用于投资,3%用于倡议与联络活动,具体如图4.5所示。

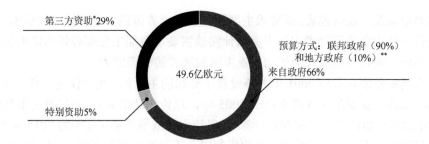

图 4.4 2019 年 7 月～2020 年 7 月亥姆霍兹联合会经费来源

*包括项目资助
**截至 2016 年，仅德国联邦政府为该条约的增资提供了资金，因此联邦政府的份额超过了 90%

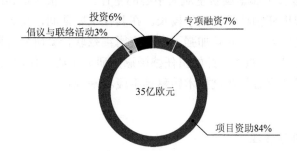

图 4.5 2019 年 7 月～2020 年 7 月亥姆霍兹联合会基本（政府）资助经费用途

联合会六个研究方向的项目资助经费占比较为均衡。其中，物质方向的研究占 23%，生命健康方向占 20%，能源占 17%，地球与环境占 15%，航空与航天运输占 14%，关键技术占 11%，具体如图 4.6 所示。

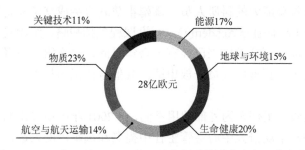

图 4.6 2019 年 7 月～2020 年 7 月亥姆霍兹联合会各研究方向资助经费

4.4.6 人才管理

1. 亥姆霍兹联合会主席遴选

亥姆霍兹联合会的章程中明确表示，亥姆霍兹联合会主席须是国际上受人尊敬的科学家及科研管理者,即要求主席不仅要在世界范围内享有较高的学术声誉,还要是一位出色的管理者。与卡文迪什实验室要求每届主任都必须为诺贝尔奖获得者不同,亥姆霍兹联合会更加看重主席候选者的管理能力。

亥姆霍兹联合会自 2001 年改革设置了专职的主席后,至今仅有三任主席,分别为沃尔特·克罗尔(任期 2001~2005 年,理论物理学家),尤尔根·米利内克(任期 2005~2015 年,实验物理学家),奥特玛·威斯特勒(任期为 2015 年至今,主要研究临床医学,包括癌症、肿瘤机制以及干细胞方面的研究)。这三位主席除了在学术方面颇有成就外,在科研管理方面都有着十分丰富的经验。沃尔特·克罗尔在当选亥姆霍兹联合会主席之前曾在多家大学及科研机构管理层任职,1987 年成为联合会下属德国航空航天中心的主任。尤尔根·米利内克在当选联合会主席之前,曾出任柏林洪堡大学校长。在其任主席期间,亥姆霍兹联合会确立了项目导向的资助方式,并且加强了有关亥姆霍兹联合会研究目标的战略研究。奥特玛·威斯特勒自 2004 年开始出任德国癌症研究中心主任,相比于上述两位物理学家,他的研究重心是通过技术转移等手段将基础科学已有的技术应用于临床医学。

2. 科学家群体管理

截至 2020 年 7 月,在亥姆霍兹联合会任职的科研人员约有 16 000 人,占总雇员数的 38%,其中大部分任职于亥姆霍兹联合会下属的研究中心。亥姆霍兹联合会结构较为松散,一般由各中心主任管理在不同研究中心工作的科研人员。

3. 专业行政团队管理

为了培养具有管理能力的科研人员,亥姆霍兹联合会成立了亥姆霍兹领导学院(The Helmholtz Leadership Academy),开设课程包括战略、组织发展以及领导力培养等内容。该项目自开设以来已经有十余年时间,对亥姆霍兹联合会中的科研、行政和基础设施的管理层人员开放申请,其他合作组织和大学的成员可以参与旁听。

与美国国家实验室主任多为外部聘用不同,自 2001 年改革以来的三位亥姆霍兹联合会主席均为从下属研究中心主管主任中提名和选举出的人选,并由评议会和成员大会对其工作进行监督,由执行委员会配合其工作。

4. 研究生管理

不同于大多数国家实验室,亥姆霍兹联合会每年都会招收部分博士研究生,并提供暑期学校和合作院校面向本科生和硕士研究生的双学位项目等,帮助希望来亥姆霍兹联合会攻取博士学位的学生提前熟悉了解各研究中心的科研和工作环境。联合会对博士生实行导师培养制，博士生毕业需要达到一定年限和条件。据亥姆霍兹联合会 2020 年年报，2014～2019 年，每年约有 1000 名博士生毕业。

5. 科研成果与知识产权管理/技术转移政策

亥姆霍兹联合会与产业界有着十分紧密的合作关系，每年成立约 2000 个企业合作项目，达成 1400 项许可合同、期权合同和转让协议，成立 20 家高新科技衍生企业，获得营收大约 1.5 亿欧元。

亥姆霍兹联合会的科技成果转化过程大致包含基础研究、应用研究、实验研究和进入市场四个阶段，根据技术的应用可能性程度分为 9 段，数值越高越接近于进入市场阶段。参与研究和支持科技成果转化的部门主要有亥姆霍兹创新实验室（Helmholtz Innovation Labs）、亥姆霍兹中心创新基金（Innovation Funds of Helmholtz Centers）、亥姆霍兹验证基金（Helmholtz Validation Fund，HVF）、亥姆霍兹企业（Helmholtz Enterprise）、概念验证项目等，具体如图 4.7 所示。

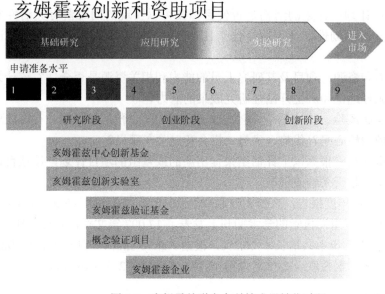

图 4.7 亥姆霍兹联合会科技成果转化过程

其中，亥姆霍兹联合会技术转移的资金支持主要来自创新基金、验证基金以及企业，创新研究平台主要为各研究中心的内部设立创新实验室。创新实验室与传统的研究实验室有所区别，主要目的是使用科学工具解决和满足业界及其顾客的需求。

4.4.7　国家实验室的监管与考核体系

1. 产出考核

亥姆霍兹联合会的科研产出主要借助同行评议和数据指标（如论文发表数量、发表于高质量期刊的论文数量等）进行考核（李宜展和刘细文，2019）。

上文提及的两个阶段的系统审查中，第一阶段科学评估的一个重要评审依据是项目产出考核。这种两个阶段的系统审查模式于 2017 年开始施行，主要是利用同行评审机制。在科学评估阶段，专家组分别在每个科研中心进行六天的考察，评估各机构项目科研能力在国际上的水平。评估过程中，专家对联合会各领域的研究做出评价，并提出相关发展意见，为后续联合会的战略规划提供思路，制订未来资助计划等。

在战略评估中，评审专家将从以下四个方面评估研究项目。

（1）研究目标：项目的目标是否符合研究领域的国际发展趋势？是否解决了社会和科学挑战？是否符合亥姆霍兹联合会的功能定位？

（2）工作计划：计划的结构是否使目标在可以实现的同时留有灵活性？科学方法是否具有原创性，是否适合合作且对各方都有利？是否考虑了科学评估的结果？

（3）能力和资源：项目及其研究人员的能力和相关资源是否合适？该计划是否具有国际领导地位和产生开创性研究成果的潜力？

（4）影响和风险：该计划是否会在该研究领域产生预期的影响？有可能成为全新研究领域的核心吗？优势、劣势、机会和风险在哪里？

最终评审成员将根据以上评估结果提出新的或重组的项目计划，该项目计划将由评议会决定是否采纳或资助。

根据 2020 年年度报告，亥姆霍兹联合会 2019 年共在 SCI（Science Citation Index，科学引文索引）检索的学术期刊上发表了 17 097 篇文章，相比 2018 年上涨了 2.2%，过去五年中共增长了 26.2%。根据 Nature Index（自然指数）2023 年的排名数据，亥姆霍兹联合会排名为第 11 位，相比 2022 年下滑 5 位。

2. 运营考核

亥姆霍兹联合会的日常管理和运营由主席承担，执行委员会中其他成员进行协助。对其监管主要分为内外两个部分，内是由成员大会进行监管，外是由评议会进行监管。在有重大理由的情况下，成员大会有权决定是否需要解除主席或副主席的职务。在主席严重失职情况下，评议会有权力决定是否提议免除主席的职务。相比之下，政府出资机构监委会对亥姆霍兹联合会的监管仅限于对其研究政策和方向等进行监管，而不涉及对其内部成员工作的直接监管。

4.5 其他类型的国家实验室

4.5.1 英国国家物理实验室

英国国家物理实验室[①]（National Physical Laboratory，NPL）于 1900 年在 Bushy Park（布希公园）建立，其目的是使科学知识切实地影响日常的工业和商业生活。该实验室最初由英国政府运营，其职员属于公务员。1995 年，NPL 以政府所有的承包商运营模式外包，信佳集团赢得了竞标，所有员工成为信佳集团的员工。在这种管理体制下，政府减少了一半的开支，第三方收入增长了 16%，发表的同行评审研究论文的数量翻了一倍。2012 年，英国政府决定从 2014 年起更改 NPL 的运营模式，包括联系学术合作伙伴，建立研究生教学机构。

NPL 的职责有：①进行前沿科学研究；②发展和维护国家的测量基础设施，支持整个英国和全世界的可追溯测量系统；③确保准确和一致的计量以实现有效的贸易；④与政府、企业和社会共享其专业知识，以提高经济绩效和生活质量。

1. 管理组织架构

NPL 隶属于商业、能源和工业战略部。日常的部长级监督和正式的所有权由大学和科学事务部长承担。部长向英国议会报告与 NPL 有关的所有事务，并对 NPL 负有部长级政策责任。具体如图 4.8 所示。

商业、能源和工业战略部会计干事作为首席会计干事（principal accounting officer，PAO）的具体责任和职责如下。

为部长提供建议，根据 BIS（Department for Business，Innovation and Skills，商业、创新与技能部）广泛的战略目标和优先发展领域，确定 NPL 的目标；评估 NPL 实现其战略目标的程度以及实施效率。

负责日常运营工作，包括：监督 NPL 科研活动；解决 NPL 的重大问题；定期评估 BIS 和 NPL 的目标和活动风险；及时向 NPL 告知政府相关政策；将有关 NPL 活动的担忧告知 NPL 董事会，并酌情向部门董事会提出建议，要求做出解释和保证已采取适当行动。

---

① https://www.npl.co.uk.

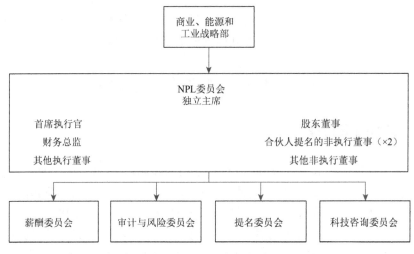

图 4.8　NPL 的管理架构

　　商业、能源和工业战略部创新赞助团队①是 BIS 中 NPL 的主要联系人，与 NPL 官员合作，支持 NPL 的有效运作，如赞助团队在 BIS 中帮助 NPL 确定方向，积极与合作人员进行交流。赞助团队在 BIS、白厅和其他利益相关者之间担任 NPL 的倡导者，向 BIS 保证 NPL 会实现预期结果。赞助团队是 BIS 预警计划的一部分，并以适当管理风险的方式履行其职责。赞助团队是 NPL 的关键合作伙伴，利用证据提供有效的挑战和支持。

　　部长负责制定和审查最高战略目标，批准重大业务决策，并任命 NPL 委员会独立主席、股东董事；制定业务绩效指标；收集行政长官关于 NPL 业务的年度报告，并将此类报告的副本提交议会。

　　NPL 的工作由 NPL 管理有限公司（National Physic Laboratory Management Ltd，NPLML）董事会②、科学技术咨询委员会（Science and Technology Advisory Council，STAC）③和 NPL 执行团队共同管理。董事会确保 NPL 在有效的治理框架内工作，以评估和管理风险。科学技术咨询委员会向 NPL 提供独立的战略建议和支持，尤其是有关 NPL 科学技术的质量、国际地位和产业相关性。理事会主要委托适当的独立审核部门评估 NPL 的工作质量。

　　2. 研究领域

　　NPL 重点聚焦物理科学，材料科学，计算和生物科学领域。

---

① https://www.npl.co.uk/about-us/corporate-information/npl-framework。

② https://www.npl.co.uk/about-us/people/nplml-board。

③ https://www.npl.co.uk/about-us/people/stac。

1）原子钟

路易丝·埃森和杰克·帕里于 1955 年在 NPL 建造了第一个精确的原子钟，国际公认的最新国际单位制（international system of units，SI）秒的定义是基于该原子时间的。

2）计算机

NPL 从 20 世纪 40 年代中期开始进行计算机研究。1945 年图灵领导了自动计算引擎（automatic computing engine，ACE）计算机的设计，后唐纳德·戴维斯（Donald Davies）接管了该项目，并专注于 Pilot ACE（领航员 ACE）计算机。该计算机于 1950 年 5 月开始工作。DEUCE 是该计算机的商业衍生产品，由英国电子公司（English Electric Company）制造，成为 20 世纪 50 年代最畅销的机器之一。

3）分组交换

从 20 世纪 60 年代中期开始，唐纳德·戴维斯和他的 NPL 团队率先提出了分组交换技术，随后，NPL 将该概念发展为一个从 1969 年运行到 1986 年的局域网，并进行了分析和模拟分组交换网络性能的工作。

3. NPL 的地域分布

英格兰北部：专注于航空航天、汽车和医疗领域的供应链。

英格兰东部：专注于精密农业技术、数据科学和生命科学。

英格兰南部：专注于未来的通信技术、医学物理学、卫星、先进材料表征、直流和低频电气测量、电磁材料、石墨烯和 2D 材料。

苏格兰：专注于能源，先进制造，制药制造，数字创新和生命科学，数据科学，数字化制造，尺寸计量，电磁材料，电磁学，工业传感器和成像，医学物理学，药品制造。

4. NPL 的主要合作伙伴[①]

大学和研究机构：NPL 与世界各地的许多大学和科学组织合作，使其能够在石墨烯、核医学等众多领域开辟新的可能性。NPL 的研究生院正在与商业、能源与工业战略部以及斯特拉斯克莱德大学和萨里大学建立战略合作伙伴关系，开展下一代世界一流的测量科学家的培养项目。NPL 还与伯明翰大学、剑桥大学、爱丁堡大学、哈德斯菲尔德大学和伦敦学院建立了框架合作伙伴关系，以进一步开展前沿研究。

政府：NPL 与政府各部门合作，包括气象局、环境署、英国国民医疗服务体系等，协助政府做出基于科学证据的决策，以安全有效地提供公共服务。NPL 的

① https://www.npl.co.uk/about-us/who-we-work-with.

工作有力地支持了国家和政府工业战略的实施，许多合作研发项目都有助于解决清洁能源、人工智能和数据、交通出行和社会老龄化方面的重大挑战。例如，NPL的研究范围从提高空气质量排放监测的准确性到开发新的氢技术再到设计绘制癌症肿瘤图的新方法。NPL 不断增强其在量子通信和 5G 等新兴技术领域中测试和验证产品与服务的能力。

企业界：NPL 一直是工业界的合作伙伴，致力于更快地将新产品和服务推向市场，涉及领域覆盖航天、汽车、环境、金融、食品和农业技术、卫生保健、IT 和电信等。

计量系统：NPL 包含国家计量院（National Metrology Institute，NMI），是组成和领导英国国家测量系统的实验室网络，共同提供支持英国贸易与繁荣的衡量基础设施和标准。NPL 也与世界各地的其他计量机构合作，以支持国家和国际测量基础设施、国际标准的发展。

4.5.2 法国国家科学研究中心[①][②]

观测、测量、实验、计算、存储和数据共享意味着大科学工程设施具有超越现有仪器的技术能力，并整合了跨学科间隙和创新来源。为此，法国制定了国家基础设施发展战略，成立了法国国家科学研究中心。由于研究领域和合作的多样性，法国国家科学研究中心参与研究的基础设施遍布全球。所有学科的研究人员都可以在顶级科研环境中使用高性能设备，在前沿领域开展研究项目。法国国家科学研究中心所涉及的研究基础设施大部分位于法国，少量位于美洲大陆、非洲，甚至远至南极洲。

1. 四种基础设施

法国高等教育和研究部与法国国家科学研究中心根据其国内或国际范围、治理模式和预算支持区分四种类型的基础设施：①基于政府间协议的国际组织（international organizations，OI）；②与政府战略相关的超大型研究基础设施；③法国国家科学研究中心及其合作伙伴直接实施的研究基础设施；④尚未成熟的项目。

2. 超大型研究基础设施横向管理

CNRS 对超大型研究基础设施实施横向管理模式。专门委员会向法国国家科

---

① https://www.enseignementsup-recherche.gouv.fr/pid25384/strategie-nationale-des-infrastructures-de-recherche.html。

② http://www.cnrs.fr/en/research-infrastructure。

学研究中心研究室报告，并与十所研究所协商制定科学策略。为执行任务，委员会得到了法国国家科学研究中心资源办公室超大型研究基础设施部门支持。

4.6 国家实验室管理模式

4.6.1 国家实验室的主要管理模式

美国是全球国家实验室运行体系最为完备的国家。由于美国国家实验室所属性质不同，联邦政府对国家实验室实施监督与管理的模式存在较大差异。总体而言，对于联邦政府部门内设的国家实验室，采取政府拥有、政府管理型管理模式；对于与所属联邦政府部门行政关系比较紧密的国家实验室，采取政府拥有、第三方机构管理型管理模式；对于与联邦政府部门关系较为松散的国家实验室，通常采取任务式的监管模式。

在管辖关系上，政府拥有、政府管理型研发机构通常由业务局直管，其治理结构通常由所属部局的组织法规直接规定，机构性质为联邦机构，雇员为联邦政府雇员（李政，2004；黄海洋和李建强，2011）。政府拥有、第三方机构管理型研发机构采用合同制管理。联邦政府依据《联邦采购规则》依法设立和变更政府拥有、第三方机构管理型研发机构，通过招投标公开选择委托管理方，签订具有法律约束力的合同，并按合同要求进行财务审计，政府拥有、第三方机构管理型研发机构的治理结构不仅应服从产权归属地的联邦部局的组织法规，同时应采用董事会和顾问委员会双重治理结构，其成员包括委托经营者的管理人员、学者及其他机构和产业人士。

在经费支持上，政府拥有、政府管理型研发机构的经费全部来自所属联邦部局的直接拨款，其对外合作项目也应通过业务局审批，而政府拥有、第三方机构管理型研发机构由于采取政府所有、合同运营模式，科研独立性强，其80%的经费来自所属联邦部局拨款，20%来自产业界部门（吴建国，2009）。

4.6.2 全球知名的国家实验室管理承包商——以巴特尔纪念研究所为例

巴特尔纪念研究所（Battelle Memorial Institute）成立于1929年，是美国著名的非营利科研机构，也是全球最大的独立研究机构。巴特尔纪念研究所实施公司化运作，总部位于美国俄亥俄州哥伦布市，其最初定位为"鼓励和促进煤、钢、铁、锌等材料冶炼技术研究和创新"，是"科学技术转化成生产力""专利转化成生产力"运动的实践者和领导者。经过90多年的发展，巴特尔纪念研究所形成了包括科学研究、科研服务（成果转化、实验室管理）、STEM①教育在内的综合业务体系，研究领域涵盖国家安全、健康与生命科学、能源、环境和材料科学等，在全球范围内的 130 个城市共雇用了 22 000 多名科学家和研究人员，每年支配高达 65 亿美元的研究经费（Battelle Memorial Institute，2018）。

1. 业务板块

巴特尔纪念研究所主要有科技创新、科研服务、科普教育三大核心业务板块。其中，科技创新板块主要聚焦健康与分析、药物与医学设施、消费与产业等领域，科研服务板块主要针对国家实验室进行综合管理和科技成果转化，科普教育板块主要推广 STEM 教育项目。具体如图 4.9 所示。

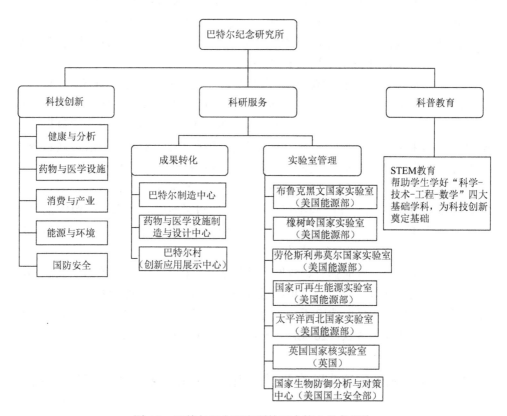

图 4.9　巴特尔纪念研究所的三大核心业务板块

---

① STEM 分别指 science（科学）、technology（技术）、engineering（工程）、mathematics（数学）。

2. 治理架构

巴特尔纪念研究所构建了理事会领导下的公司治理架构，形成决策层和执行层的双层管理模式。理事会由政府、企业界和高校等兼职人员共同组成，同时专门设立了审计委员会，人力资源、薪酬和管理委员会等职能机构。执行层实行首席执行官负责的职业经理人制（周洲和赵宇刚，2018）。具体如图 4.10 所示。

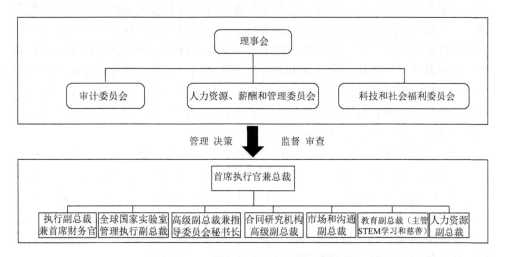

图 4.10 巴特尔纪念研究所的治理架构

3. 管理运行机制特点

（1）内部业务链形成资金循环圈以支撑机构公益运营。巴特尔纪念研究所作为非营利科研机构，每年的最大收入来源于国家实验室管理，其次是国家安全领域和项目。巴特尔纪念研究所将所获收益一部分投入科技创新领域，另一部分则投入 STEM 公益教育中，不仅实现了"研发-收益-研发"良性循环，而且将内部业务链形成的资金循环圈用来支持机构的公益发展。

（2）以合同契约人身份对实验室进行标准化管理。巴特尔纪念研究所自 1965 年成为美国能源部国家实验室的合同承包商以来，管理了隶属于美国能源部和国土安全部的八个实验室。为满足不同客户的需求，巴特尔纪念研究所构建了一系列的合同机制（科研管理、人事管理、供应商管理等）供客户选择。为进一步提升管理效率，巴特尔纪念研究所将同类型的合同条款加以标准化，使其易于衡量和执行。例如，巴特尔纪念研究所将实验室复杂的科研管理过程用详细的合同条款加以标准化，以合同的形式厘清相应管理模块的权、责、利关系。由此可见，由研究机构、第三方专业管理和服务机构（巴特尔纪念研究所）、高校（科学家团队）共同组成的国家实验室管理运行模式，不仅可保证科学研究的独立性，而且可为科研人员提供专业化的服务，使其从繁忙的行政事务中解脱出来更加专心地从事科学研究，也使研究机构的绩效考核标准制定和执行更符合科研规律。

（3）"走出去"与"引进来"推动科技成果转化。为促进科技创新与产业化的紧密结合，巴特尔纪念研究所从成立之初便致力于面向市场的应用研发活动，通过种子基金提供前期支持、创办衍生公司等多种模式促进内部科技成果转化。为进一步发挥其科研服务功能，巴特尔纪念研究所将科技成果转化服务拓展到全球，一是成立了吸引科技成果转化的实验工厂。巴特尔纪念研究所专门建立了五家生产样品的小型工厂，帮助在市场上找不到生产样品的研发人员以实物的形式验证其研发成果的市场价值，帮助其较早占据市场。二是巴特尔纪念研究所积极打造全球性成果转化体系。三是设立了巴特尔纪念研究所风险基金，不仅帮助巴特尔纪念研究所拥有知识产权的技术创新项目加速产业化，而且在全球单独或者合作资助第三方技术创新项目的产业化运作。

（4）注重 STEM 教育。巴特尔纪念研究所拥有科技创新、科研服务、科普教育三个核心业务板块。巴特尔纪念研究所在注重自身研发与对外服务的同时也非常注重 STEM 教育，通过成立专门的 STEM 教育集团和设置专门的 STEM 资助等方式促进基础学科对未来科技创新的推动作用。巴特尔纪念研究所 2019 年制订了新的 STEM 资助计划，旨在加强对年轻人的基础教育，挖掘年轻人的潜力，为世界科技创新的未来奠定坚实基础。

第5章 "大科学"之下："小科学"常规科技计划

"大科学"的治理核心是组织模式与组织效率。发起和实施"大科学"的核心依据是目标明确的"大科学"比自由探索的"小科学"更具成本效益和时间效率；与此同时，"大科学"在实施过程中也将被拆分成目标更明确的"小科学"，按照常规科技计划项目进行管理。另外，"大科学"是在"小科学"的基础上酝酿和培育后形成的。从这一角度看，"大科学"与"小科学"本质上是相辅相成、相互耦合的关系。基于这样的关系界定，本章将通过国别比较，讨论主要发达国家的常规科技计划管理。

5.1 美国的常规科技计划管理

5.1.1 科技计划管理机构

美国的科技管理系统概括分为三个部分：立法、行政和司法。美国没有类似我国的综合性科技管理部门和科技规划纲要，但历届总统都会发布纲领性科技报告（李政，2004）。基于此，美国主要科技部门（如 NSF、国防部、能源部等）的科技计划也都是针对和配合美国联邦政府一定时期、一定领域的重点科技问题，目的性非常强，指标非常清晰（闫绪娴和侯光明，2004）。

从美国联邦政府的研发预算拨款看，尽管 NSF、NIH 等科技管理部门占联邦政府总体预算比例并不高（图 5.1）；但从科技计划资助项目数量看，NSF、NIH 重点聚焦基础研究，在项目数量上占据明显优势（吴建国，2009）。因此，本节仅对美国 NIH、NSF 两个部门的科技计划管理体系展开具体分析。

5.1.2 NIH

1. NIH 概况

NIH 隶属于美国卫生与公共服务部，是美国联邦政府中首要的生物医学研究部门，年度预算超过 300 亿美元（段异兵等，2014），下设 27 个研究机构和中心。NIH 分为两大部分，一部分负责支援研究院之外的生物医学研究，另一部分负责由研究院指导的内部研究，大多由位于马里兰州贝塞斯达的部门进行。

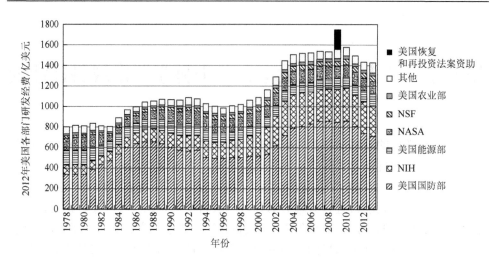

图 5.1　美国联邦各部门的预算情况（1978～2012 年）

NIH 使用活动类型码（如 R01、R34 等）区分研究项目资助机制的多样化与差异化。NIH 目前主要形成了 R 系列（研究资助系列）、K 系列（职业生涯发展奖励系列）、T&F 系列（研究培训与奖学金系列）、P 系列（项目资助系列）、V 系列（资源资助系列）等具体的资助机制（具体见表 5.1）。其中，R 系列资助模式主要面向研究型和探索型项目；K 系列、T&F 系列资助模式主要是面向本科生、研究生以及博士后提供研究培训机会。考虑 R 系列在 NIH 资助机制中的重要地位，以及与我国国家自然科学基金委员会主要面向基础研究资助的一致性，本节首先对 R 系列资助机制进行了详细梳理（具体见表 5.2）。

表 5.1　NIH 的主要资助机制类型

类型	代码
研究资助	R 系列
职业生涯发展奖励	K 系列
研究培训与奖学金	T&F 系列
项目资助	P 系列
资源资助	V 系列
跨院资助项目	
待激活项目	

资料来源：U.S. National Institutes of Health（2012）

表 5.2 R 系列主要资助机制

代码	资助项目具体内容	项目特点
R01 （研究计划 资助）	用于支持离散的、明确的、限定的研究项目； NIH 最常使用的资助计划； 没有特定的美元限额，除非在 FOA（Funding Opportunity Announcement，资助机会公告）中有规定； 直接费用为每年 25 万～50 万美元； 一般资助 3～5 年； 被所有研究机构和中心采用	中期、设定研究目标、知识增长稳定、风险小
R03 （小型资助）	为短期项目提供有限的资金支持，包括：试点或者可行性研究、初步数据收集、现有数据的分析、小型资助研究项目、开发新的研究技术等； 资助期限为 2 年； 直接费用每年高达 5 万美元； 资助不可续期； 被 NIH 超过一半的研究机构和中心采用	短期、设定研究目标、知识增长稳定、风险小
R13 （支持会议 和科学会议）	支持与 NIH 科技任务和公共健康相关的高质量会议/科技会议； 需要得到被资助研究机构和中心的事先许可； 外国机构不能申请； 各个机构和中心根据所需设置资助项目数量； 允许资助年限达到 5 年	中期、不设定研究目标、知识增长稳定、风险小
R15 （学术研究 促进奖）	支持本科生、研究生和高等教育机构员工进行生物医学和行为科学的小型研究项目，但这些研究项目目前尚未成为 NIH 研究资助基金的主要受益者； 限定申请条件； 整个项目期间的直接成本限制在 30 万美元内； 项目持续时间限制到 3 年； 除了 FIC（Fogarty International Center，福格蒂国际中心）和 NCATS（National Center for Advancing Translational Sciences，国家转化科学促进中心）研究机构外，其他研究机构和中心均采用这种资助计划	短期、不设定研究目标、知识增长稳定、风险小
R21 （探索性 研究资助）	为项目开发的早期阶段提供支持，鼓励新的、探索性和发展性的研究项目。有时用于试点研究和可行性研究； 资助期限最长为 2 年； 2 年期间直接费用的综合预算通常不得超过 27.5 万美元； 通常不需要初步数据； 被大多数研究机构和中心采用	短期、早期探索型研究、知识增长稳定、风险小
R34 （临床试验 资助）	专门允许早期同行评审提出的临床试验并支持临床试验的基本要素的发展； 项目常常持续 1 年，有时会延长至 3 年； 通常允许预算高达 10 万美元的直接费用，有时可高达 45 万美元； 只被所选的研究机构和中心采用	短期、早期探索型研究、知识增长稳定、风险小
R35 （杰出研究 者奖励）	主要为具有优秀研究成果的经验研究员提供长期支持； 这项支持旨在鼓励研究员从事具有特殊潜力的长期项目； 项目通常持续 7～8 年； 通常允许预算高达 75 万美元； 目前只被 6 所研究机构和中心采用	长期、不设定研究目标、知识激进式增长、风险大

资料来源：U.S. National Institutes of Health（2012）

经过数十年的发展，NIH 形成了独特的资助模式。在考虑研究周期长短、研究主题选择自主性、知识增长稳定性、创新风险大小等维度基础上，形成了 R01（研究计划资助）、R03（小型资助）、R13（支持会议和科学会议）、R15（学术研究促进奖）、R21（探索性研究资助）、R34（临床试验资助）等几类基于项目的传统研究型资助方式。

这几种资助模式不仅有助于实现知识的稳步累积增长，而且维持了 NIH 不同类型项目资助的有效平衡。尽管如此，NIH 当前的资助主要以满足中短期、知识稳定增长需求为主，缺乏一定的科研弹性，同时也"迫使"科研人员不断撰写倾向性的申请书，浪费了大量科研时间。更为不利的是，NIH 正面临科研经费增速放缓的局面，必须在传统的项目式资助基础上，创新资助方式以获得更大的科研绩效（王佳存，2011）。

NIH 自成立以来，其资助理念发生数次变动，具体如图 5.2 所示。伴随着 NIH 资助理念的数次变动，其科技计划项目管理也做了针对性的调整（段异兵等，2014）。从"首次申请者的项目通过率接近获得过资助的项目负责人的项目通过率"调整成"首次申请者项目资助通过率 22%，其他申请者项目资助通过率降至 16%"。

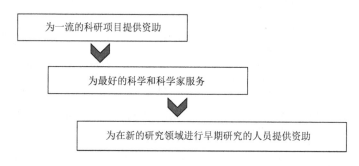

图 5.2 NIH 的资助理念

2. NIH 的一般性项目管理程序

NIH 针对一般科技计划项目设计了精细化的管理程序，包括项目申请编号规则、项目申请类型、评审流程、评审制度、专家遴选等。具体如下。

1）项目申请编号规则

NIH 采用项目编号管理所有项目，项目编号由六部分构成，如图 5.3 所示。

其中，第 1 位数代表申请类型。NIH 共有 9 种申请类型，具体如表 5.3 所示。第 2 至 4 位代表申请者的申请项目类别；第 5 至 6 位代表申请者的项目主管机构；第 7 至 12 位代表项目申请编号，最后 4 位分别是申请项目资助的年份以及是否为延续性资助。

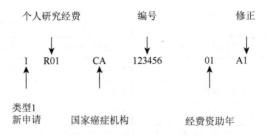

图 5.3　NIH 的项目申请编号规则示例

表 5.3　NIH 项目申请类型

类型	阶段	解释
1	新申请	首次要求支持但尚未被资助的项目
2	续期	在当前资助的基础上申请一段时间的额外资助。续期申请需要与同行评审的其他申请一起参与竞争资助。续期申请必须像第一次申请一样做充分的准备。（以前称之为竞争性延续） 如果可续期申请和续期申请的再次提交未被资助，必须使用"新"申请类型来竞争其他额外资金
3	调整	支持不在当前资助活动范围内的，用于支持新的或者额外活动的资助。这项要求反映了对当前资助项目范围的拓展。竞争性调整需要同行评审。 行政补充是指项目执行期间因意外情况增加成本所产生的额外资金需求，所有的额外费用必须在同行评估和批准的项目范围内
4	延期	用于资助以前授予资助的项目申请延长研究时间。（仅适用于被选中的项目）
5	非竞争性续期	用于资助以前批准项目的后续预算，接收者将不必与其他申请者竞争。 research performance progress report（研究表现进展报告）是受资助人向 NIH 递交申请奖励的进度报告。分为年度报告、最终报告以及临时报告，其中，临时报告用于递交可续期申请（类型 2）。如果类型 2 未得到资助，临时报告可视为最终报告。如果类型 2 得到资助，临时报告将被视为年度报告
6	项目单位变更	按 NIH 规定的权利和义务转移全部或部分资产，申请类型 6 的原因主要是企业并购/合作活动
7	项目受资人或机构变更	在项目结题前，课题负责人变更受助人或机构
8	项目发布单位变更	针对非竞争性资助，NIH 项目发布机构变更
9	项目发布单位变更	针对可续期资助，NIH 项目发布机构变更

2）项目申请开放时间

NIH 所有机构的项目允许一年开放三次申请机会，截止时间分别为 1 月、5 月、9 月，具体如图 5.4 所示。

NIH 每年的申请周期约 10 个月，在《项目申请指导》中通常建议申请人选择在每年 1～5 月申请，这样申请年份和项目款项拨付年份在同一年度。

3）项目评审流程

NIH 制定了一套严格的评估流程和标准（图 5.5）。NIH 收到申请人的项目申请后，将会经过以下步骤：移交到 NIH 的科学评议中心（center for scientific review，CSR），

事项	第一轮申请	第二轮申请	第三轮申请
申请截止日期	1月25日～5月7日	5月25日～9月7日	9月25日～次年1月7日
科学价值评审	6～7月	10～11月	2～3月
咨询委员会评审阶段	8月或10月*	1月	5月
最早项目开始日期	9月或12月*	4月	7月

*咨询委员会第一轮评审可能在8月或10月进行，最早的项目开始时间可能分别为9月或12月

图 5.4　NIH 的项目申请开放时间

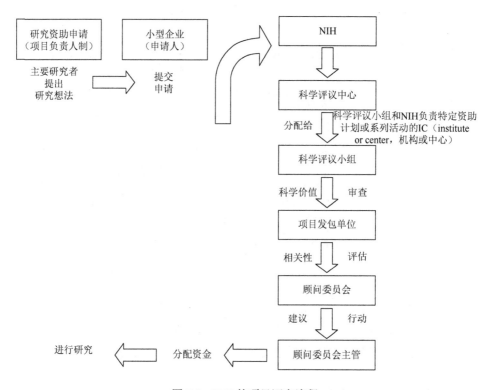

图 5.5　NIH 的项目评审流程

由科学评议中心决定是否将项目申请书归到具体的科学评议小组（scientific review group，SRG）；科学评议小组给出评估分数后，将同时反馈给申请者和项目发包单位，项目发包单位评估项目与本单位研究使命的相关性；最后，项目发包单位组织的顾问委员会决定是否予以项目资助。

在此过程中，NIH 实行两级评审制度，第一级评审由科学评议小组负责，第二级评审由具体项目发包单位负责，具体如图 5.6 所示。

first Level of Review　第一级评审

scientific review group（SRG）　科学评议小组（SRG）	
provides initial scientific merit	提供初步的科学价值
review of grant applications	审查资助申请
rates applications	针对申请打分
recommends for level of support and duration of award	为资助水平和持续时间提供建议

second Level of Review　第二级评审

advisory council　顾问委员会	
assesses quality of SRG review of grant applications	评估科学评议小组审查拨款申请的质量
makes Recommendation to institute staff on funding	就经费问题向学院职员提出建议
evaluates program priorities and relevance	评估项目优先级和相关性
advises on policy	政策建议

图 5.6　NIH 的两级评审制度

值得一提的是，NIH 的科学评议中心是根据一定原则分配科学评议小组，同时科学评议小组也是根据一定原则挑选合适的项目申请评阅专家。具体原则如图 5.7 所示。

图 5.7　NIH 的评议小组和评阅专家遴选原则

4）项目监督体系

NIH 每年的科研经费占比超过联邦研究与试验发展预算的 20%，为管理好经费，NIH 建立了一套可靠的项目监督体系（潘昕昕，2016）。具体如下。

法律层面。 NIH 依赖联邦政府多层次的法律制度管理经费，包括：①《联邦会计和审计法》《单一审计法》《联邦基金责任和透明法》等；②管理和预算办公室颁布的《教育机构成本准则》《非营利组织成本准则》《内部控制的管理责任》等；③美国政府问责局颁布的《政府内部控制准则》《政府审计准则》；④NIH 颁布的项目指南、资助通知、研究者手册等。

组织架构层面。与所有联邦公立研发机构一样，联邦政府针对 NIH 构建了较为规范和完备的组织架构来贯彻监督法律和程序，具体如图 5.8 所示。

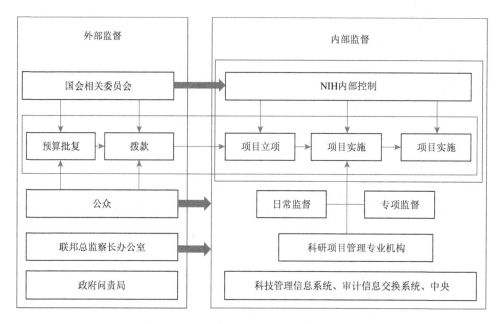

图 5.8　NIH 科研项目监督体系的组织架构

就自身而言，NIH 不仅受到多方面的监督，也采用多种措施监督科研项目，包括：政府监督，NIH 隶属美国卫生与公共服务部，卫生与公共服务部通过联邦总监察长办公室实施对 NIH 的政府监督职责；公众监督，NIH 实行国家顾问理事会制度，该理事会既是最高学术咨询机构，同时也履行对 NIH 决策的公众监督职责；日常监督，NIH 通过财务部门、项目管理部门、资助管理官员、项目官员对下属 27 个研究所的科研项目执行全流程的持续监控，其手段包括年度报告、审计、财务支出监控、结题、信息管理五个方面；专项监督，NIH 设立了监督与合规部，专职负责专项监督，每年专项监督项目覆盖资金总量占当年项目总预算的 25%。

3. NIH 的特殊性项目管理——以 R35 资助机制为例

2014 年，NIH 下属的国家癌症研究所（The National Cancer Institute，NCI）和国家神经病学与中风研究所（National Institute of Neurological Disorders and Stroke，NINDS）启动了一项新的资助机制（代码 R35），尝试克服传统资助方式的缺陷。与 NIH 使用最多的科研项目 R01 资助相比，R35 资助具有周期长、不预设目标等特征。R35 资助是一项全新的、尝试性的项目形式，在 NIH 内部并未采取"一刀切"的做法，而是允许各下属科研机构和研究中心根据自身预算结构和战略规划灵活设置资助机制，包括资助规模、周期及额度等。NIH 为避免 R35 资助挤占其他资助机制的资金，要求下属机构对 R35 资助必须进行总量控制。

　　该计划推出后，NIH 共有六个研究机构，包括 NINDS、国家综合医学研究所（National Institute of General Medical Sciences，NIGMS）、国家心、肺、血液病研究所（National Heart，Lung，and Blood Institute，NHLBI）、NCI、国家环境健康科学研究所（National Institute of Environmental Health Sciences，NIEHS）、国家牙科和颅面研究所（National Institute of Dental and Craniofacial Research，NIDCR）先后实施了 R35 资助机制，具体如表 5.4 所示。

表 5.4　NIH 下属六个机构的 R35 资助

机构	基金资助主题	推出时间	资助类型与资助周期	R35 资助项目资助数量和金额	研究所资助项目总额（2016 年）
NINDS	杰出研究者奖	2015-07-28	新课题、续期课题；最长 8 年（后 3 年依据中期评估结果予以资助或者不资助）	30 项/年；2000 万美元/年	3364 项；14.06 亿美元
NIGMS	促进研究奖 杰出青年促进研究奖（R35）	2016-12-21	新课题；最长 5 年	不固定，取决于 NIH 的拨款及提交的有价值申请的数量	4763 项；22.31 亿美元
NHLBI	NHLBI 杰出研究者奖 NHLBI 杰出新星奖	2015-12-10	新课题；最长 7 年	20 项/年；2000 万美元/年	4341 项；23.32 亿美元
NCI	杰出研究者奖	2014-06-27	新课题、续期课题、重新申请课题；最长 7 年	不固定，取决于拨款和有价值申请量	5714 项；30.73 亿美元
NIEHS	革命性创新、有远见的环境健康研究资助	2016-07-21	新课题；最长 8 年，依据项目的实际需要决定	4～5 项/年；500 万美元/年	870 项；4.07 亿美元
NIDCR	NIDCR 持续杰出成就奖	2016-01-06	最长 8 年，第 6、7、8 年取决于项目进度，并给予非竞争性续期申请	2 项/年；200 万美元/年	674 项；2.92 亿美元

　　注：NIEHS 和 NIDCR 的 R35 资助主要针对的是处于职业生涯中期的杰出科研人员，并且 NIEHS 需要申请者提供同行推荐信和本单位支持信

　　综合六个机构的 R35 资助宗旨，概括如下四点：①为杰出研究者提供长期稳定且灵活的经费支持；②研究者可快速应对新问题，抓住新研究机会，不受预设研究目标限制；③减少研究人员撰写资助申请、管理多个科研项目的时间；④确保首席科学家有更多时间指导初级科学家。

　　4. R35 资助机制的管理特点

　　1）申报条件：选人，不选项目

　　R35 资助机制"对人不对项目"，主要面向具有高产出、高质量、高影响力的首席研究者，期望他们可以主导创造性、颠覆性的前沿研究。申请者除了要满足 NIH 的一般性要求外，还需要满足各机构针对 R35 资助机制提出的特殊性要求。以 NINDS 为例，其制定了三项特殊要求，如表 5.5 所示。

表 5.5　R35 资助机制对申请者的特殊要求

特殊要求	目的
要求申请者当期至少有一项 NINDS 资助的 R01 在研项目或同等级别的其他项目（如 R37、DP1、DP2），并且该项目将于申请当年或次年结题	表明申请者当期研究能力
申请者必须在过去五年内连续获得由 NINDS 资助的 R01 在研项目或同等级别的项目	表明申请者在该领域的持续活跃能力
获得资助的研究者必须放弃 NINDS 的其他项目资助	表明愿意冒风险从事前沿研究

　　值得一提的是，尽管 R35 资助机制不对海外实体机构开放申请，但在 NIH 工作的非美籍科研人员也可以申请，NIH 例外声明中的外国成员机构也可以申请。

　　2）申请类型和周期：聚焦新研究，长周期

　　根据研究内容和计划，NIH 将申请类型划分为新申请、延期申请、竞争性续期申请、非竞争性续期申请、调整申请共五类，其中，新申请、竞争性续期申请、非竞争性续期申请占比分别达到 26.56%、5.11%、55.37%。

　　从申请类型看，R35 资助机制主要面向新申请，不接受延期申请；从申请时间看，R35 资助周期较长，大部分在 5~8 年。值得一提的是，部分机构（如 NINDS、NIDCR）要求在项目开展第 5 年进行中期考核，通过后可申请非竞争性续期申请。具体如表 5.3 所示。

　　3）研究计划：不设研究目标，允许灵活变更

　　R35 资助不需要申请者提交具体的研究目标。针对研究设计，R35 资助要求研究计划控制在六页以内，必须包含五部分：①研究背景、现有研究不足及需解决的关键问题；②以"自传"的方式详细介绍申请者的研究成果，重点突出 R35

资助如何基于既有研究开展资助（包括研究设想、经验、持续研究动力等）；③解释研究计划如何在其领域内产生重大发现；④详细说明要解决的关键问题，以及可能用到的关键研究方法，若申请者提出的研究问题与之前研究经历有较大差异，还需要特别说明变更研究问题的理由，并描述开展新研究方向的能力；⑤R35 资助允许申请者灵活变更研究问题，以应对可能出现的新研究机会，但需要解释研究计划如何在灵活性、长期性上获益。

针对申请者个人，R35 资助要求申请者必须表明以下能力：①开展严谨研究的能力；②灵活抓住新研究机会的能力，以符合 R35 长周期资助的宗旨；③有充足的研究精力，为此需提供在研项目和待申请项目清单，提供主要研究人员的参与月数；④科研生涯纪录，包括指导本科生、研究生、博士后的情况。

值得一提的是，以 NINDS 为例，为避免申请者浪费时间撰写申请书（R35 宗旨之一），NIH 建议其撰写前预先与管理人员沟通，探讨其申请是否与 NINDS 研究战略相关，并确保未与 NIH 其他机构的科研项目重叠。此外，NIH 允许申请者同时提交一份 R01 竞争性续期申请和一份 R35 申请书。

4）项目申请评审：同行评审，显名评审

R35 资助首先采用同行评审机制，评估申请项目的科学和技术价值。评审专家从五个方面展开评审，最终形成一个整体分数。具体评审指标如表 5.6 所示。

表 5.6 "科学和技术价值"评审指标

基本指标	具体内容
重要性	研究计划是否涉及全面和实质性的值得长期追求的问题 实现拟议的研究目标能否影响当前的研究领域
匹配性	判断申请者和其他参与研究人员能否很好地完成项目 申请者能否在 R35 资助中持续不断地产出成果
创新性	申请者是否拥有创造力和创新性研究的纪录 在 R35 资助的研究计划中是否提供了更多创新性的方法描述
方法论	项目是否适合 R35 资助 研究计划是否具有可行性 之前的研究基础是否足够坚实
外部环境	当前科学环境是否利于该项目的开展，能否保证项目成功 研究计划是否会受益于当前科学环境、合作安排等

除表 5.6 的"科学和技术价值"评审指标外，评审专家还会从"是否保护人类权益？""是否对妇女、儿童、少数族裔有利？"等角度评估研究申请。同行评审之后，NIH 下属研究机构针对 R35 资助还会开展合格性评估（没有评估分数），评估内容包括合作者情况、数据共享、预算结构等方面。最后，NIH 医学科学顾问委员会将从同行评审得出的"科学和技术价值""资助可行性""与部门优先资

助领域的相关性""对部门战略规划的贡献"四个维度进行综合判断，最终给出 R35 资助结论。

5）过程管理：在研期间申请者承诺至少投入 50%的研究精力、资助机构减少对项目进展的评估次数。

R35 资助机制具有排他性。首先，如果申请者同时获得 R01 和 R35 资助，申请者必须放弃其中一项；其次，申请者获得 R35 资助后，必须保证在未来 5～8 年内至少投入 50%的研究精力（不包括教学、行政及临床工作），申请者必须清晰说明如何协调 R35 资助与其他非 NINDS 资助科研项目的时间分配，以确保 R35 资助的科研投入要求。不仅如此，R35 资助要求申请者所在机构提供一封支持信，以表明项目承担单位知道并接受"申请者承担 R35 资助后必须放弃其他项目资助"的条款，并承诺"申请者在研期间至少投入 50%的科研精力"。

针对部分周期较长的 R35 资助，NIH 下属机构（如 NINDS、NIDCR）将会在第 5 年进行中期评估，并依据评估结果决定是否给予非竞争性续期申请。中期评估考虑到 R35 资助的高风险性和长期性，围绕"研究者的研究项目是否正在顺利进行？""未来是否有可能取得突破性进展？"这两个问题展开。如果被认定研究进展不顺利，研究者可以选择中断 R35 资助，转而申请其他研究资助，或者选择降低资助额度，继续开展该方向的探索性研究。

6）资助经费：资助规模小、单项资助强度略高

R35 资助是 NIH 开展长周期资助的一次尝试，占各个研究机构总预算的比例非常小（表 5.4）。从总体规模看，大部分机构的 R35 预算控制在 2000 万美元以内，资助约 20 个项目，仅占其部门总预算的 1.5%左右；从单项资助强度看，其原则是"与申请者最近承担的 R01 资助经费额度接近"，但一般不超过 100 万美元/（项·年）[NIH 的新申请平均资助额度为 45 万美元/（项·年）]。

值得一提的是，R35 资助执行过程中，不允许将经费转移给国外机构。若要增加国外研究人员的合作比重，需要经过 NIH 的事先批准，且 R35 资助的拨款不得用于支持与国外研究人员的合作。

7）R35 资助自评估

考虑到 R35 新型资助机制的探索性应用存在不确定性和风险性，NIH 下属研究机构拟对 R35 资助机制开展自评估，以进一步提高新机制的适用性与增效性。以 NIGMS 为例，其采用了以下自评估指标体系（表 5.7）。

表 5.7　NIGMS 的 R35 资助机制自评估指标体系

序号	具体指标	指标反映内容
1	申请 R35 资助而非 R01 资助的杰出科研人员（ESI[1)]PD[2)]/PIs[3)]）人数	吸引力
2	R35 资助下论文发表数量 vs.传统资助下论文发表数量	产出效率

序号	具体指标	指标反映内容
3	R35 资助下论文被引频次 vs.传统资助下论文被引频次	产出质量
4	获得 R35 资助的申请人对其他资助的兴趣	资助凝聚力
5	NIGMS 经费分配和资助人员的变化情况	影响力
6	R35 资助研究主题的跨期变动 vs.传统资助研究主题的跨期变动	快速应变力
7	R35 资助机制下科研人员的续期申请率 vs.传统资助的续期申请率	研究可续期性

1）ESI：early stage investigator，早期研究员。2）PD：program director，项目主任。3）PIs：principal investigators，首席研究员

表 5.7 的指标体系与 R35 资助的初衷基本吻合，其评估理念是"R35 资助是否比传统资助更具相对优势"。需强调的是，NIH 下属各机构并未对传统项目开展任何形式的自评估，这也从侧面反映了 R35 资助机制是 NIH 的一次重要尝试，且仍在不断改进中。

5.1.3　NSF

NSF 是美国资助科学研究最具代表性的机构之一。自 1950 年成立至今，NSF 一直以科学的发展理念、健全的组织结构、日趋完善的管理体制、良好的运行机制为美国推进基础研究发挥极其重要的作用。

1. NSF 发展概况

NSF 从成立到发展壮大经历了一个漫长而曲折的过程，其背后也折射出美国在科技计划管理方面的不断思考和思路转变。

第一阶段：万尼瓦尔·布什发表了影响深远的《科学——无尽的前沿》报告，并开始着手组建 NSF；但美国政府在基金会决策权问题上举棋不定，直到 1950 年才最终确定了政府出资、国家调控、科学共同体自治的管理模式。

第二阶段：第二次世界大战结束后，冷战随之爆发，NSF 早期以国防研究为主，支持基础研究、大量的应用研究、跨学科研究及工程技术研究，因此，尽管 NSF 在这一时期不断壮大，但并未完全发挥其在基础研究领域的巨大优势。

第三阶段：冷战结束后，NSF 真正回归到基础研究的定位上。在经费投入上，NSF 的基础研发经费占比不断提高；在制度保障上，从以往的"投入-产出"模式转变为"目标-结果"模式。NSF 现已成为引领世界基础研究前沿的核心科研机构。

在管理机制上，NSF 的主任任命过程既间接受制于"科学家群体的接受程

度"，同时也是一个"政治任命职位"，即由总统直接任命。因此，NSF 主任既受美国"政党政治"的短期意识影响，也受"科学家群体"的长期意识制约。NSF 各学部（如地球科学部、化学科学部）的官员是把控 NSF 走向的"职业官员"。他们一般不受美国政党政治的影响，持续地、职业地维持着 NSF 的平稳运行。NSF 的项目官员（如水文项目主任，地球物理项目主任）为"轮换官员"，基本上由以前承担过 NSF 项目的大学教授担任，大约每三年竞争上岗地轮换一次。"轮换官员"制的目的是保持项目判断的科学前沿性和防止项目判断中可能出现的官僚性。

在发展领域上，NSF 提出要解决当代和未来社会可能遇到的重大挑战性问题，重点发展交叉性基础研究，包括大数据、人-机互动技术、基因组、遗传学及生命科学、量子力学、极地研究及引力波、天体物理学等领域。在项目资助上，NSF 提出了三大创新举措：①会聚科研，加强对科学、工程、生物医学会聚科研的资助，将不同学科整合为一个整体；②类似于 NIH，支持长周期变革性科研项目；③支持中等规模的基础设施项目，包括虚拟基础设施建设等。

2. NSF 的项目管理

1）NSF 的选题来源

NSF 的选题来源包括三方面：邀请"有影响力并十分活跃的学者"来参加 NSF 的科学规划会议；在相关学术会议的会议场所召集"活跃在第一线的学者"为 NSF 出谋划策（第一线的学者指近期主持过 NSF 项目的学者）；通过学报和网站广泛征集科学思路。

2）NSF 项目申请的时机

在早期，NSF 设置了项目申请的截止日期。2011 年，NSF 地球科学部首次取消了申请截止日期，转为随时可以提交申请。这带来两点好处：一是极大缓解了申请截止日期临近导致提交量急剧攀升的问题，减轻项目评议压力；二是给项目申请人更多的修改机会，使其项目申请在下一轮申请中更易通过。基于此，NSF 现已全面推广这一经验。NSF 仅保留了几个关键时间节点。目标节点：项目申请在此节点后仍可被接受；截止节点：项目申请不被接受或被退回的时间节点，此节点只在部分特殊情况下使用；提交窗口：NSF 项目申请的时间段。

3）NSF 的项目评审由"完全依据同行评议"转向"同行评议＋项目官员"

NSF 早期完全依据同行评议意见决定是否对项目予以资助；但考虑到同行专家知识背景、实践经历不同，可能对评议结果产生误差，近年来，NSF 也开始参考 NIH 的两级评审机制，重视项目官员在项目评审中的作用。"同行评议＋项目官员"机制不仅有效克服了同行评议的弊端，还增强了 NSF 的科学管理责任。

4）同行评议环节

NSF 制定了三点项目申请书的评议原则：NSF 的所有资助项目必须具有最高质量和潜在先进性；NSF 的项目应该为实现社会目标做出更广泛的贡献；NSF 的项目评估将基于恰当的评估尺度，平衡广泛影响力和可利用资源。因此，科研人员不仅要清晰表述研究目标，还要详细说明相应的研究活动。

基于这三点原则，评审专家在评阅过程中会重申如下几个问题：这一项目想做什么？为什么这么做？如何做？申请人怎么知道自己会成功？项目成功有什么益处？

基于这些问题，评审专家给出两个方面的评价：知识价值，评估科研成果的先进性；社会影响，评估潜在社会效益和对特定领域的贡献。

针对同行评议专家的选择，NSF 给出了以下原则：拥有评价项目申请领域的特定知识结构和背景；拥有评价项目申请领域的知识广度；拥有评价项目申请潜在社会影响的能力；充分代表评议小组的多样性（如组织性质、评审者分布、年龄分布、性别平衡等）。

5）项目官员评审

NSF 组织了项目官员对项目申请进行评议。项目官员通常来自其他政府部门和科研机构。项目申请由项目官员依据前期评审结果决定是否予以资助。由于项目申请很多，这一过程需要持续近 6 个月，有时可能还需再进行同行评议。NSF 的项目官员会与项目申请人联系，进一步确认项目申请的摘要和题目，以保证项目符合 NSF 的使命"促进科学进步，促进国民健康，增加社会财富，维护国土安全"。

值得一提的是，有项目官员的推荐意见并不代表项目被批准。项目申请人还要签字承诺商业、资金及人力投入，最终项目批准部门的资助官员才可能批准项目申请。

6）NSF 风险管理体系及最终的项目批复

项目申请经过同行评议和项目官员审议后，还需由 NSF 进行风险评估，评估内容包括以下 6 个方面：针对在过去 5 年未获 NSF 资助的项目申请人或资助金额超过 22.5 万美元的项目申请人，资助前进行财务和管理风险评估；针对累计获 NSF 资助超过 22.5 万美元的机构进行资助前财务和管理风险评估；针对获得小型商业创新研究或小型商业技术转移项目的申请人进行财务和管理风险评估；审议项目申请人如何管理在研和结题的联邦资助项目，研究哪些问题需被重点关注；审议项目申请人的哪些特定行为需要被关注；确保 NSF 的评审结论恰当，项目资助正确。

项目批准部门会在项目官员做出推荐后的 30 天内做出是否资助项目申请的决定。

7）评审意见反馈

无论项目申请是否得到资助，NSF 均会将相关评审材料反馈给科研人员。反馈的材料清单包括：关于项目申请材料的所有评议表述；所有项目评审决议文件的复印件；会议总结的复印件；现场参观报告等。

综上所述，NSF 的评审流程如图 5.9 所示。

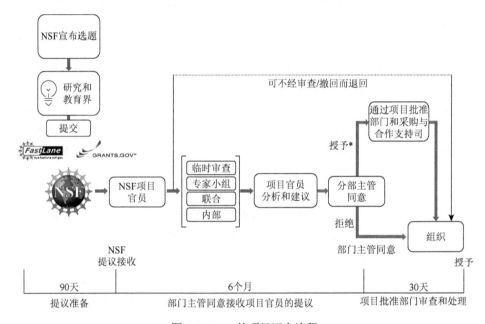

图 5.9　NSF 的项目评审流程

*项目批准部门或采购与合作支持司在对业务、财务和政策影响进行审查后，可以拒绝建议授予的提案
资料来源：U.S. National Science Foundation（2023）

3. NSF 的绩效评估

NSF 的绩效管理主要有三点特征：①预算与绩效相结合，NSF 采取绩效预算制度，强调以绩效决定预算决策，实行战略规划、预算与绩效一体化管理；②先进的评估方法，NSF 采用"项目评级工具"对项目评估的内容框架、标准方法进行不断细化和完善，不仅强调项目评估结果，还将预算计划和绩效表现结合起来；③聘请外部专业机构对战略目标及经费实施情况进行考核（方勇等，2010）。

5.2　英国的常规科技计划管理

英国拥有全球顶尖的高等院校和科研机构，其科技规划在引导和支持基础性、战略性科学研究中发挥了重要作用。英国形成了科研经费分配的双重支持系统,一是项目研究经费,这部分经费主要通过七个研究理事会按照研究领域拨给大学、公共研究所和企业等,这部分经费属于竞争性经费,需要经过同行评议获得资助。二是人员经费和科研条件经费,主要为英国大学开展教学、科研活动等提供必要的费用,这部分经费主要由英格兰高等教育基金委员会(Higher Education Funding Council for England,HEFCE)按照科研规划拨给大学。英格兰高等教育基金委员会的经费按照每五年进行一次的评估结果拨付,资助规模和结构相对稳定。因此,本节仅对英国竞争性经费的资助进行探讨。

5.2.1 英国研究理事会布局

1994 年,英国依据《科学与技术法案》成立了七个专门研究理事会,分别为:生物技术与生物科学研究理事会(Biotechnology and Biological Sciences Research Council,BBSRC)、艺术与人文研究理事会(Arts and Humanities Research Council,AHRC)、工程与物质科学研究理事会(Engineering and Physical Sciences Research Council,EPSRC)、经济与社会研究理事会(Economic and Social Research Council,ESRC)、医学研究理事会(Medical Research Council,MRC)、自然环境研究理事会(Natural Environment Research Council,NERC)和科技设施理事会(Science and Technology Facilities Council,STFC)。这七个研究理事会均属于非政府公共机构,履行政府的部分职能,但接受政府科技部门和商业、创新和技能部门的指导,独立开展工作(董雨和方昀达,2018)。

根据《皇家宪章》,各研究理事会的重点在于促进各自领域的科学技术发展和应用、培养科学研究人才以及促进各领域科学和技术的传播等。具体来说:一是作为科技经费的拨付渠道;二是确保英国能从研究中获得最大收益;三是对研究进行战略规划。

5.2.2 研究理事会的科技计划项目治理

英国七个研究理事会治理模式略有不同,但总体框架基本由三个部分组成:战略管理单元、执行单元和顾问单元。战略管理单元包括主席领导下的管理委员会及下属专门委员会,主要负责理事会宏观战略决策和发展方向把握等。执行单元指首席执行官领导下的执行团队,由若干部门组成,每个部门由一个高级管理人员领导,对首席执行官负责。各个部门按照理事会制定的战略和实施方案,具体负责相关工作。与此同时,顾问单元也有义务向管理委员提供适当建议。研究理事会还可以根据不同的决策需求，设立专门的顾问专家组。

1）资助类型

英国研究理事会资助的项目种类众多，包括研究类项目、人才类项目、产学合作项目、定向资助下属机构的项目以及奖学金项目等。其中，研究类项目是研究理事会资助项目的主要部分，按申请模式一般划分为目标导向类和自由申请类两种类型，两种类型的比例由研究理事会确定。目标导向类项目由各研究理事会根据发展战略规划确定战略主题，研究理事会通过发布任务需求，经专家委员会评审对申请者进行竞争性支持。自由申请类项目一般通过自由申请、网络专家评审、专业委员会打分排名的方式进行竞争性支持，这类项目几乎覆盖了研究理事会的所有领域。

2）申请程序和流程

英国研究理事会的项目评审基本采取同行评议。在同行评议的基本框架下，研究理事会对项目评审过程进行细化。针对不同类型的项目，从提交申请到项目执行和验收等都有明确、公开透明的规定。项目评审关键环节的参与主体，如项目管理团队、同行专家、专家评审委员会等各部分职责清晰，对所有环节都制定了操作流程及相关详细规定和指导手册，并发布在网络上接受外界监督。同时，研究理事会还对入选专家库的专家进行专门培训。

3）项目管理体系

英国研究理事会项目管理体系主要包括项目管理团队、专业的项目管理操作服务机构、专家及专家评审委员会三个部分。以工程与物质科学研究理事会为例，项目管理团队的主要任务是制定同行评议有关政策、做出资助决定和拨付经费、遴选专家以及专家评审委员会成员。英国共享商业服务有限公司（UK Shared Business Services Ltd，UKSBS）管理同行评议具体过程，负责从项目申请到结题验收的全过程，并对拨款和项目经费进行具体管理。参加同行评议的网评专家主要从各研究理事会的专家库中抽取，网评专家对项目进行初评。专家评审委员会以网评专家结果为基础，对项目进行打分和排序，决定是否对项目进行资助。

4）联合电子申报系统

联合电子申报系统是研究理事会共同的项目管理平台。研究理事会通过统一平台对资助项目进行全过程管理。该平台面向所有项目申请单位和人员开放，注册后即可进行项目的查询、申报。该平台设置了热线电话和答疑邮箱，充分利用各研究理事会的人员和专业背景等资源为研究人员提供服务。此外，研究理事会和项目相关的所有公开文件和信息均可在该平台查到。研究理事会的年度报告任务在平台上提交与发布。总体而言，联合电子申报系统有效协调了各种事项、降低了成本、避免了资源浪费、提高了整体服务水平。

5.3 日本的常规科技计划管理

5.3.1 日本科技计划概况

日本形成了自己独特的科技计划管理机制,其核心内容主要体现在三个方面:一是《科学技术基本法》;二是基于《科学技术基本法》制定的五年一度《科学技术基本计划》;三是每年度由"综合科学技术创新会议"根据《科学技术基本计划》提出经议会审议并经内阁批准实施的年度项目,主要由官产学研各单位协调执行完成。

根据日本文部科学省整理的"政府预算案中的科学技术关系经费",日本国家科学技术关系预算案总预算涉及几十个"计划""项目",分别由各个政府部门协调推动实施,经费管理也由其分工负责。其中,文部科学省管理的年度科技经费占整个国家年度科技开发相关财政支出的比例较高,偏向支持基础研究、前沿研究和科技创新环境建设。

日本由不同的中央府省厅分别管理与自己部门相关的科技预算,但是为了更有效、更合理地执行相关预算,各个中央府省厅会在日本最高科技推高决策部门——"综合科学技术创新会议"的协调下,围绕国家发展战略以及近、中、长期科技发展需求,展开相关科技工作。

在这一体系中,科技计划的分配、实施、监管等管理主体是分离的。日本各政府部门并不直接管理相关计划、项目,不直接分配某一项目单元内的具体经费,而是委托其下属的独立行政法人进行专业化管理。各政府部门只是负责组织制定政策,调节不同计划、项目之间的经费预算。政府的主要职责在于调查研究、观察政策环境的有效性及监督政策计划的落实情况。文部科学省主要通过科学技术振兴机构(独立行政法人)管理科技计划。相关独立行政法人在具体管理科技计划项目时,普遍采取系统综合管理的方法,控制立项、执行、应用及与社会结合的几个环节:向上,与部门、内阁决策结合,与法律兼容结合;对课题本身,加强第三方评价和社会监督;对社会,则加大公共参与度和媒体宣传力度。

为加强对国家科技计划中竞争性科研资金的管理,在日本"各府省信息化协调责任者联系会议"的推动下,日本文部科学省 2008 年建成并启用了府省共通研究开发管理系统(e-Rad)①。除一些特殊情况外,日本要求管理国家竞争性科研资金项目的各府省及相关独立行政法人统一使用 e-Rad。一方面,在相关部

---

① e-Rad 是 Electronic-Research and Development 的缩写。

门更新自身已有项目管理系统或网页时，要求其废除与 e-Rad 重复的功能；另一方面，e-Rad 也在不断完善更新系统，对一些府省的管理要求进行适应性改动，设置一些标准接口，以使更多府省的竞争性资金管理业务进入 e-Rad 系统。通过 e-Rad 系统，日本各管理部门可以对项目进行审核、评审，对立项课题进行过程管理，在简化手续、统一标准、提高效率的同时，避免了项目重复申请或项目课题过度集中的问题。研究机构也可以借此机会对所属研究人员的项目申请情况、研发进度等进行整体把握。具体见图 5.10。

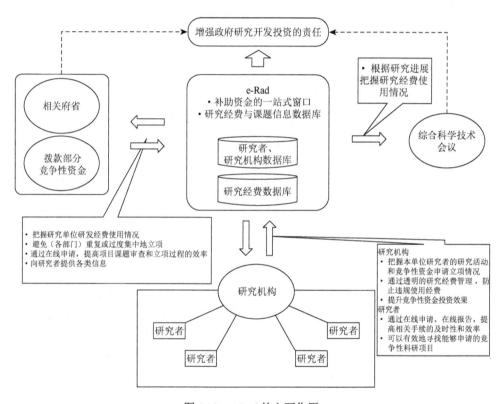

图 5.10　e-Rad 的主要作用

5.3.2　科技计划项目管理程序——以颠覆性计划为例

1. 设立背景与目标

为应对激烈的国际竞争和严峻的经济社会问题，日本政府意识到需要对产业和社会未来发展状态进行重要的革新，实现开放和创新。日本综合科学技术创新会议作为科技政策的重要协调部门，为实现对产业和社会具有巨大影响力的颠覆性创新，实施了颠覆性技术创新计划（Impulsing Paradigm Change through Disruptive Technologies Program，ImPACT），这是一项具有高风险和高冲击力的挑战性研究开发计划。

ImPACT 是在日本再生战略和科技创新综合战略的指导下，致力于建立一个全新的系统，促进给社会带来变革的颠覆性创新，转变国内研究开发的固有思维模式，从创新内生发展向迎接挑战转变，从封闭性创新向开放创新转变（彭春燕，2015）。最终目标是要将日本建设成为世界上创新友好型的国家，成为富有创业精神的国家。虽然不可能靠这一计划独立完成目标，但日本期望通过 ImPACT 树立成功的案例和模板，为其他领域和行业的创新提供借鉴。ImPACT 项目执行期限一般大约是 5 年。

2. ImPACT 实施的程序

日本 ImPACT 实施的程序包括以下几个方面（图 5.11）。

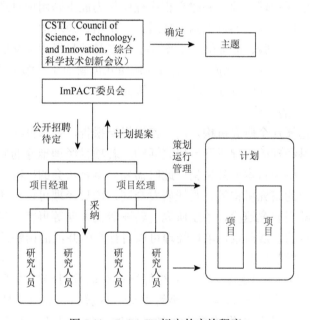

图 5.11　ImPACT 拟定的实施程序

1）召开 ImPACT 委员会及会议

召集 ImPACT 委员会和专家组讨论项目经理选择、进展状态评价以及其他相关事宜。其中，委员会由内阁府特命担当大臣（科学技术政策）和科技政策委员会的行政官员组成。专家组由科技政策委员会行政官员和外部专家组成。

2）确定研究主题

研究主题的确定主要按照以下因素：一是通过颠覆性创新促进发展模式的转变，提高日本产业的竞争优势；二是通过非连续性的、颠覆传统的科技创新，解决日本面临的严峻社会问题。据此设置了五个研究主题：革新制造业（21 世纪日本式价值创造）；建设改变生活方式的生态友好和能源节约社会（与地球和谐相处）；建设超越信息网络社会的高效功能性社会（连接人们的智能社会）；在低出生率和老年社会中建设世界上最适宜居住的环境（为每个人提供健康和舒适的生活）；控制和减轻人类不可预知的灾难和自然灾害的破坏（提升恢复能力）。

3）确定项目经理

日本内阁办公室负责招募项目经理以及研发项目的建议收集工作。专家组面试应聘人员，列出推荐项目经理名单，并提交委员会。在专家组报告的基础上，委员会形成系统的项目经理人员建议，提交科技政策委员会。科技政策委员会在委员会报告的基础上确定项目经理。日本科学技术振兴机构在科技政策委员会的决议基础上聘用项目经理。日本科学技术振兴机构全程跟进和了解科技政策委员会组织的项目经理管理过程，并建立相应程序作为雇主聘用项目经理的标准，项目经理的遴选过程需要考察以下两个特质：一是项目经理的能力和业绩（是否具有管理研发活动的经验、业绩和管理潜能等）；二是项目经理提交的研发计划理念（是否具有实际应用和商业化能力、是否为颠覆式创新而不是渐进式创新、体系的合理性、经费的合理性以及成果的可行性等）。

4）研发活动的实施

项目经理选择几个研究机构，向专家组提交报告，寻求批准。获得批准后，研究机构在项目经理的管理下开展研究活动。若项目经理推荐的研究机构与自己有直接联系或者属于日本境外机构，此时需要获得委员会的批准。日本科学技术振兴机构与选中的研究机构签订委托研发合同，项目经理可以灵活判断并决定加快研究速度、减慢研究速度、中止研究、转变研究方向等事宜。当存在新的、可能带来重大影响的发展前景，项目经理可以自行判断并灵活调整计划。

5）评估与过程管理

为监管 ImPACT 的进度，专家组约每半年获取项目经理关于计划进度的报告和日本科学技术振兴机构关于资金管理进度的报告。如有必要，可要求项目经理和日本科学技术振兴机构提供更加详细的报告，但必须考虑 ImPACT 本身的高风险、高影响力目标与项目经理权责范围的关系。如果专家组的需求未被满足或者判断计划对产业和社会的影响力不能达到预期，科技政策委员会可以解雇项目经理。

ImPACT 实现了宏观管理和微观管理的分离，尊重科研规律，采用了项目经理人制度，并授予每一个项目经理自主决策权。截至 2015 年 9 月 18 日，ImPACT 共有 16 名项目经理，来自大学、企业、科研机构等。项目经理组织研究团队，开展研发活动，可以对科研进度、科研方向进行自行判断并灵活调整计划和经费使用，充分发挥了科研人员的主观能动性，实现了专业化管理。

5.4 德国的常规科技计划管理

德国科技计划的执行部门主要是联邦政府委托的项目管理机构和德国研究联合会(德文为 Deutsche Forschungsgemeinschaft,DFG)。DFG 类似于我国的国家自然科学基金委员会,设有一套科研项目的审核与监督流程;同时,德国政府在委托项目管理机构管理科技项目方面做得比较成功,大大提高了科技计划管理的科学性和客观性。本节介绍 DFG 情况,及其相关的项目管理机构委托管理模式。

5.4.1 DFG

DFG 是德国最大的资助基础科学研究的中央学术研究资助组织,是联邦一级主要的资助机构,资助对象是德国的大学和公共研究机构,资助领域涉及科学和人文研究所有学科的基础研究。DFG 的主要职权包括:负责科研项目的审批与管理;鼓励科研人员的协作;资助年轻的科学家;负责国会及政府机构的科技咨询;促进科学研究的国际交流与合作。公共财政资金是 DFG 的主要资金来源,主要包括联邦政府和各州政府的拨款,还包括少量私人资本。DFG 的研究经费基本上是以每年 5%的速度增长。

1. DFG 的组织结构

DFG 是一个自治型协会,由独立科学家领导,采用会员制。截至 2023 年 5 月 7 日,DFG 有 99 个会员,包括 68 所研究型大学,31 个非高校科研机构。DFG 下面有若干个科学技术委员会和秘书处,机关内部工作实行主席团领导下的秘书长负责制,机关工作人员的定编需要经过出资部门同意,由管理委员会做出决定。

DFG 人事设置的特点是高级领导少而精、中间层次少、机构单元相对独立,秘书长直接主管内务工作,几位副秘书长兼任中层局室的负责人,所有学科均直接向副秘书长负责。在评估小组的建议下,DFG 在原来的基础上进行了调整,形成了新的组织结构,由 4 个部门变为 3 个部门,分别由秘书长和副秘书长直接领导,这 3 个部门分别是:①中心管理部,下设总务、财务局、人事、组织和法律局、房产与资源管理局等 8 个部门。②项目管理部,下设 6~8 个组(相当于科学部),目前已经确定了人文社会科学、工程科学、自然科学、生命科学 4 个科学领域,组的设立体现交叉的原则,由学科主任自愿组合报人事部门。③特殊项目部门,下设 6 个组,包括合作研究中心、奖学金项目,一般项目外的各类项目管理等。

3 个部门中，项目管理部是最大的部门，又可细分为 37 个学科组，每个学科组定编 1 名学科主任，一般学科主任及部门负责人几乎都是有多年教学和科研工作经验的博士，多数是 40～50 岁的中年学者，他们配备 2 名左右的秘书负责处理日常事务。

2. DFG 典型的资助项目

DFG 根据不同项目的资助目标，设计了一套完整的资助体系，明确了不同资助项目类别的资助目标、资助对象、资助周期，以及相关的程序资料。具体如表 5.8 所示。

表 5.8　DFG 典型项目管理要求

项目名称	资助目标	资助对象	资助周期
DFG 研究中心	打造卓越集群	德国大学	1 个周期 4 年，最长 12 年
合作研究中心	构建研究网络	德国大学	1 个周期 4 年，最长 12 年
重点计划	为科学发展提供显著推动力	德国科学家	1 个周期 3 年，最长 6 年
研究小组	科学家协作能力提升	杰出科学家	1 个周期 4 年，最长 8 年
国际合作	促进跨地区交流与合作	德国科学家	3 年
博士研究生院项目	培养青年科学家	德国博士生、博士后	最长 9 年

3. DFG 科研资助流程

DFG 支持所有科学学科的项目，特别是促进研究人员之间的跨学科合作。DFG 的资助使来自科学系统各个领域的研究人员能够进行合作。DFG 为国际科学合作提供动力，在所有项目中促进德国研究人员与其国外同事之间的合作，特别支持欧洲研究领域的科学互动。DFG 的科研资助需要申请。项目管理步骤如下。

1）申请

根据项目类别，科学家个人或整个大学可以向 DFG 提交申请并请求资助。在提交申请之前或提交申请时，DFG 办公室将通过互联网或邮寄方式提供信息（例如传单）；联系人也可通过电话联系。

2）形式审查

在专家评审项目申请之前，DFG 办公室会检查所有手续是否得到遵守。如果申请材料有问题，申请人将有机会补充相关信息。

3）专家评审

申请材料的科学评估由 DFG 办公室选择的专家进行。项目主管必须确保有能力的专家涵盖应用程序的各个重要方面。评审专家是在各自领域经过验证的研究人员，并具有客观评估能力。DFG 办公室谨慎确保避免因合作或竞争、师生关系、相互评估等产生的利益冲突。DFG 每年听取来自德国和国外的约 10000 名专家的意见。书面评审完成后，专家委员会对评审专家的选择和评审陈述进行评估，以便通过比较一个学科的所有申请来制定资助建议，然后将其提交给 DFG 委员会做出决定。现场评估过程中，至少有一名审查委员会成员在场。

4）质量保证

从科学界选出的专家委员会确保决策质量。特别一提的是，如果评审专家以书面形式投票，则评审委员会将在评估之后进行单独的程序步骤。评审委员会评估专家的选择和评审陈述，以便制定资助建议，将其传递给 DFG 最终决策机构。

5）正式的质量保证

在决定草案提交给委员会之前，DFG 办公室会再次检查是否存在错误和利益冲突。

6）最终决定

在某些项目中，最初只有从科学界招募的 DFG 委员会讨论申请并做出初步决定。DFG 的主要委员会或设立的拨款委员会（由科学家、州和联邦政府的代表组成），就是否以及在何种程度上资助申请做出最终决定。

7）决定通知

该办公室将最终资助决定、专家评审结论与建议等资料送达申请人。

5.4.2　政府委托专业化项目管理机构

为减轻政府的管理负担，联邦政府和州政府将科技计划的执行与管理工作委托给具有科技专业知识和科研创新管理能力的专业化项目管理机构代管。联邦教研部曾给出项目管理机构的明确定义，即"设置在研究中心或其他具有专有资格的机构中，具有广泛的科技专业、财务预算、经济管理知识和一定行政管理能力的科技管理机构，为联邦政府完成科技和行政管理任务的组织"。

1. 项目管理机构的职能与分类

项目管理机构行使科技计划及项目管理职能，遴选并审核项目、监督项目的执行，其主要职责包括：①在项目资助计划范围内为项目申请者提供专业技术、申请程序、行政管理等方面的咨询；②审核申请项目并向联邦政府部门提出批准建议；③跟踪并监督项目执行情况、管理项目经费、审核项目成果以及成果转化；

④提供科技政策咨询，协助制订科技资助计划，组织专业会议、科普宣传、国家交流与合作等方面的活动，对联邦政府科技计划的实施提供支持。

截至目前，德国的项目管理机构主要分为三种类型，依托大型科研机构建立的项目管理机构、依托产业协会建立的项目管理机构和咨询公司性质的项目管理机构。

2. 项目管理机构的特点

项目管理机构对科技计划实行"项目提出—项目申报—立项评审—过程管理—项目验收与审计—成果管理"的管理模式。在该过程中，项目管理机构不单要承担科技计划项目的组织和实施工作，还要发挥第三方机构的作用，为项目委托方与承担方提供业务咨询与支撑服务。具体来说，项目管理机构具有以下几个特点。

1）项目管理机构选择上，拥有丰富的科研管理经验和专业化管理团队是考察遴选的重要标准

联邦政府部门对项目管理机构进行招标，主要从专业管理能力、管理经验与经费规模等因素进行评判，但最为核心的因素是项目管理机构是否具有丰富的科研管理经验、是否拥有一支高水平的项目管理团队。例如，德国航空航天中心项目管理署（Deutsches Zentrum für Luft-und Raumfahrt Projektträger，DLR-PT）成立于 1974 年，具备多年的德国科技计划项目管理经验，熟练掌握国家各项科技政策及措施，很好地辅助联邦政府部门组织并管理科研项目（李哲等，2016）。此外，它还拥有一家高水平的专业化管理机构，半数以上员工都具有专业的学科背景和相应领域的实践经验，一方面可以掌握科技计划项目的最新学术方向与动态，另一方面则保障了科技计划管理工作的优质与高效。

2）计划制定上，依据本国经济与社会发展需求确定

德国科技计划项目基本是依照国家的发展战略，根据其经济与社会的发展需求来确定的。科技计划的制定具有明确的目标性和针对性，必须能够增强本国的经济实力，能创造更多的就业机会，能保持本领域在国际上的领先水平。

3）项目评审上，发挥高层次评审专家的作用

评审专家贯穿德国科技计划项目管理的立项评审、绩效评估和结题验收的全过程。一般来讲，小型项目的评审由项目管理机构的内部评审专家负责，主要是项目管理机构的科研人员。大型项目的评审先由项目管理机构内部评审专家进行初步筛选，再交由外部专家进行书面和会面评审。外部专家主要由其他项目管理机构的评审专家和国际专家组成，基本都是由德国国内和国际上的知名专家组成，每半年更新一次。高水平、高层次的专家评审，提高了德国科技计划项目选择的门槛，确保德国科技发展方向的领先性。

4）项目监督上，实行信息化管理

联邦政府设立了专门的科技计划管理综合信息平台。该平台包括联邦科技项目

资助数据库、项目申报系统、管理信息系统，用于掌握科技计划的进展、经费的使用、科技项目现状等信息，监控项目管理机构的工作情况。联邦政府明确要求各项目管理机构都要使用该系统，尤其是科研项目管理信息系统。该系统具备真实性检查、可能性评估、计划控制和经费控制等功能，它对各级使用者设置不同的使用权限，包括形式审查、专家评审、经费拨付、电子签字等，每一环节都有专业部门负责并签字，最后由管理部门签字，确保每一步至少有两人负责项目监督。项目管理机构的负责人无权干涉科研项目管理的每一环节，但可全程查阅和监督。

5.5 常规科技计划管理经验借鉴

按照"小科学"科技计划的管理流程，全球主要发达国家均实施了较为精细化的科技计划项目管理流程表（Janamanchi and Burns，2012；张琰等，2015），具体如下。

5.5.1 项目管理机制

美国 NIH 实行分离的科技计划与资助机制，科技计划面向的是科学问题，对应的是具体科研机构的具体研究领域，资助机制则对应的是具体的资助程序管理。科技计划可以根据需要不断扩充，而资助机制是相对稳定的。具体如图 5.12 所示。

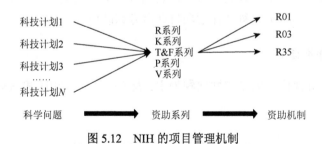

图 5.12 NIH 的项目管理机制

5.5.2 项目评审环节

在项目评审环节，发达国家设置了各种机制预防可能出现的科研不公问题，主要包括以下制度。

1. 项目资助理念

在美国，NIH 在历次资助理念的调整过程中，对首次申请项目的科研人员和青年科研人员给予了特别关注，如 NIH 有接近一半的项目资助是非竞争性的延续资助，而青年科学家的项目申请通过率通常要高于平均资助率。美国 NSF 也有同样的资助理念。

2. 评审专家的回避制度

在美国，项目申请过程中的评审专家回避制度非常严格。以 NIH 为例，在函评阶段，科学评议中心会进行筛选，确保评审专家与项目申请人无任何利益关联；在会评阶段，NIH 要求所有评审专家签署利益冲突协议，评审专家遇到与自己有利益关系的项目申请人时应主动申请回避。

NSF 则通过大规模增加同行评审专家（尤其是新人和海外专家）数量的做法，打破原先小圈子评审的循环。这种做法既促进了不同国别专家之间的交流，也更好地规避了本国评审专家与申请人之间潜在的利益冲突。

3. 两级评审制度

为防止同行评议可能带来的学术偏见等问题，美国 NIH 和 NSF 均采取了"同行评议 + 专家咨询委员会"或"同行评议 + 项目官员"的两级评审制度。第一轮评审主要考察项目申请的理论先进性，第二轮的委员会或项目官员评审则需要综合考虑项目申请者的能力、预算、项目可行性，资金机构的研究使命、预算等各方要素，同时允许项目官员与项目申请人进行双向沟通和申请书修改，最大限度地确保优秀的项目申请得以获得资助。德国则采取广泛邀请国际同行和定期更新专家库的做法，不断扩大科技计划项目评审专家队伍。

4. 项目评价标准

美国的项目评价标准以定性问题为主。表 5.9 给出了 NIH 和 NSF 的项目评审标准。

表 5.9　NIH 和 NSF 的项目评审标准

阶段	NIH	NSF
专家评审阶段	科学和技术价值	知识价值，评估科研成果的先进性；社会影响，评估潜在社会效益和对特定领域的贡献
项目官员评审阶段	科学和技术价值 资助可行性 与部门优先资助领域的相关性 对部门战略规划的贡献	研究计划可行性 资金预算合理性 人力投入

5. 项目资助的风险管理

为防止项目资助无法达到预期目的，美国各资助机构在项目评审过程中均设置了风险机制。NIH 的 R35 资助机制要求项目申请人在过去 5 年内获得过 1 项 R01 资助或同等级别项目，同时有 1 项 R01 资助或同等级别项目在研（申请 R35 的当年或次年结题），NSF 则在项目申请通过同行评议和项目官员评审后设置了风险评估环节，对项目申请者及其所在单位进行全面的风险评估，重点审核其项目承担能力。

5.5.3　执行和评估环节

科学评估是科技管理的重要手段。在美国，NSF 采用项目评级工具对项目进行执行和成果评估。该方法并不聚焦单项政策，而是将整个政策体系视为一个项目，评估其"目标和设计""战略计划""项目管理""结果管理"的全程绩效，四部分占比分别为 2∶1∶2∶5，最终评分等级为有效、基本有效、适当、无效共四等。NIH 除了对项目进行评估外，还对项目资助机制予以评估。以 R35 资助机制为例，NIH 评估该机制的吸引力、产出效率、产出质量、资助凝聚力、影响力、快速应变力及研究可持续性。在评估手段上，美国采取了内部评估和第三方独立评估相结合的方式。在评估内容上，项目管理和预算全部纳入评估范围。

在德国，项目评估的四原则是公开透明、充分参与、真实可靠、公开一致。德国对科研项目执行期和结束后的评估包括四个方面：①科研活动产出的量化评估；②科研活动质量的评估；③科研合作活动的评估；④科研成果应用的评估。德国的项目评估优点主要体现在评估程序上，包括评估委员会的专家构成与专家回避制度、评估方法与专家共识、评估计划制定与专家共识、评估信息加工、评估专家与项目完成人的充分交流、评估专家的内部讨论。

5.5.4　项目成果管理

科研项目的成果形式包括学术论文、专利、技术秘密等（王川，2015）。发达国家的项目成果管理经验主要体现在三方面：①成果形式上，依据项目研究计划分类考评，尤其聚焦学术论文、专利、技术秘密之间的关系处理；②成果的标注，以美国 NIH 和 NSF 为例，其要求收到项目资助的学术论文必须标明资助信息，专利必须在专利文件的"Government Interest"（政府利益）部分清晰申明该项专利得到了 NIH/NSF 的资助；③成果的介入权，仍以美国为例，项目完成人获得专利授权后，必须首先将专利权非独占许可给 NSF 或 NIH，并在美国专利商标局的专利许可/转让系统中予以登记。

5.5.5　项目监督机制

政府财政资助科研项目的监督体系是指对科技活动的监视、督促和管理（黄喜和李建平，2010）。主要包括以下几个方面，如表 5.10 所示。

表 5.10　项目监督体系的划分

监督视角	监督内容或方式
监督对象	科技计划、科技项目、科研机构、科研人员、项目评审专家及主管部门
监督内容	项目进度监督、财务支出监督、成果监督
监督性质	内部监督、外部监督
监督方法	专项监督、日常监督
执行主体	政府监督、公众监督、科研机构监督、第三方监督

5.5.6　国际科技合作

"大科学"研究具有天然的国际科技合作属性和自我要求。20 世纪早期首先形成了具有广泛国际性的世界著名实验室，如英国剑桥大学的卡文迪什实验室；到 20 世纪中叶，"大科学"研究进一步促进了科技人才的全球流动，官方层面国际科技合作开始逐渐增多，典型代表为曼哈顿计划；再到后冷战时期和平与发展成为全球主基调，南南科技合作、南北科技合作迅速升温，典型代表为 HGP 和国际空间站计划。21 世纪头 20 年，全球进入全面国际科技合作阶段，几乎所有国家都在制定国际科技合作的发展战略，向外推广先进技术并吸引全球优势科技资源服务本国科技（Wagner et al.，2001；陈强等，2013；孙洪，2016）。

尽管各国的科技计划项目都在加强国际科技合作，但处于不同发展阶段和层次的国家实施国际科技合作所采取的策略是不尽相同的（杜德斌等，2008；宋海刚，2016）。总体而言，层次越高，所能达到的目标越多，所能采取的合作手段和策略也就越丰富，甚至可以对合作对象附加更多条件，如表 5.11 所示。

表 5.11 主要国家科技计划项目的国际科技合作

国家	国际科技合作政策
美国	与世界绝大多数政府、组织及个人开展科技合作和交流； 严格但不失弹性的资格准入机制； 几乎所有国际科研组织均有美国科学家担任重要职位； 科技和外交紧密结合，科技合作与政治、人权、民主及意识形态挂钩
英国	参与建设海外国际大科学装置[1]，高度共享科研资源和设备； 几乎参与了所有大型国际科技合作计划； 保持与主要科技大国的双边合作
日本	在解决全球性课题方面同时与发达国家和发展中国家开展合作； 强化运用日本尖端科技的科技合作； 加强科技外交基础建设，利用国际科研组织施加国际影响力； 推进先进科技与开发援助相结合的科技外交
德国	对外科技合作实施差异化国别政策； 参与大部分国际组织的科技合作计划； 注重科技和教育结合，通过四大学会开展科技合作
法国	国际科技合作的优先政策； 加强与欧洲国家的科研合作； 承担多边组织的大型科研装置建设工作[2]

1）英国政府每年拨款参与建设海外大型科学仪器设备以获得科研服务，英国本土实验装置国际化率并不高；

2）法国政府承担多个著名国际研究机构的义务经费，主张将大型科研装置留在法国

下篇 "大科学"中国实践:
挑战与治理

第 6 章　我国大科学计划的发展与治理

1949 年新中国成立以来，我国高度重视大科学计划。1956 年，社会主义阵营主要国家在苏联莫斯科共同签署协议，组建联合核子研究所，即著名的杜布纳联合核子研究所。1956～1965 年，中国累计派出包括王淦昌、吕敏等在内的 130 多名科学家在该研究所开展研究工作，为"两弹一星"事业做出了重要贡献。此后虽受到国内外形势影响，我国参与的国际大科学计划有所中断，直到改革开放后才逐渐恢复；但与此同时，得益于举国体制的科研传统，我国国内的"大科学"研究一直延续至今。

6.1　我国参与的典型国际大科学计划

6.1.1　国际 Argo

Argo 建设了一个由自由漂流浮标组成的全球观测网，可测量 0～2000 米以上海域的温度和盐度。该观测网首次实现了上层海洋温度、盐度、速度的连续监测，并且所有数据在中继卫星收集后数小时内即可公开提供。Argo 的观测网也因此被誉为海洋观测手段的一场革命。

1. Argo 提出的背景

海洋是人类赖以生存的空间。海洋科学研究进展对人类解决极端气候、全球变暖、物种起源等重大科学问题都有重要的意义。然而，实测数据的匮乏，特别是大尺度、准实时、深海资料的短缺一直制约着海洋科学研究的发展。

1998 年，美国、日本等国的大气、海洋科学家提出了全球海洋环境观测项目——Argo，为海洋环境观测开启了新篇章。该计划通过在海洋上投放足够多的、廉价的、卫星跟踪的自动探测浮标，构成了一个海洋观测网。这些浮标可实时地、持续地向卫星传输海水观测数据。Argo 得到了澳大利亚、加拿大、法国、德国、韩国等国的响应和支持。我国已于 2002 年正式宣布参加国际 Argo 的组织实施。

目前，Argo 已成为全球气候观测系统、全球大洋观测系统、全球气候变率与可预测性研究计划、全球海洋资料同化试验等大型国际观测和研究计划的重要组成部分。第 20 届联合国教科文组织政府间海洋学委员会大会、第 13 次世界气象大会都认为 Argo 是十分重要的项目。与此同时，因剖面浮标"随波逐流"可能进入他国专属经济区，全球各国一致同意通过了一项决议，要求各国对其在 Argo 下施放的剖面浮标要公告其施放地点、实时漂流位置。任何国家若要在其他国家的专属经济区海域投放 Argo 剖面浮标，须按照《联合国海洋法公约》征得该国同意。

2. Argo 的目标

尽管各国筹资机制差异很大，但几乎所有国家都赞同 Argo 开放数据政策的目标。通过 Argo 数据，可实现以下目标：定量描述上层海洋的变化状态和海洋气候变化模式；通过测量海洋洋面下的温度、盐度、环流，且具有足够的覆盖范围和分辨率，足以解释海平面高度的变化；Argo 数据将用于初始化海洋和耦合海洋天气预报模型；Argo 通过记录季节性到年代际气候变率，帮助科学家了解其可预测性。

3. Argo 的管理组织

国际 Argo 由国际 Argo 指导团队和数据管理团队负责执行（表 6.1）。团队由移动浮标提供国的代表组成。国际 Argo 在法国设立有 Argo 信息中心（Argo Information Center，AIC）。AIC 的主要职能是执行联合国教科文组织政府间海洋学委员会第 XX-6 号决议。该决议指出，"所有可能漂移进入其管辖水域的剖面浮标投放的决定，必须预先通过适当渠道通知该沿海国家，并说明投放的具体位置"。

表 6.1 Argo 的管理组织

Argo 项目办公室	确保 Argo 项目顺利开展，包括 Argo 主任和 Argo 技术协调员
Argo 主任	Argo 主任的职责包括：①运行 Argo 项目办公室及其财务状况，以便完成和维护 Argo 阵列；②密切合作并指导 Argo 技术协调员的工作；③定期与国际 Argo 指导组和 Argo 数据管理团队的主席沟通，并执行他们要求的活动；④确保 Argo 项目办公室成为 Argo 的有效通信枢纽和信息来源；⑤规划和准备国际 Argo 指导组会议和 Argo 组织的其他会议；⑥监督国际 Argo 指导组完成行动项目；⑦促进参与 Argo 的各方和国家之间的定期有效沟通；⑧制作材料并进行演示，以加强社会对 Argo 所取得进展和机会的更广泛认可
Argo 技术协调员	负责管理 AIC。Argo 技术协调员职位由 Argo 国际合作伙伴提供资金支持。对 AIC 有所贡献的国家包括阿根廷、澳大利亚、加拿大、中国、法国、德国、印度、日本、韩国、英国及美国等。AIC 成立于 2002 年，专门用于监测 Argo 浮标阵列的开发，执行联合国教科文组织政府间海洋学委员会第 XX-6 号决议。AIC 和 Argo 技术协调员还为 Argo 实现了更广泛的监测和信息收集功能。Argo 技术协调员的职责包括：①协调 Argo 的技术信息；②以结构化的方式收集和整合技术信息；③回应技术咨询；④根据第 XX-6 号决议向政府间海洋学委员会成员通报可能进入其专属经济区的 Argo 浮标部署情况；⑤开发和维护一个基于网络的浮动监测系统，可用于实时提醒成员国进入他国专属经济区的浮标状态，并通知他们保持浮标运行；⑥根据 Argo 项目办公室职权范围提供普遍支持，遵照国际 Argo 指导组的指示

4. Argo 数据系统

最初，全球 Argo 的阵列是专为开放海洋设计的，并不包括季节性海冰区和边缘海。由于浮标上的双向通信和数据处理技术的突破，为满足季节性海冰区和边缘海监测需要，Argo 浮标数量从 3000 个增加到 4000 个。为了保持阵列平稳运行，Argo 每年提供约 800 个浮标。

　　未来，Argo 将配备生物地球化学系统的附加浮标，将监测范围覆盖到海底，以及增强边界地区和赤道地区的空间覆盖。除了浮点部署外，Argo 正在开发两个独立的数据流：实时模式和延迟模式。实时数据传输和质量控制系统通过两个全球数据组装中心（Global Data Assembly Centers，GDACs）24 小时内为用户提供 90% 的配置文件。延迟模式质量控制系统已经初步建立，所有符合条件的概况中有 65% 已经应用了延迟模式质量控制系统。

　　具体来说：在浮体表面，数据传输和浮标的位置由 Système Argos 或 GPS 确定。Système Argos 数据由法国的 AIC 监测，然后由国家数据组装中心（Data Assembly Centers，DACs）接收。使用其他通信系统的浮标的数据可能会在到达 DACs 之前直接发送给浮标的所有者或 AIC。在 DACs 中，使用商定的一套实时质量控制测试对它们进行初步审查，在这些测试中标记和/或更正错误数据，并将数据传递给 Argo 位于法国布雷斯特和加利福尼亚州蒙特雷的两个全球 Argo 资料中心 GDACs。GDACs 同步所有数据库，确保站点数据一致。这些数据通过全球电信系统（global telecommunication system，GTS）到达海洋和气候预测/分析中心，如图 6.1 所示。

　　延迟模式质量控制是每个国家研究人员与国家数据中心的责任。通常在一年的长时间记录中进行延迟模式数据检查，以便将校准中的突然跳跃与长期漂移或水质量变化区分开来。延迟模式质量控制系统于 2004 年获得通过，延迟模式数据可从 GDACs 获得。

　　Argo 数据的最终存储库是美国国家环境信息中心。该中心还会将 Argo 数据刻录到 CD 上，以便在没有可靠或低成本互联网接入的情况下允许 Argo 数据得到充分使用。

5. Argo 数据的用途

Argo 数据使用分为三大类：教育用途、业务用途、研究用途。

（1）教育用途。Argo 数据易于访问且真正具有全球性。它们与全球变暖等气候问题具有较强相关性，这使 Argo 成为突出海洋对公众重要性的理想工具。教育用途的三个重点包括：课堂使用、科学家讲习班、面向大众的在线工具。

（2）业务用途。澳大利亚、法国、意大利、日本、挪威、英国和美国的中心通过 Argo 数据流定期对洋面属性进行区域和全球分析，并提供重大温度/盐度异常以及海洋环流变化的预警。在阿拉斯加湾和日本各地，Argo 数据正用于帮助监测影响鱼类种群和生物的环境条件。每年夏天，英国气象局都会根据大西洋洋面下温度发布下一个冬季的天气预测。

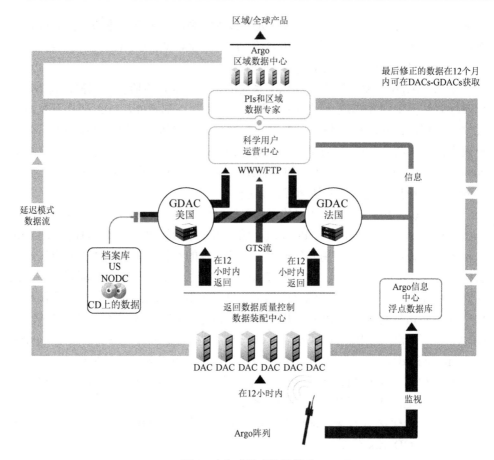

图 6.1　实时模式数据流动

注：US NODC 是指美国国家海洋数据中心，汇集了全球最大的可公开查询的海洋数据

（3）研究用途。Argo 的一个主要目标是观测与气候变化有关的海洋信号，包括海洋温度、热量含量、盐度和淡水含量的区域和全球变化，海面与总海平面和大规模海洋环流的空间高度。为此，Argo 阵列提供了超过 3200 次浮标报告和每月超过 10 000 个剖面海洋数据集。每年有超过 200 篇研究论文使用 Argo 数据发布，涉及广泛的议题，包括水质特性和形成、海气相互作用、海洋环流、中尺度涡旋、海洋动力学、季节性到年代际变化以及全球变化分析。

6. Argo 的用户组

Argo 的用户组由各个领域的科学家和 Argo 用户组成，共同就 Argo 的不同主题进行工作。这些小组有助于确保 Argo 数据的质量一致性，以及处理与浮标本身相关的技术问题。包括 Argo 用户组（Argo users groups）、Argo 指导团队会议（Argo steering team meetings）、Argo 数据管理团队会议（Argo data management team meetings）、BGC Argo 数据管理团队会议（BGC Argo data management team meetings）[①]、延迟模式质量控制研讨会（delayed mode quality control workshops）、执行研讨会（implementation workshops）、浮标技术研讨会（float technical workshops）。

7. 中国加入 Argo

1999 年 9 月，在杭州举办的中美海洋与渔业科技合作联合工作组第十四次会议上，中美双方在"海洋在全球气候变化中的作用"领域通过了一个新的合作项目，即"西太平洋和印度洋海洋观测"（Argo）。中国开始跟踪 Argo 的进展。

2000 年 3 月，国家海洋局海洋技术研究所在"九五"时期 863 计划滚动发展项目的资助下，开展了"自沉浮式中性漂流浮标关键技术研究"，初步掌握了 Argo 浮标的自动沉浮和定深控制两项关键技术。

2000 年 5 月，在国家重点基础研究发展规划"我国重大气候灾害的形成机理和预测理论研究"项目首席科学家黄荣辉院士的重视和支持下，以巢纪平院士为团长的中国海洋考察代表团赴美进行了为期十天的海洋技术考察，对美国 Argo 的进展和实施情况做了较为深入的了解。巢纪平院士回国后即向科技部和国家海洋局等国家政府部门呈报了《关于 Argo 全球海洋观测网建设进展情况的考察报告》，建议国家有关部门投入资金，尽早研究和考虑加入 Argo 全球海洋观测网，以便有权利共享全球 Argo 剖面浮标资料。

2000 年 8 月，国家海洋局第二海洋研究所许建平研究员被接纳为国际 Argo 科学组（由来自美国、德国、日本、澳大利亚、法国、加拿大、韩国、英国、印度、新西兰和中国等 11 个国家的 16 名科学家组成）成员。

2001 年 3 月，国家海洋局第二海洋研究所许建平研究员和朱伯康工程师，以及国家海洋局海洋技术研究所余立中高级工程师等专家出席了在加拿大召开的第三次国际 Argo 科学组会议。

2002 年 1 月，中国正式对外宣布加入国际 Argo，启动"我国新一代海洋实时观测系统（Argo）-大洋观测网试验"（简称 Argo 大型科学观测试验）项目。国家海洋局第二海洋研究所许建平研究员任该项目负责人，其成员来自国家海洋局下属的第一、第二和第三海洋研究所，国家海洋信息中心，国家海洋预报中心，国家海洋技术中心，中国气象局气象科学研究院，以及中国科学院南海海洋研究所等单位。

8. 中国 Argo 资料处理、质量控制及其数据产品

"中国 Argo 实时资料中心网"的前身为"中国 Argo 网"，创建于 2002 年

---

① BGC 是指生物地球化学。

4月5日，是在科技部基础研究司、国家海洋局科技司、国际合作司、第二海洋研究所和海洋动力过程与卫星海洋学重点实验室等部门和单位支持下建成的。所有由我国布放的剖面浮标观测资料均能在解码和质量控制后，实时（24小时内）提交到位于法国和美国的全球Argo资料中心，供用户下载使用。

图6.2显示了中国Argo实时资料中心的Argo数据处理流程，使用Argo卫星通信的浮标通过该系统将观测数据以十六进制编码格式，发送至法国图卢兹的Argos卫星定位中心（Collecte Localisation Satellites，CLS），随后由C-ARDC（China Argo Real-time Data Center，中国Argo实时资料中心）通过互联网准实时下载编码信息，并进行正确解码，再按照国际Argo数据管理团队规定的实时质量控制过程，对每条剖面数据进行质量控制，为每个观测值给出质量控制标记，最后按Argo数据管理团队规定的格式提交给GDACs。对于铱（Iridium）卫星Argo剖面浮标，其资料处理过程与上述使用Argos卫星进行通信的浮标基本相同，只是观测资料须通过美国马里兰州的卫星定位中心（CLS America）转发，且资料的格式与前者略有不同。国产北斗剖面浮标的资料处理过程，则需要通过设在杭州的"北斗剖面浮标数据服务中心"（BDS Profiling Float Data Service Center，BDS-PDSC），使用专门设备接收、解码，并进行质量控制。

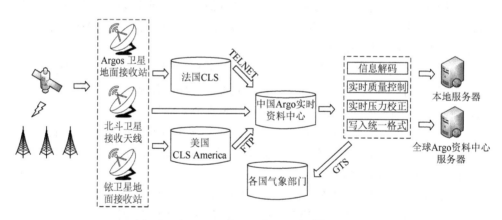

图6.2　中国Argo实时资料中心数据处理流程

TELNET：也称为telnet，远程终端协议，属于TCP/IP协议族，是互联网远程登录服务的标准协议和主要方式；
FTP：file transfer protocol，文件传输协议，一种用于在网络上进行文件传输的标准协议

世界气象组织（World Meteorological Organization，WMO）给每个Argo剖面浮标分配唯一的编号，作为浮标数据在GTS和GDACs上共享的识别码。自2015年10月起，由我国布放的Argo浮标观测数据均已通过WMO设在中国气象局（China Meteorological Administration，CMA）的GTS接口上传，与WMO成员方共享。

6.1.2　国际大洋发现计划

我国于 1998 年加入大洋钻探计划（ODP），年付会费 50 万美元。1999 年春，由我国科学家设计、主持的南海首次大洋钻探 ODP 184 航次顺利实施，使我国一举进入深海基础研究的国际前沿。

2004 年，中国以"参与成员国"身份正式加入综合大洋钻探计划（IODP），年付会费 100 万美元，每年可派遣中国科学家参加非立管钻探船 6 个月/次、立管钻探船 6 个月/次、特定钻探平台 1/4 个成员单位名额，并享有获得全部航次相关样品、数据，申请首席科学家等权益。科技部于 2004 年 2 月成立中国 IODP 委员会并建立联络员制度，组建中国 IODP 专家委员会和中国 IODP 办公室，标志着中国积极参与大洋钻探科学研究的竞争，并成为国际群体中的重要成员。

中国 IODP 专家咨询委员会由国内高校和科研院所的 20 名高级研究人员组成，其中包括 6 名院士。中国 IODP 专家委员会主任由中国科学院丁仲礼院士担任，南京大学陈骏院士、中国海洋石油总公司总地质师朱伟林教授和同济大学翦知湣教授担任副主任。

中国 IODP 专家委员会主要负责有关 IODP 的科学目标与优先区域，选派 IODP 科学咨询机构的专家代表，组织航次建议书编写和上船专家等工作。中国 IODP 办公室则具体负责我国参加 IODP 后各项工作的内外联络工作。

中国 IODP 办公室设在同济大学，主要职责是：承担 IODP 组织机构的联络和协调，承担中国 IODP 工作协调小组和专家咨询委员会的支撑服务工作，组织参加 IODP 航次的科学家征集工作，组织我国科学家参加 IODP 科学咨询机构和其他学术组织，承担我国参与 IODP 的文献、资料和信息传递交换、相关报告编写工作，编制我国参加 IODP 的年度工作计划和总结报告，承担我国参与 IODP 的成果宣传和科普工作，承担中国 IODP 工作协调小组和专家咨询委员会交办的其他工作。

2013 年 10 月，我国加入国际大洋发现计划，年付会费 300 万美元。在 IODP 阶段积累的基础上，我国于 2014 年 1～3 月成功实施了新十年国际大洋发现计划的第一个航次——南海 IODP 349 航次，促使我国进入探索海洋成因的地球科学研究新阶段。2014 年 6 月，科技部办公厅发文正式成立新一届中国国际大洋发现计划管理机构，包括中国国际大洋发现计划工作协调小组、中国国际大洋发现计划专家咨询委员会以及中国国际大洋发现计划办公室。

中国国际大洋发现计划工作协调小组由科技部社会发展司、国际合作司、基础研究司，财政部教科文司、国家自然科学基金委员会地球科学部、外交部条法司、边海司，自然资源部科技发展司、教育部科技司、中国科学院科技促进发展局、中国海洋石油总公司科技发展部以及中国 21 世纪议程管理中心主管负责领导组成。工作协调小组组长单位由科技部社发司担任，副组长单位由财政部教科文司、国家自然科学基金委员会地球科学部担任。中国国际大洋发现计划工作协调小组的主要职责是：组织编制我国参加国际大洋发现计划的战略及科学规划，审议中国国际大洋发现计划年度工作计划及总结报告；组建管理中国国际大洋发现计划专家咨询委员会，协调保障我国参加国际大洋发现计划所需条件，研究解决执行过程中出现的其他重要事项。

中国国际大洋发现计划专家咨询委员会由国内相关学术机构的 21 位专家组成，主任由中国科学院丁仲礼院士担任，副主任由南京大学陈骏院士、中国海洋石油总公司朱伟林教授、同济大学翦知湣教授担任。此外，还聘请上届专家委员会汪品先院士担任顾问。同济大学刘志飞教授担任专家咨询委员会学术秘书。国际大洋发现计划专家咨询委员会名单如表 6.2 所示。

表 6.2　中国国际大洋发现计划专家咨询委员会名单

序号	姓名	单位	职务/职称
1	丁仲礼	中国科学院	主任/院士
2	陈骏	南京大学	副主任/院士
3	朱伟林	中国海洋石油总公司	副主任/教授
4	翦知湣	同济大学	副主任/教授
5	汪品先	同济大学	顾问/院士
6	金振民	中国地质大学（武汉）	院士
7	王成善	中国地质大学（北京）	院士
8	李家彪	自然资源部第二海洋研究所	院士
9	丁抗	中国科学院深海科学与工程研究所	研究员
10	李铁刚	自然资源部第一海洋研究所	研究员
11	刘羽	国家自然科学基金委地球科学部	研究院
12	庞雄	中海油深圳分公司	研究院
13	丘学林	中国科学院南海海洋研究所	研究员
14	邵宗泽	自然资源部第三海洋研究所	研究员
15	石学法	自然资源部第一海洋研究所	研究员
16	孙卫东	中国科学院海洋研究所	研究员
17	王风平	上海交通大学	教授

续表

序号	姓名	单位	职务/职称
18	徐景平	南方科技大学	教授
19	杨胜雄	广州海洋地质调查局	总工
20	张海啟	中国地质调查局	研究员
21	周力平	北京大学	教授

注：表中信息截至 2023 年 9 月 4 日

专家咨询委员会的主要职责是：为我国参与国际大洋发现计划提供决策咨询，研究提出我国参与国际大洋发现计划的科学目标与规划；审议我国科学钻探航次建议书，负责推荐国际大洋发现计划科学咨询工作组中国派出代表和科学家参加国际大洋发现计划航次；组织国际大洋发现计划学术交流和科普宣传等。

6.2　我国参与大科学计划的经验总结

从我国参与的数十项大科学计划看，总体来说是利远大于弊（石聪明和王锋，2018）。借助大科学计划的平台，我国不仅在基础科学研究、人才培养上取得突破，在技术支撑、产业培育等方面也受益匪浅（李强和李景平，2016）。

6.2.1　国际大洋发现计划

我国于 20 世纪末参加大洋钻探计划以来，以同济大学汪品先院士领衔的科研团队持续数十年参与其中，是我国参与时间最长的大科学计划，为我国积累了宝贵的经验。

1. 国际大洋发现计划的参与经验及我国存在的问题

人才队伍是大科学计划顺利开展的最重要保障。比较美、日、欧三方可以发现，尽管日本在国际大洋发现计划中经费投入最大（独立建造了"地球"号科考船），但取得的成果最少，执行效率最低；而欧洲每年投入仅 2000 多万美元，却取得了丰硕的科研成果，原因在于领军型海洋人才大都集中在欧洲国家。中国的优势在于后备人才充足，劣势在于领军型、战略型科研人才偏少。

稳定支持是大科学计划的根本保障。经过数十年的稳定投入，美、日、欧在国际大洋发现计划上具备较强的科研执行能力。反观我国，以中国国际大洋发现计划办公室所在地同济大学为例，国家重点实验室的科研投入只够开展参加国际大洋发现计划航次的零星研究，缺乏参加航次前的项目论证经费和参加航次后的数据分析经费，无法完全发挥大科学计划的优势。国际大洋发现计划需要事先提供科学建议书，在航次申请前做大量前期调研工作，以确保钻探计划的可行性、安全性等。也正是因为缺乏稳定支持，1998 年以来我国只主导了三个航次的科学建议书，参与深度相比美、日、欧远远不够。

此外，核心技术是大科学计划的关键支撑。我国长期未能掌握深海钻探技术，也缺乏专业的科考钻探平台，导致在国际大洋发现计划中缺少话语权和决策权。

2. 未来我国参与国际大洋发现计划的思路

参与和主导国际大洋发现计划对我国具有重要的战略意义：①能够全面掌握全球各大洋的海底地形地貌，对维护海洋权益、国家安全有重要战略意义；②美国执行收缩战略，中国加强国际科技合作可以弥补美国空缺，在海洋科考领域发挥国际影响力；③国际大洋发现计划投入巨大，广大亚非拉国家没有财力和人力加入其中，中国深度介入国际大洋发现计划可以尝试打破美、日、欧主导传统，邀请亚非拉、"一带一路"共建国家免费加入中国主导的国际大洋发现计划，为相关国家提供领海范围内钻探的便利性，这具有重大的政治意义。

因此，我国要在国际大洋发现计划中发挥主导性作用，必须分三步走：第一步，积极参加美、日、欧三方的航次，实现 2～3 个以我国为主的匹配性项目建议书航次；第二步，仿效欧洲"特定任务平台"，争取成为国际大洋发现计划下一个"平台提供者"；第三步，建成中国自己的大洋钻探船。

目前，我国"三步走"策略已经取得初步成效，在项目建议书、技术装备上已经形成部分优势。

（1）项目建议书。自 1998 年加入国际大洋发现计划以来，以南海为重点，我国先后设计和主导了三次南海大洋钻探，其中第三次南海大洋钻探聚焦于南海扩张之前的大陆破裂，回答了"为什么陆地会变为海洋"的科学问题，揭示了南海的成因，检验了国际上以大西洋为蓝本的"大陆破裂"理论，揭示了"海洋盆地怎样形成"的科学之谜。第三次南海大洋钻探计划的圆满实施，标志着我国国际大洋发现计划"三步走"战略目标中的"第一步"圆满完成。

（2）技术装备。我国已建成科考船作业母船"探索一号"和载人深潜器 2 艘"蛟龙"号与"深海勇士"号。从 1000 米、4500 米、7000 米到万米级，中国已形成全海深潜水器能力。2023 年 12 月，我国建造的全球第三艘专业的大洋钻探船"梦想号"完成首次试航。"梦想号"排水量超 3 万吨，钻探能力 1 万米，可打穿大洋壳，揭示地震机理，查明深部生物圈和天然气水合物，理解极端气候和快速气候变化的过程，构筑 21 世纪地球系统科学研究的平台，实现人类探索地幔的梦想，同时为深海新资源勘探开发、环境预测和防震减灾等实际目标服务。

6.2.2　HGP

我国曾就是否参与 HGP 讨论了近 10 年，直到 1998 年 8 月，中国科学院遗传研究所的"人类基因中心"才挂牌。1999 年 4 月，人类基因中心决定开展基因组测序，创造加入国际 HGP 的条件。1999 年 9 月 1 日，在伦敦举行的"人类基因组测序战略第五次会议"上，我国被接纳为新成员。

HGP 因为投入巨大、技术复杂，使美、英、日、德、法五强之外的其他国家望而却步。我国之所以能够加入，一方面是因为有关部门领导支持，拨给了所需的资金；另一方面是因为我国也具备了技术力量。我国试测的 4 个大片段共 62.8 万个碱基对非常准确，这使我国取得了加入国际 HGP 的资格。当然，我国的加入与国际同行的帮助也有关。时任美国人类基因组顾问委员会委员梅纳德·奥尔森（Maynard Olson）教授是 HGP 最早的推动者之一，他热切希望中国加入。他强调，HGP 在人类历史上只有一次，中国的加入有特殊意义。

中国的贡献不只是 1% 的工作量，作为 6 个成员方中唯一的发展中国家，中国的加入改变了"国际 HGP"原有的组织格局，提高了其国际合作的形象，带来了国际社会对"国际 HGP 精神"的支持。联合国教科文组织关于人类基因组基本信息免费共享的声明就是在中国代表的努力下促成的。可以说，中国需要 HGP，而该计划也需要中国。

通过参与 HGP，我国形成的经验如下。

（1）后续研发计划层面。通过参与 HGP，我国获得了发达国家科学界的广泛信任，拿到了参与后续相关计划的入场券。例如，在国际人类基因组单体型图计划中，我国承担了全基因组 10% 的 SNP[①]分型任务量。从承担 HGP 的 1% 到国际人类基因组单体型图计划的 10%，1%HGP 的参与使我国在基因组学领域迅速起跑，国际人类基因组单体型图 10% 的贡献则标志着中国科学在基因组学领域的飞跃发展。

（2）人才培养层面。我国锻炼出一支全球知名的基因测序队伍，体现了中国科学家抓住历史机遇、把握学科前沿进展，从落后领域奋起直追的拼搏与成功。

（3）产业培育层面。HGP 的中方承担单位——华大基因，现已成为基因产业领域的"独角兽"。在基因测序技术上，华大基因实现了基因测序上下游产业链的闭环。

---

① SNP 即 single nucleotide polymorphism，单核苷酸多态性。

6.2.3　国际 Argo

Argo 观测网被誉为海洋观测手段的一场革命。为了保护我国的海洋权益，同时共享全球海洋环境数据，我国于 2002 年加入国际 Argo。我国参与国际 Argo 的总体目标是掌握 Argo 先进技术，通过引进国际上新一代先进的沉浮式海洋观测浮标，并将其施放于邻近我国的西北太平洋海域，建成了我国新一代海洋实时观测系统中的大洋观测网。

通过自 2002 年以来的发展，我国不仅在 Argo 数据采集和利用方面取得了重要进展，在 Argo 浮标制造方面也取得了技术突破。目前，我国七一〇所成功研制出 HM2000 型 C-Argo（自沉浮式剖面探测浮标），总体性能与美国铱卫星浮标相当。这进一步促进了我国高端海工装备产业的发展。

6.2.4　我国发起/参与大科学计划需要特别注意的问题

1. 集权和分权的平衡管理

集权管理易带来诸多弊端，包括大科学计划成为少数科学家或科研机构的自留地，产生学术界的"圈圈文化"和学术固化等问题；而分权管理同样存在诸如领导力不足、无法统筹协调国内外科研机构等问题。因此，大科学计划首先要考虑集权和分权的平衡管理。

鉴于此，可能有以下解决方案。

（1）大科学计划本质上是面向全人类的核心科学问题而产生的，向所有参与国/机构强调共同的科学利益和使命价值。

（2）通过设立执行委员会、顾问委员会、科学委员会等机构平衡各方权利诉求。

（3）借鉴公司化的组织管理模式。大科学计划必须强化首席科学家/项目负责人的权力，尤其是项目分配、经费调拨的权力必须下放，不要过度担心科学家的"学术独裁、经费乱用"问题，以免影响正常工作的开展。

2. 效率和公平的平衡管理

大科学计划的终极目标或过渡期目标必须是清晰可见、有限的。在科技计划管理过程中，不必过度强调项目申请的公正性，而应以效率第一为原则。

大科学计划的研究目标是收敛的，研究结果几乎不具有弹性和偶然性；而一般性科学研究（如国家自然科学基金委员会的课题）的目标是发散式的，更强调探索性和创造性，执行过程的弹性较大。针对这两类项目的区别，前者因为终点目标固定，管理机构唯一能做的就是提高执行效率，因此应严格按照最终目标选取最合适的团队，并保持动态调整；而对于后者，给予所有科学家公平公正的自由探索机会最为重要，应以公平第一为原则，大量采用同行评议的评审机制。

3. 大科学计划的政治因素不可忽略

政治因素在大科学计划的酝酿、发起、实施、结项等阶段均起着决定性的作用。具体而言，政治因素包括以下几方面的内容。

（1）各科技管理部门之间的通力合作。大科学计划在酝酿和发起过程中，首先需要解决发起国内部政府部门间的协调问题，理顺主管部门利益、行业利益等；对此，可以充分借鉴美国的做法，成立由不同部门、不同领域共同参与的决策委员会。

（2）取得最高决策机构的支持。酝酿期和发起期需要决策机构背书，项目执行期需要决策机构确保预算不被削减。在我国，所有重大科技计划的立项都是围绕国家发展规划和国民经济发展需求而确立的，单凭学术界和地方政府难以大张旗鼓地推动新计划的立项实施。

（3）央地关系的平衡处理。大科学计划的主办权分配、选址问题等均与央地关系有关。地方政府担心中央政府主管部门"摘桃子"、在主办权和选址方面有失公允，中央政府主管部门则可能希望地方政府多出钱。

6.3　我国发起大科学计划的可行性与劣势

在新的历史发展阶段，我国在若干科技领域已经具备了国际顶尖的科研实力，实现从"跟跑"到"并跑"再到"领跑"的跨越。为进一步提升我国的全球科技影响力，吸引科技领军人才来华，除了常规的国际科技合作、人才跨境交流外，大科学计划也是重要渠道之一。

6.3.1　可行性

1. 我国发展大科学计划拥有强有力的政治支持

2015 年 10 月，习近平总书记在中共十八届五中全会提出要"深入实施创新驱动发展战略，发挥科技创新在全面创新中的引领作用，实施一批国家重大科技项目，在重大创新领域组建一批国家实验室，积极提出并牵头组织国际大科学计划和大科学工程"①。国务院印发的《"十三五"国家科技创新规划》同样提出要"提出并牵头组织国际大科学计划和大科学工程"。这表明，由我国科研机构或科学家发起大科学计划将会获得政治上的有力支持。

2018 年 3 月 28 日，国务院正式印发了《积极牵头组织国际大科学计划和大科学工程方案》，明确了"国际尖端、科学前沿，战略导向、提升能力，中方主导、合作共赢，创新机制、分步推进"的 32 字原则，提出了近期、中期、远期的发展目标。到 2035 年，培育 6～10 个项目，启动培育成熟项目，形成我国牵头组织的大科学计划初期布局，提升在全球若干科技领域的影响力。

到 21 世纪中叶，培育若干项目，启动培育成熟项目，我国原始科技创新能力显著提高，在国际科技创新治理体系中发挥重要作用，持续为全球重大科技议题做出贡献。

2. 我国具备大科学计划的管理能力和参与经验

从 20 世纪 50 年代开始，我国就常常采用"攻关""举国体制"的科研组织形式，突击完成某些大科学项目，曾成功地组织半导体、计算机等尖端技术的攻关。进入 60 年代，我国又集中力量发展核技术、空间技术、人工合成牛胰岛素等大科学项目。在我国的计划管理模式下，组织目标清晰，人力、物力、财力按计划、按需要随时调集和分配，较少受不同部门、不同单位局部利益的干扰，保证国家能集中各部门力量在大科学项目上集体攻关。实践表明，大科学计划的顺利推进有时需要强有力的领导机构，我国既往的"集中式自上向下"的计划管理经验值得进一步提炼和继承。

在国际大科学计划参与方面，早在 1979 年，中国科学院就与美国能源部签署了高能物理合作谅解备忘录。近年来，我国积极参与了一批生命科学领域的国际大科学计划，初步掌握了国际大科学计划的规则和逻辑，探索了参与国际大科学计划的组织模式，培养了一批高水平的科研和工程技术队伍。

3. 我国具备发起大科学计划的基础条件

科研基础设施方面，我国建有一大批国际领先的"大科学"装置。截至2022 年 6 月，我国在建和运行的重大科研基础设施总量已达 57 个。仅以长三角地区为例，拥有上海张江国家科学城、合肥综合性国家科学中心，截至 2022 年12 月已建有重大科研基础设施 19 座。具体如表 6.3 所示。

---

① 中国共产党第十八届中央委员会第五次全体会议公报（EB/OL）.http://news.cnr.cn/native/gd/20151029/t20151029_520328271.shtml[2023-08-14]。

表 6.3　长三角地区重大科研基础设施群情况

序号	立项时间	所在地区	设施名称
1	1983 年	上海	神光高功率激光实验装置
2	1983 年	安徽	同步辐射装置
3	1994 年	江苏	泥沙基本理论研究平台
4	2008 年	安徽	托卡马克核聚变实验装置辅助加热系统
5	2000 年	上海	超级计算机中心
6	2001 年	上海	多功能振动台实验室
7	2004 年	上海	上海光源
8	2004 年	上海	国家汽车整车风洞中心（上海）
9	2006 年	上海	海流计检定装置
10	2006 年	上海	风速风向仪检定装置
11	2006 年	江苏	国家超级计算无锡中心
12	2007 年	江苏	东海地壳运动长期观测站
13	2007 年	安徽	稳态强磁场实验装置
14	2008 年	上海	上海 65 米射电望远镜
15	2008 年	上海	蛋白质科学研究（上海）设施
16	2013 年	上海	上海光源线站工程国家大科学工程设施
17	2013 年	上海	软 X 射线自由电子激光装置
18	2015 年	上海	转化医学国家重大科技基础设施（上海）
19	2015 年	上海	国家肝癌科学中心

　　相比美欧，我国的科研经费保障更为充足。在美国，时任总统特朗普上台后全面推行"反全球化"执政理念，国际大科学计划亦受到波及（如美国于 2017 年 10 月 12 日决定退出主导众多国际大科学计划的联合国教科文组织）。受英国脱欧事件、恐怖袭击、民粹党派执政等各种负面因素的影响，欧洲国家共同发起国际大科学计划的可能性较低；同时，欧洲尚处在经济恢复期，一国也难以独自发起国际大科学计划。相比较而言，我国科研经费充足，2022 年已成为全球第二大研究与试验发展经费支出国，经费规模超过美国的二分之一，研究与试验发展投入强度已超过欧盟国家平均水平。近年来，我国基础研究经费投入持续快速增长，年均增长速度接近 20%，且预期未来这一增速不会放缓。我国牵头发起国际大科学计划拥有财力支持。

6.3.2 存在劣势

目前，我国在大科学计划方面的参与广度和深度与世界一流科技强国还有不小差距，因此，由我国发起国际大科学计划必然存在诸多劣势，具体如下。

1. 科学目标定位难

大科学计划的首要难点是确定一个非常明确、清晰、可达的目标。我国长期以来处在"跟跑"阶段，跟踪学习和模仿美欧研究较多，普遍缺乏对解决世界一流科学问题的追求和领跑的勇气，因此，由我国科学家主导，提出恰当的科学目标可能比较困难。

可能的应对策略：在大科学计划的酝酿期充分征集全球顶尖科学家的意见，委托专业机构提供科技决策咨询报告。

2. 领军科学家、战略科学家缺乏

领军科学家的个人魅力和学术权威是吸引科学家群体积极加入大科学计划的重要因素。目前，尽管我国实施了各类人才计划，人才回流趋势明显。但是，长期活跃在国际科技舞台，能够承担国际大科学计划的领军型人才、战略科学家相对还比较缺乏。

可能的应对策略：中央和地方政府继续加大高层次顶尖人才的引进力度，提供与国际接轨的科研硬环境和软环境；充分利用回流科学家的全球关系网络搭建合作平台。

3. 大科学计划的吸引力不足

与世界一流科技强国相比，我们在诸多领域还存在较大差距，因此，针对我国牵头发起大科学计划，如何最大范围地吸纳其他国家政府和科研组织、科技人才加入是一个关键问题。目前我国在这方面的号召力还不够强大。

可能的应对策略：首先，采取分步推进策略，先对国内可能发起大科学计划的若干研究方向进行培育，然后再推向国际舞台；其次，借鉴美国的经验，采取"围绕科技的外交"战略，结合我国外交政策（如"一带一路"倡议）扩大参与规模。

6.4 我国开展大科学计划的治理建议

依据大科学计划的客观运行规律和全流程管理，结合我国开展大科学计划的战略情境分析，提出以下建议。

1. 发起阶段

目标管理：①以基础性、战略性和前瞻性为原则，聚焦全球科技界普遍关注、对人类社会发展和科技进步影响深远的研究领域，选择能够在国际上引起广泛共鸣的重大科学问题，并据此确定清晰的、可量化的、有边界的终极科学目标；②围绕项目目标设计研究内容和考核体系，杜绝"拼盘"。

项目培育：①项目培育必须能够依靠以"大科学装置"为代表的重大科研基础设施和产业技术支撑，服务未来产业发展布局；②形成科学的项目形成机制，可以以项目为核心开展培育工作，从科技进步奖特等奖、一等奖等优秀科研项目中遴选出专项培育候选项目，根据大科学计划发起条件逐级评估，同时以顶尖科学家为核心开展培育工作，密切跟踪全球顶尖华裔科学家的最新研究进展，通过人才高峰工程加以重点培育。

发起组织：科研资助机构、充当财政项目资助代表人的科研机构、具有全球影响力的非营利组织。发起组织的业务范围最好与大科学计划的研究领域接近，以便其整合各方面资源。

发起人：发起人必须是享有较高的国际学术声誉的中国人或外籍华人，擅长协调与国内和国外中央、地方两级政府的关系，具有较强的人格魅力和号召力。

2. 组织阶段

政府管理机构：建立独立的大科学计划管理机构，拥有独立财权和事权，单独拨付年度财政预算，不纳入科研经费总预算。

科研机构：以分布式科研活动为原则，对外依托全球现有科研机构，共同开展科学研究；对内依托高校和科研院所建立相对独立的研究中心，接纳海外科学家在华工作。结合大科学计划特征灵活设计组织架构。

运营机构：积极推动国际大科学计划管理总部落户中国，面向全球公开招聘具有大科学计划管理经验的科研管理团队；国际大科学计划务必以"效率第一"为原则，尝试成立非营利性的有限责任公司，实现科研活动的公司化管理和运营。

决策咨询机构：①对外成立由全球科学家组成的科学咨询委员会、伦理和社会问题委员会、项目协调委员会等机构，吸引其他国家共同参与决策；②对内建立类似于美国国家研究委员会的科技决策咨询委员会，为发起大科学计划提供专业指导意见，避免政府干预可能对科技规划产生的不利影响。

3. 项目执行阶段

授权方面：以科学家为核心，充分授予其财权和人事权利，对可能出现的"学术独裁"持宽容态度。

任务分工方面：以"效率第一"为原则，以项目负责人分配制为主，自由申请和同行评议相结合。

成果分享方面：遵守国际规则，建立科研成果分级共享机制，最终成果以论文/报告形式公开发表，全球共享；实施路径、支撑技术等中间成果有条件共享。

过程控制方面：执行过程中要注意范围控制、进度控制、资金控制、风险控制、伦理道德控制。

项目评估方面：参照终极目标设立评估体系，适当减少中间环节的考核次数。

4. 保障要素

财政保障方面：①大科学计划投入大，涉及财政资金稳定拨付、跨境支付等问题，需要一定的财政投入制度突破；②大科学计划耗时长，应以机构式资助为主，建立稳定的、长周期资助模式。

人才保障方面：①长效措施，对接国家"科技创新 2030-重大项目"，在物质科学、宇宙演化、生命起源、地球系统、环境和气候变化、健康、能源、材料、空间、天文、农业、信息以及多学科交叉领域引进一批战略科学家和优秀中青年科学家，通过各类人才计划提前布局，努力形成中国自己的"璀璨的科学家群体"；②短期举措，针对具体的大科学计划，争取国际大科学计划相关领域国际学术会议的主办权，主动邀请、召集相关领域的全球顶尖科学家来我国参加研讨会和学术讲座，参加科技决策咨询，"瞄准"有可能来华工作的专家，单独谈判确定科研方向乃至其他事宜。

组织保障方面：①从国家层面上加强统筹规划，建立以国家创新战略为导向，由政府引导、多主体共同参与的"自下而上"征集、"自上而下"布局的战略格局；②在大科学计划实施过程中，政府应根据科技计划进展，动态调整自身角色定位，有效解决大科学计划不同阶段存在的问题；③协调好中央地方关系，中央政府应对地方政府培育的大科学计划给予主办权、管理机构选址方面的优先考虑，地方政府应积极承接国家发起的大科学计划，落实资金配套、项目对接工作。

环境保障方面：①依托北京怀柔、上海张江、安徽合肥、粤港澳大湾区四大综合性国家科学中心，发挥现有"大科学装置"的基础优势，组织大科学计划；②制定国际科技合作中知识产权保护、国家资源和国家机密保护的相关政策和法规，维护国家利益，同时加强大科学法律框架和体系的研究和建设，形成良性发展秩序；③加强海外高层次人才引进工作法治化建设，对与人才引进、设备进口等相关的出入境管理、海关通关等给予绿色通道。

6.5　正在推进的大科学计划

按照 6.4 节归纳的治理要点，本节以人类全脑介观神经联接图谱计划为例，阐述我国部分正在推进中的国际大科学计划进展情况。

6.5.1　计划的背景与战略意义

1. 人类全脑介观神经联接图谱计划的背景

人类大脑是一个极其复杂的巨系统，脑内神经元、胶质细胞、血管等结构与功能信息的时空跨度可达十几个数量级。在全脑尺度上解析结构和功能神经联接图谱是揭示脑工作原理的关键，也是全面理解认知功能神经基础的必经之路。

2018 年 5 月 2 日，香山科学会议在北京召开第 S40 次学术讨论会，与会科学家在会议上提出启动"全脑介观神经联接图谱"国际合作计划。"全脑介观神经联接图谱"国际合作计划已完成十万级神经元的斑马鱼大脑介观图谱，预计 2025 年完成小鼠全脑介观图谱，2030 年完成猕猴全脑介观图谱。图谱将确定神经元空间位置、"输入""输出"及与大脑功能（如控制行为、情感等）的因果关系等。

"全脑介观神经联接图谱"国际合作计划拟由中国主导发起，科学家将陆续完成成立介观脑图谱研究中心、组建国内团队与创新技术平台、组建国际大计划执行委员会、组建国际团队和国际联盟等工作。时任香山会议执行主席、中国科学院外籍院士、中国科学院神经科学研究所所长蒲慕明指出，"当前，脑图谱绘制已成为各国科技战略重点，主导发起全脑介观神经联接图谱绘制是实现我国脑科学由'并跑'向'领跑'转变，占据国际科技制高点的重要支撑"。

2. 战略意义

首先，人类全脑介观神经联接图谱的绘制是继 HGP 以后 21 世纪最重要的生命科学前沿问题之一。我国牵头发起人类全脑介观神经联接图谱计划，有助于占领脑科学前沿研究的高地。其次，我国介观图谱绘制技术和非灵长类研究已处于世界领跑阶段，发起人类全脑介观神经联接图谱计划有助于发挥我国竞争优势，推进国际灵长类脑研究中心成为全球脑科学研究人才聚集高地。最后，全脑介观联接图谱是脑疾病精准诊断治疗、青少年脑智开发、发展新一代人工智能产业的基石。发起人类全脑介观神经联接图谱计划是建设健康中国、智慧社会、智能产业的重要保障。

发起人类全脑介观神经联接图谱计划最终将提升我国核心科技创新能力、前沿科学的发言权和主导力，符合建设科技强国战略和国家第二个百年奋斗目标。

6.5.2 我国所掌握的关键技术

1. 脑疾病模型猴研制取得突破

面向国家重大需求，脑疾病模型猴的制作将为脑疾病的机理研究、干预、诊治带来前所未有的光明前景。目前绝大多数脑疾病之所以不能得到有效治疗，主要原因是研发药物通用的小鼠模型和人类相差甚远，研发出的药物在人体检测时大都无效或有副作用。自从 1997 年"多莉羊"体细胞克隆成功后，许多哺乳类动物的体细胞克隆也相继成功，但与人类相近的灵长类动物（猕猴）的体细胞克隆一直是没有解决的难题。没有克隆猴，就很难建立模拟人类疾病的动物模型。

中国科学院神经所研究员孙强率领以博士后刘真为主的团队，经过五年的不懈努力，成功地突破了这个生物学前沿的难题。2017 年 11 月 27 日，世界上首个体细胞克隆猴"中中"在中国科学院神经科学研究所、脑科学与智能技术卓越创新中心的非人灵长类平台诞生；12 月 5 日，第二个克隆猴"华华"诞生。生物学顶尖学术期刊 *Cell* 以封面文章在线发表了此项成果。

体细胞克隆猴的重要性在于能在一年内产生大批遗传背景相同的模型猴。使用体细胞在体外有效地做基因编辑，准确地筛选基因型相同的体细胞，然后用核移植方法产生基因型完全相同的大批胚胎，用母猴载体怀孕生出一批基因编辑和遗传背景相同的猴群，这是制作脑科学研究和人类疾病动物模型的关键技术。

这一成功标志着中国将率先开启以猕猴作为实验动物模型的时代，实现了"领跑、弯道超车、三个面向"的目标，进一步巩固了中国科学家在我国即将启动的灵长类全脑介观神经联接图谱国际大科学计划中的主导地位。

2. 高通量电镜三维影像系统研制成功

中国科学院自动化所已研制出拥有自主知识产权的高通量电镜三维影像系统。利用该平台，中国科学院神经科学研究所研究员杜久林的团队已开展了大脑体积约为 0.125 立方毫米的幼龄斑马鱼全脑介观神经联接图谱的绘制。中国科学院自动化所研究员韩华表示，"研究人员正在研发面向全脑规模的微观尺度图谱绘制技术，在仪器装备和数据处理效率有数量级提升的条件下建立规模化作业的工程平台，为即将启动的国家脑计划提供突触水平神经联接图谱绘制的一站式解决方案"。

3. 其他正在研发的技术

除以上两项核心技术外，我国在单细胞基因测序新技术、神经元集群电活动检测技术、大数据处理技术方面已开始布局，具有一定的技术储备。

6.5.3　计划进展路线图

按照中国科学院的初步规划，人类全脑介观神经联接图谱计划的进展路线图如图 6.3 所示。可以看出，该计划约耗时 17 年，到 2035 年完成。

根据以上计划进展图，上海市政府联合中国科学院，确定了"全脑神经联接图谱与克隆猴模型研发计划"路线图，通过市级项目"先导"国际大科学计划。具体如图 6.4 所示。

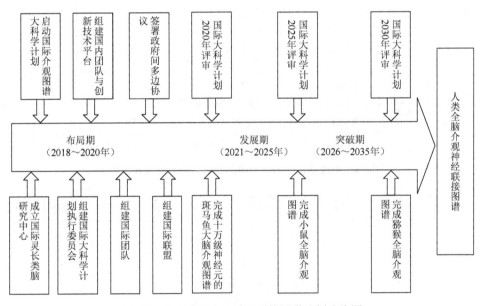

图 6.3　人类全脑介观神经联接图谱计划路线图

6.5.4　初步拟定的组织架构

针对人类全脑介观神经联接图谱计划，香山会议上各方已初步拟定了组织架构，具体如图 6.5 所示。

从国际机构与组织参与合作的可能性视角看，根据人类全脑介观神经联接图谱计划工作组的预判，从双方平等合作的角度考虑，国际机构参与我国发起的大科学计划的可能性是存在的。具体如表 6.4 所示。

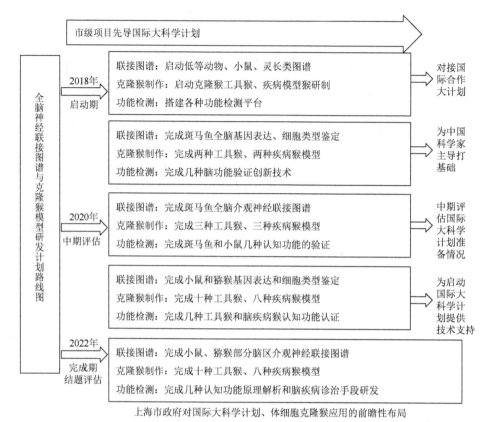

图 6.4　市级项目先导下的国际大科学计划的技术路线图

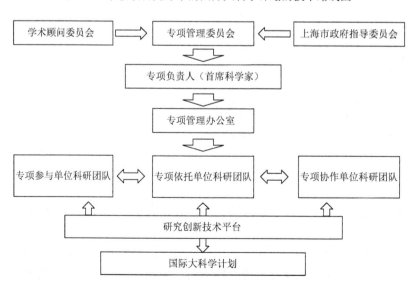

图 6.5　人类全脑介观神经联接图谱计划的组织架构

表 6.4 国际机构与组织参与合作的可能性评估

序号	国际机构或组织	国际团队	国际联盟
1	美国国家实验室脑图谱中心	—	√
2	NIH、美国人类脑计划	√	√
3	欧盟人脑计划	—	√√
4	日本脑计划、日本理化学研究所脑研究所	√	
5	美国 Allen（艾伦）脑研究所	√	√√
6	德国亥姆霍兹协会、马克斯·普朗克科学促进学会研究所	√	√√
7	以色列魏茨曼研究所和希伯来大学	√√	—
8	加拿大健康研究院	√	√√
9	英国伦敦大学神经科学组织	√	—
10	法国里昂干细胞与脑科学研究所	√	
11	澳大利亚脑计划、昆士兰大学脑研究所	√	√√
12	匈牙利科学院实验医学研究所	√√	—
13	韩国脑计划、韩国科学与技术研究院脑研究所	√	—
14	古巴神经科学中心	√	—
15	荷兰科学研究组织、荷兰脑库	国际团队：直接承担大计划任务 √√	
16	卡弗里基金会	国际联盟：技术、数据、成果共享	
17	国际脑研究组织	—	√√

注："—"表示不合适，"√"表示有可能，"√√"表示可能性较高

第 7 章　我国大科学工程的建设与治理

当前，全球正处在第四次技术革命的前夜，主要大国都在生命科学、人工智能、能源技术等基础前沿领域规划布局。在新一轮科技竞赛中，我国科技基础相对薄弱，基础研究累计投入不足，需要通过优化科研组织模式，提高组织效率的方式实现技术赶超与引领。大科学工程作为科学研究的"器"，在赶超和引领战略中发挥着最为关键的作用。同时，与美欧投入巨资一味追求大科学工程极端性能不同，我国仍属于发展中国家，一切应当以经济建设为中心，在大科学工程的定位上，需要顾及设施总量不足与社会需求广泛的矛盾，平衡"专用研究设施"与"公共/公益研究设施"的建设比例，实施"一机多用，基础与应用兼顾"的总体发展思路。

7.1　我国大科学工程建设历程

7.1.1　我国大科学工程现状

新中国成立以来，我国充分认识到科学技术对推动国家经济发展和维护国家安全的重要价值，持续开展大科学工程装置的规划、布局及建设工作。总体可以分为三个阶段。

第一阶段是新中国成立初期至 20 世纪 70 年代末。这一阶段我国同时面临东西方阵营的压制，国内外形势严峻，科学技术发展一度停滞不前。因此除必要的国防军事技术领域外，大部分民用科学技术领域没有投资建设大科学工程装置，以跟踪国际科学技术进展为主。

第二阶段是 20 世纪 70 年代末到 21 世纪初。得益于 1971 年恢复联合国席位和 1972 年中美建交，我国国际环境大为改善。我国广泛结合国家经济社会发展的关键技术需求，在经济可承受的范围内，在能源科学、生命科学、地球系统与环境科学、材料科学、空间与天文科学、高能物理等领域，累计投资建设了数十座大科学工程设施，其中的典型代表包括北京正负电子对撞机、合肥光源（二代）、上海光源（三代）、LAMOST，这些设施为我国科学家追赶国际科学前沿发挥了至关重要的作用（邢淑英，2000）。

第三阶段是 21 世纪头 10 年至今。我国综合国力显著增强，研究与试验发展投入长期居于全球第二。在这一阶段我国开始围绕国家创新体系建设和战略科技力量建设，立项建设了一大批大科学工程设施（程豪和周琼琼，2018）。

截至目前，尽管在装置性能上与全球顶尖水平仍有差距，我国已经在能源科学、生命科学、地球系统与环境科学、材料科学、空间与天文科学、粒子物理与核物理、工程技术科学领域全面布局（表 7.1），与美、欧、日等主要科技强国相比已不存在设施布局短板，部分设施性能在特定能级方面甚至处于国际顶尖水平。

表 7.1　全球大科学设施的布局

科学领域	美国	欧盟	英国	德国	法国	中国
能源科学	2	6	2	6	0	6
生命科学	2	16	9	10	22	8
地球系统与环境科学	12	11	15	12	21	10

资料来源：中国科学院大科学装置领域战略研究组（2009）

7.1.2　大科学工程建设进展——以上海为例

上海科研院所密集，科研资源丰富，地方财政收入居全国前列，长期重视大科学设施/装置的建设。自颁布《上海中长期科学和技术发展规划纲要（2006—2020年）》以来，上海对科研基础设施的支持力度不断加大。上海市人民政府、科学技术委员会、中共上海市委、市委农办及市农委等多个部门累计颁布近 20 项规章制度、条例和实施办法，有力地促进了上海市基础设施的建设和发展。从政策类别来看，上海市出台的相关政策主要是支持类政策，具体的管理类政策相对较少，主要从鼓励建设、促进共享、加强合作、经费资助、人才扶持、公共服务等六方面对科研基础设施进行支持。表 7.2 梳理了 2006 年以来上海在科研基础设施方面的政策文件。

表 7.2　上海市科研基础设施政策文件

序号	政策名称	颁布时间	政策类别	鼓励建设	促进共享	加强合作	经费资助	人才扶持	公共服务
1	《上海中长期科学和技术发展规划纲要（2006—2020年）》	2006.3	支持/管理	√	√	√			√
2	关于实施《上海中长期科学和技术发展规划纲要（2006—2020年）》若干配套政策的通知	2006.5	支持	√	√		√		
3	《上海市科学技术进步条例》	2010.9	支持	√			√		√
4	《上海市科学和技术发展"十二五"规划》	2012.5	支持/管理	√	√	√	√	√	√

续表

序号	政策名称	颁布时间	政策类别	鼓励建设	促进共享	加强合作	经费资助	人才扶持	公共服务
5	《上海市促进大型科学仪器设施共享规定》	2007.8	管理		√				√
6	《上海市国家级重要科研设施和基地建设配套支持办法》	2013.3	支持	√			√		
7	中共上海市委、上海市人民政府《关于加快建设具有全球影响力的科技创新中心的意见》	2015.5	支持	√					
8	《关于加快推进中国（上海）自由贸易试验区和上海张江国家自主创新示范区联动发展实施方案》	2015.11	支持	√		√		√	√
9	上海市人民政府办公厅关于印发《关于进一步促进科技成果转移转化的实施意见》的通知	2015.11	支持	√	√				√
10	市委农办 市农委关于贯彻《中共上海市委 上海市人民政府关于加快建设具有全球影响力的科技创新中心的意见》的实施意见	2015.12	支持	√					√
11	上海银监局关于上海银行业提高专业化经营和风险管理水平进一步支持科技创新的指导意见	2015.12	支持	√			√		
12	上海市人民政府关于印发《本市加强财政科技投入联动与统筹管理实施方案》的通知	2016.4	支持	√			√		
13	《上海市科技创新"十三五"规划》	2016.8	支持/管理	√	√	√	√	√	√
14	《关于进一步深化人才发展体制机制改革加快推进具有全球影响力的科技创新中心建设的实施意见》	2016.9	支持	√				√	
15	《上海市人民政府办公厅关于促进本市生物医药产业健康发展的实施意见》	2017.8	支持	√					
16	《上海市人民政府关于进一步支持外资研发中心参与上海具有全球影响力的科技创新中心建设的若干意见》	2017.10	支持	√			√	√	√
17	上海市人民政府办公厅关于印发《上海市加快推进具有全球影响力科技创新中心建设的规划土地政策实施办法》的通知	2017.11	支持/管理	√					
18	关于印发《促进国家重点实验室与国防科技重点实验室、军工和军队重大试验设施与国家重大科技基础设施的资源共享管理办法》的通知	2018.6	支持/管理	√		√	√		
19	关于印发《上海市大型科学仪器设施信息报送办法》的通知	2019.9	管理			√			

　　2014 年 5 月，习近平视察上海，明确要求"上海要努力在推进科技创新、实施创新驱动发展战略方面走在全国前头、走在世界前列，加快向具有全球影响力的科技创新中心进军"①。此后，上海开始着力提升上海科创中心策源能力，系统布局建设张江国家实验室等高水平创新基地。截至 2020 年底，上海建成和在建的"大科学"工程装置已达 14 个，在设施数量、投资金额方面处于全国领先水平，公开的上海已建成和在建"大科学"装置如表 7.3 所示。

表 7.3　上海已建成和在建"大科学"装置（公开）

序号	设施	建设情况	启动时间	设备类别	学科领域	专管部门	依托单位
1	上海光源	建成	2009-05-06	公共实验设施	物理学、化学、生物学、材料科学	中国科学院	中国科学院上海高等研究院
2	上海软 X 射线自由电子激光装置	建成	2016-05-09	专用研究设施	物理学、化学、材料科学、能源科学技术	中国科学院	中国科学院上海应用物理研究所
3	上海光源线站工程	建成	2016-11-20	公共实验设施	物理学、化学、材料科学	中国科学院	中国科学院上海高等研究所
4	神光 II 高功率激光物理实验装置	建成	2001-12-31	专用研究设施	物理学、天文学	中国科学院	中国科学院上海光学精密机械研究所
5	上海 65 米射电望远镜（天马望远镜）	建成	2017-12-28	专用研究设施	天文学	中国科学院	中国科学院上海天文台
6	国家蛋白质科学研究（上海）设施	建成	2015-07-28	公共实验设施	化学、生物学、药学、材料科学	中国科学院条件保障与财务局	中国科学院上海高等研究院
7	转化医学国家重大科技基础设施（上海）	建成	2016-03-01	公共实验设施	医学（肿瘤、心脑血管）	上海交通大学	上海交大及其医学院附属医院
8	上海地面交通工具风洞中心	建成	2009-07-01	公共实验设施	力学	教育部	同济大学
9	海洋深水试验池	建成	2008-10-01	专用研究设施	力学、能源科学技术、水利工程、交通运输工程	教育部	上海交通大学
10	多功能振动台实验室	建成	2013-03-01	专用研究设施	土木建筑工程	同济大学	同济大学
11	多功能船模拖曳水池	建成	2017-12-08	专用研究设施	力学、水利工程、交通运输工程	教育部	上海交通大学

---

　　① 上海：加快向具有全球影响力的科技创新中心进军[EB/OL]. https://city.cri.cn/20220927/c22f3acc-4f91-38e1-1ec5-605bdf8fa5ee.html[2023-08-15]。

7.2　我国大科学工程的治理建议

结合大科学工程设施的国际经验和我国发展实际，本节从大科学工程设施建设与运行的科学发展规律和客观管理需求出发，提出具体的管理框架体系。

7.2.1　顶层设计：尊重科学规律，契合发展实际，实事求是制定科学目标

当前，全球正处在第四次科技革命的前夜，主要大国都在生物技术、人工智能、纳米技术、3D打印等若干领域加强基础研究与创新布局。我国开展大科学工程设施规划与布局论证时，必须尊重科学规律，围绕未来可能主导新科技革命的技术领域，结合自身科研与资源优势，实事求是地制定科学目标，确定大科学工程装置性能指标（中国科学院，2009；王贻芳和白云翔，2020）。

具体到城市层面，大科学工程装置几乎是全球科技创新中心的"标配"。北京、上海等城市应从提升科技创新策源能力的视角考虑：一是要尽快制定大科学工程装置的中长期发展规划与布局；二是结合未来科技发展趋势、优势科技领域、未来产业发展，培育和遴选若干建设领域；三是积极摸索大科学工程设施的运行规律，总结形成成熟的管理机制、制度规范；四是充分发挥国际交流窗口优势，积极吸引海内外顶尖科学家来沪交流、互访，长期从事科研工作。

值得一提的是，我国还是发展中国家，科研资源总体并不丰富，地理分布也极不均衡。建设大科学工程装置相比美国和欧盟更需要严密的、长期的科学论证，切忌为了大国形象、少数科学家的宏伟梦想而草率发起大科学计划或工程。

案例：关于中国超级对撞机的大辩论

2012年，中国科学院院士王贻芳提出建造超级对撞机项目。此举立即在国内外高能物理学界引起激烈辩论。正方以中国科学院高能物理研究所王贻芳院士和美国国家科学院丘成桐院士为代表，反方以杨振宁院士为代表。在这场围绕"大科学工程"的争论中，双方焦点梳理下来共有以下六个，具体见表7.4。

表7.4　超级对撞机的六个"究竟"

焦点	正方	反方
建造"超级对撞机"究竟是不是"无底洞"	我国估价、建造、管理经验成熟，完全可以成功	国际上有"前车之鉴"，"无底洞"已成共识
民生问题和"超级对撞机"，究竟谁是"当务之急"	民生和"对撞"都是"当务之急"	应该先民生后"对撞"

续表

焦点	正方	反方
建造"超级对撞机"究竟会不会挤压其他基础科学的经费	"对撞"经费与其他基础学科不冲突	其他学科经费必遭挤压
"超级对撞机"究竟能不能发现新粒子	现在就下定论有点过于武断	用超级对撞机发现超对称粒子只是猜想加猜想
高能物理的大成就对人类生活究竟有没有好处	没有高能物理就没有触摸屏	三五十年内不会有
中国高能物理的前途究竟在哪里	应该多听取一线新生科学家的意见	高能物理的方向不是建对撞机

7.2.2　资源配置：稳定财政支持，多元投入并存，优化资源配置方式

1. 稳定的中央财政支持机制，推动地方资源投入

大科学工程设施属于基础研究的范畴，经费预算来源于中央财政。由于涉及金额巨大，投资周期长，中央财政应将建设费用单列出来，单独核算，既打消挤占其他领域科研投入的担忧，也能确保投资稳定性。为确保中央财政投入的稳定性，美国的做法是固定一家主资助部门，德国的做法是立法确定联邦和州政府每年投入增速不得低于 5%。

除争取中央财政投入外，应积极要求地方政府加大对大科学工程设施的资源投入力度，包括土地资源、场地划拨、编制名额、配套基础设施、研发资金等；作为交换，中央政府也可以在科研总部、核心装备、数据库等方面向出资较多的地方政府倾斜（戴国庆，2005）。

2. 优化资源配置方式

大科学工程设施的建设不同于一般的基建工程，科研项目的不可预见性、风险性较高。如果项目经费管理过于强调规范就会限制创新，不必要的管理程序也会造成工艺创新的约束；但太过灵活也的确可能滋生资金浪费和腐败。在建设大科学工程设施过程中，在确保规范的前提下，应明确设置专项的"不可预见"费用，给工艺创新、工程技术供给留下足够的发展空间。

针对以往运行阶段不如建设阶段得到重视的缺点，要从全过程、全生命周期管理大科学工程设施。在项目立项阶段就进行全过程或全生命周期的概算，将运行阶段的人工成本、备件成本、升级改造成本、退役成本等未来费用全部计算在内，从项目一开始就避免科研投入中常见的"重固定资产投资、轻人力资本投入"倾向。

3. 拓宽多元化投入渠道

大科学工程设施耗资巨大,从国内外现有案例看,越来越多的非营利组织、基金会、企业等,基于自身的使命和价值追求,加入投资行列。我国在论证大科学工程设施过程中,也应当积极吸引各类企业参与建设,启动政府市政建设中 PPP 等新型建设模式。

首先,针对大科学工程设施,因其研究成果为纯基础研究,可以通过征集冠名权、宣扬人类利益道德制高点的方式,吸引国内外非营利组织、民间公益基金会、大型企业捐赠实物或资金。其次,针对公共实验平台、公益基础设施,可以邀请企业参与共同建设,通过分配专用线站、专有机时等方式回报企业的初始建设投入。

4. 加大预制研究的资源投入力度

大科学工程设施兼具了基建、科学、技术和工艺特点,不同种类之间差别很大,没有规范和先例可循,在开始建设前必须做好充分的预制研究。预制研究重点解决以下问题:①对技术创新程度高、失败风险大,属于关键核心部件但暂不适合立项批复的技术开展试制研究,了解技术难点和风险;②比较不同技术路线,确定最优的工艺方案;③通过预制研究编制项目建设方案,明确质量控制程序、鉴定与检测方案,提前研制满足特殊运输与安装需求的工装设备等。

2018 年以来,全球政治经济形势发生巨大波动,我国开展国际科技合作受到一定限制。一些关键核心部件可能无法通过国际科技合作渠道解决,必须要做好自力更生的准备。在等待国际形势明朗时,应当尽快设立预制研究专项经费,组织各类科研部门和企业,集中开展关键核心部件的攻关。这样一方面可以缓解关键核心技术上受制于人的局面,另一方面也为大科学工程设施未来正式立项开工做好充分准备,降低工程造价,分散建设风险,锻炼装置研制队伍。

7.2.3 组织管理:加强宏观管理,优化团队组织结构,加强国际协调

1. 设立大科学工程设施规划委员会,加强宏观管理

大科学工程设施的发起决策事权在中央,地方政府可以在财政投入、资源供给上积极配合。对此,建议在中央层面设立大科学工程设施规划委员会,加强顶层设计与中长期的合理规划布局,通过宏观管理避免地方政府之间的重复建设与过度竞争。地方政府也应当设立大科学工程设施的专项管理办公室,协调地方国土资源、发改委、财政、科技、教育等部门,共同推进计划或工程建设。央地两级专项管理办公室应建立一套运行良好的协调机构,负责整个项目的分工与协调,在各参与主体之间起到桥梁作用。

2. 推行项目法人制度，提高大科学工程设施的管理效率

在央地两级政府指导下，大科学工程设施的执行单位、承建单位应严格落实项目法人制度，全权处理工程建设、项目运行管理工作（王婷等，2020）。对此，可以吸纳美国"政府拥有、政府管理"或"政府拥有、第三方机构管理"的管理经验，提高大科学工程设施的管理效率。

3. 优化科研团队组织结构，提高大科学工程设施的执行效率

大科学工程设施需要建立合理的项目资助结构，明确项目系统内部的组成部门与关系架构。大科学工程设施的组织结构相对更加复杂。①工程建设阶段：按照工程建设管理规律组建预制研究团队、基建团队，预制研究任务可以分配给现有高校院所，也可以直接组建大科学工程专项预制研究小组。②工程运行阶段：首先，明确固定研究团队和流动研究团队；其次，针对固定研究团队，划分研究方向，在组织内部实行有一定竞争性的项目制管理；再次，针对流动研究团队实行科研外包式管理；最后，针对在大科学工程设施上运行的科学计划，采取矩阵式组织管理。

4. 组建专业型大科学计划与大科学工程企业联盟

大科学工程设施需要大量精密、尖端科研仪器。目前，我国的高端科研仪器（如高端光学显微镜、冷冻电镜等）全部依赖进口，且基本被日本、美国公司垄断。我国应充分利用大科学工程设施需要大规模、高精度仪器的时机，组建专业型大科学工程企业联盟，重点发展高端科研用仪器仪表产业。通过专项资金支持联盟企业研制非标准设备，保护其研制过程中形成的知识产权，并逐步将非标准设备转变为常规设备进行批量生产。培育专业型大科学工程企业联盟一方面可以解决预制研究人员的出路问题，为国家保留一支完整的专业化科学工程施工队伍，防止人才流散；另一方面，也可以实现联盟企业与大科学计划的共同成长，逐步实现高端科研仪器设备的国产化替代，以防止未来被"卡脖子"，甚至拓宽大科学工程设施的技术"出口"渠道。

5. 加强国际关系协调

（1）将国际评审作为项目立项的强制要求。国际评审可有效避免国内不同学派因竞争需要给决策层造成不当干扰，决策质量更高。针对公共实验平台、公益基础设施，在规划、设计、建设等环节，应当通过项目咨询、研讨、评审等方式充分吸纳国际专家资源的专业意见。针对专用研究设施，由于科学目标更加聚焦，国际竞争激烈，在设施设计、建设环节就应当吸纳国际团队参与其中，并将国际合作作为项目发起的基本条件。

（2）积极介入国际大科学计划与大科学工程。吸引国际团队参与我国主导的大科学工程设施，一方面可以分摊运行成本，提高设施使用效率，另一方面也有利于提高我国科研人员的国际竞争能力与对话水平。同时，也应当客观认识到我国在大科学工程设施的前沿性和装置性能上与美国相比还存在不小差距，应当继续支持我国科研团队参加域外国家的大科学工程设施，分享域外国家科研成果，掌握管理经验。

（3）充分发挥大科学工程设施的政治影响力。大科学工程设施是我国开展对外科技援助，为广大发展中国家培养科技人才的重要路径之一。通过南南合作渠道，可以借助大科学工程设施，积极扩大海外政治影响力。

7.2.4 运营管理：加强进度、用户、科技成果、安全、科研伦理管理

1. 进度控制

大科学工程设施的进度控制体现在工程建设阶段，以防止项目超支。对此，应严格遵守工程项目管理规律，充分运用甘特图、倒排工程进度等方式予以控制。同时，也要考虑大科学工程设施的技术风险性与不可预见因素，实现刚柔相济的进度控制。

2. 用户管理与开发共享

对于大科学工程设施，必须根据设施属性与用户属性，分类管理，建立完备的用户管理制度（陈光和王艳芬，2014；丁云龙和刘洋，2007），具体如表7.5所示。

表 7.5　大科学工程的用户管理制度

用户属性	大科学工程设施属性		
	专用科研设施	公共科研设施	公益科研设施
普通用户	基于同行评议，竞争使用时间		按申请次序排队
合作用户	合作用户享有优先权，应基于个案协商使用时间		
企业用户	不接受企业用户申请	研究结果公开、支付使用费的实验项目优先	
涉密用户	严格保密审查，单独制定实验方案		不接受涉密用户申请

基于表7.5，大科学工程的用户管理涉及以下内容：一是区分普通用户与合作用户，建立设施用户的遴选机制，并将设施开放纳入运行评价指标，包括设施申

请的用户数量、外单位用户占比等；二是促进优质资源向高端用户倾斜，遴选优质用户，对可能出尖端成果的高端用户给予更多保障措施，给予经费支持，提高设施的用户服务水平和效率；三是除涉密用户外，提升大科学工程设施的透明化管理水平，提升设施的国际影响力与国际声誉；四是应积极吸引国内外科研机构、科研团队在大科学工程设施内部或周边建立专用实验室或工作站，形成长期、稳定的实质性国际合作。

3. 科技成果与知识产权管理

针对大科学工程设施，对预制阶段开发的实验设施设备、工装设备、关键核心部件等均予以严格的知识产权保护；对工程运行阶段形成的实验数据实行分类管理，专用科研设施数据全球共享，公共科研设施和公益科研设施数据有条件共享，用户享有自主权。

对于我国财政资助的科技成果与知识产权，按照我国相关法律法规执行；对于域外国家科研团队做科研实验形成的专利、技术秘密等具有商业价值的工业产权，按照我国相关法律法规执行。

4. 风险控制与安全管理

大科学工程设施创造出的实验环境通常是极高温、极低温、强烈核辐射、烈性病毒等，需要实施严格的风险控制与安全管理（章欣，2016）。历史上，美国、日本的大科学工程装置均出现过不同程度的安全事故。

目前，我国大科学工程装置集中在上海、北京、合肥等人口密集区域，安全管理关系到人民群众的生命健康与财产安全。针对此，一是严格执行实验室操作手册，加强安全操作与培训，定期开展实验室安全教育，设立严格的安全监管管理机制和问责机制，不定期开展飞行检查；二是注重设施设备的维护与更新，确保设施始终处于可用、能用的状态；三是切实提高设施运行维护人员待遇，稳定安全运行维护和技术研发队伍。

5. 科研伦理管理

大科学工程设施在运行过程中，应设立道德与伦理委员会，确保所有科研活动完全符合科研伦理规范。对生命领域、临床试验等方向应确保受试者的安全、健康、权益得到充分保护。对人工智能等领域，应充分确保用户隐私。

7.2.5　人才管理：建立全面覆盖的人才管理体系

我国在建设、运作大科学工程设施过程中，需要建立全面的人才管理体系。

（1）固定科研人员，包括大科学工程设施所在单位长期从事特定研究任务的科研人员和确保设施安全稳定运行的工程技术人员。针对前者，应依托大科学工程设施组建实验室，给予稳定的项目与经费支持，制定合理的奖酬制度，确保大科学工程设施单位内部团队的科研水平处于全球顶尖水平。针对后者，应制定针对性的绩效考评体系与职称晋升体系，给予具有市场竞争力的工资待遇。

（2）流动科研人员，包括来自全球的科学家个人或科研团队、企业科研团队、博士后、博士生等各个层次的科研人员。针对此，大科学工程设施所在单位应设置不同的实验室与工作室进入权限、数据访问权限、工作时间安排、保密层级等，并通过系列学术沙龙、学术讲座等加强与大科学工程设施固定科研人员的学术交流与互动。此外，对于预制阶段的人才队伍安排，尤其是预制但最终并未开工建设的情况，大科学工程设施在项目论证之初需要进行统筹安排。

7.2.6　制度保障：全方位保障大科学工程设施稳定运行

资金保障：通过立法，明确国家发展和改革委员会、财政部、科技部等部委对大科学工程设施的资源投入职能，逐一明确主资助部门，充分保障建设经费与运行经费。

任务保障：大科学工程设施团队有明确、清晰的组织目标与任务，不得与其他科研机构竞争科研项目，未经主资助部门同意，不得承担其他部门的科研项目。

组织保障：明确大科学工程设施执行单位的独立法人地位，建议明确单位性质为新型研发机构，完全拥有人事、项目设立和划拨等自主权。

第8章 我国国家实验室的建设与治理

国家实验室是一国最高等级的创新载体。我国的国家实验室定位为战略性科技力量，作为"新型举国体制"的承载主体，重点解决"建制性科技力量组织失灵和社会科技力量市场失灵"的问题。按照国家实验室的建设规划，目前已在北京、上海、合肥、广州、深圳五地建成九家国家实验室。本章将对此进行分析。

8.1 我国主要城市的国家实验室建设进展

我国"十四五"规划明确提出"以国家战略性需求为导向推进创新体系优化组合，加快构建以国家实验室为引领的战略科技力量"。根据这一顶层设计，在北京昌平、中关村和怀柔成立三家国家实验室，在上海成立浦江国家实验室、张江国家实验室、临港国家实验室，在合肥、广州和深圳各成立一家国家实验室。基于此，本节对北京、上海、合肥的基本情况做初步分析。

8.1.1 北京的国家实验室建设

北京高校院所密集，拥有清华大学、北京大学、中国科学院等顶尖高校院所。依托这些优势，北京建设怀柔综合性国家科学中心，并在此基础上建设昌平国家实验室（聚焦生命科学领域）、中关村国家实验室（聚焦网络信息领域）、怀柔国家实验室（聚焦清洁能源领域）三家实验室，形成了"1+3"格局，实验室整体科研实力居全国首位（徐晓丹和柳卸林，2019），其建设特点如下。

1. 院市共建国家实验室

怀柔综合性国家科学中心推进物质科学实验室和空间科学实验室两大载体建设，采用的是院市共建国家实验室模式。该实验室整合在京优势资源和研究团队，利用物质科学、空间科学领域大科学装置和交叉研究平台，瞄准基础科学前沿和多学科交叉应用，组织开展具有战略性、前沿性的科学研究。目前该实验室集聚了一批相关领域的顶尖科学家和科研团队，基本完成了物质科学、空间科学重点学科布局。

2. 采用"边规划建设边部署项目"方式，推动国家实验室突破

为加快突破，怀柔科学城建设主要采取"边规划建设边部署项目"的方式，

积极部署顶尖科研机构、国家实验室以及支持一批顶尖科技创新人才团队、一批大科学计划项目落地。在整个建设过程中，市区各相关部门和中国科学院相关单位不断加强沟通协调，积极推动科技成果转化落地协同机制，同时，积极吸引北京大学、清华大学等 10 余家高校参与，为怀柔科学城国家实验室引入更多力量，提供知识供给与技术支撑。

8.1.2 上海的国家实验室建设

上海地处长三角地区，经济实力雄厚，高校院所密集，以生物医药、人工智能、集成电路为三大先导产业。对照此，上海布局了张江国家实验室（聚焦光子科学和生命科学领域）、临港国家实验室（聚焦生物医药和脑科学领域）、浦江国家实验室（聚焦人工智能领域）。上海的国家实验室建设特征如下。

1. 注重顶层设计，创新建设机制，推动建立国家实验室管理体系

上海张江实验室由上海市政府与中国科学院共建成立，中国科学院院长和上海市市长共同担任管委会主任，统一领导、监管和指导张江实验室运行和国家实验室申请与筹建等工作。张江实验室由中国科学院上海高等研究院承建，中国科学院将上海光源等在沪大科学工程装置划转至张江实验室统一管理。前期由上海市科学技术委员会给予相应的经费支持，实现交叉融合和开放协同。这种院市共建机制，有利于建立国家实验室管理体系、招聘全球顶尖级科学家、产生有显示度的重大科技成果。

2. 聚焦区域核心产业领域布局和开展研究

上海三大国家实验室与三大先导产业基本匹配，主要重点攻关方向是生命科学、信息技术、光子科学等前沿科学领域。以生命科学为例，上海张江生物医药产业实力雄厚，素有"中国药谷"称号。张江国家实验室和临港国家实验室均涉及生物医药产业，致力于积极孕育干细胞、人类表型组和再生医学等重大前沿方向。

3. 围绕发展需求，构建国家实验室的产学研支撑体系

张江国家实验室地处"张江科学城"核心区域内，所属区域创新生态完善，毗邻上海科技大学，并与周边的复旦大学、中国科学院上海药物研究所等一流科研院所、新型研发机构开展紧密合作。上海三大国家实验室充分利用产学研合作模式，发挥企业市场运营、高校人才培养、科研机构科研优势，形成了三螺旋的协同创新模式，提升了创新体系的整体效能。

8.1.3　合肥的国家实验室建设

合肥以中国科学技术大学、中国科学院在合肥的下属院所为核心，聚焦量子信息科学领域建设合肥国家实验室，其建设特征如下。

1. 治理结构创新，明晰了大科学装置发展的目标

合肥国家实验室在治理结构设置上有所创新，主要包括三方面：一是注重治理结构设计，领导小组（也称理事会）由安徽省、中国科学院领导担任组长。负责审议和决定重大事项，包括各类规划与计划、科技设施布局等需要国家层面解决的问题，明确安徽省及合肥市职责。二是成立了国家科学中心办公室，职责范围包括负责落实领导小组（理事会）的决策部署工作，编制并组织实施规划与计划，统筹创新资源、基础设施、创新平台搭建与运营、高端人才引进及资金监管等。三是组建了专家咨询委员会，由国内外不同领域的科学家和知名专家组成，负责重大科学问题、科技发展战略、发展规划、重大政策等方面的咨询事宜，以及提供科学探索相关事宜和科技成果转化方面的建议。

2. 量身定制实验室运行机制，充分赋权首席科学家

合肥在国家实验室建设过程中，明确提出建立首席科学家制度，实行首席科学家全权负责制，依据国家实验室的特点量身定制实验机构运行机制，充分赋予首席科学家用人权、用财权、用物权、技术路线决定权等。

3. 依托国家实验室的大科学装置吸引人才

合肥拥有全超导托卡马克核聚变实验装置、量子科学装置、合肥光源等大科学工程装置。合肥国家实验室依托大科学工程装置吸引顶尖人才。例如，为支持强磁场大科学装置建设，合肥已聚集中国科学院院士、各类国家级人才 40 多人，吸引以"哈佛八博士"为代表的归国科技人才 30 多人。安徽省、合肥市会同中国科学院、国家自然科学基金委员会等单位，共同设立了国家科学中心联合自然科学基金，面向全球范围科研人员发布围绕信息、能源、健康、环境四大领域的研究项目，依托大科学工程装置开展研究。

8.1.4　对比分析

国家实验室需要创新资源具有集中度，也需要在创新成效上体现显示度，

通过大量资源投入，输出系统性创新成效。因此，对比三地的战略布局、关键创新要素等情况，对研判我国国家实验室建设方案具有重要作用。

1. 建设布局梳理

基于综合性国家科学中心建设方案及其他政策文件，可以梳理出上海张江综合性国家科学中心、安徽合肥综合性国家科学中心、北京怀柔综合性国家科学中心的总体建设布局情况，如表 8.1 所示。

表 8.1　上海、合肥、北京三地国家实验室和综合性国家科学中心总体布局

依托中心	建设目标	重点建设内容
张江综合性国家科学中心	聚焦生命科学、能源科学、光子科学、脑智能、计算科学等重点研究方向，通过院市合作和体制机制创新，开展国际一流的原始创新和集成创新，建设具有示范效应的"生态型"科技创新基地	①建设大科学工程设施群：加快建设蛋白质科学设施、上海光源线站工程、软 X 射线自由电子激光、转化医学等大科学装置；积极争取海底长期观测网、超强超短激光、活细胞成像平台、硬 X 射线自由电子激光、国家聚变能源装置等项目。②筹建国家实验室。③建设全球领先水平的科研机构。④推进多学科交叉前沿研究。⑤服务上海科创中心建设，围绕产业链布局创新链，加快科技成果转移转化，全面推进创新改革。⑥探索建立运行管理新机制
合肥综合性国家科学中心	聚焦能源、信息、健康、环境等重点研究领域，基于重大科技基础设施集群建设，促进高校院所、科研机构与产业平台间协同发展，构筑高端人才聚集地、原创成果策源地、创新生态示范区、科学研究制高点，搭建国家创新体系的核心基础平台与国际创新网络的重要组成部分	①建设大科学工程设施群：提升全超导托卡马克核聚变实验装置、稳态强磁场实验装置、同步辐射等现有大科学装置性能；新建聚变堆主机关键系统综合研究设施、未来网络试验设施（合肥中心）等国家大科学工程设施；建设合肥先进光源、大气环境立体探测实验装置等预研及技术验证装置，争取国家立项；依托大科学装置发起实施大科学计划和大科学工程。②筹建国家实验室。③建设科研机构与平台。④建设一批国际一流的共性技术研发平台。⑤加强中国科学技术大学、合肥工业大学、安徽大学等"双一流"大学和学科建设。⑥集聚高端人才。⑦成立理事会并设立办公室
怀柔综合性国家科学中心	围绕物质科学、空间科学、大气环境科学、地球科学等重大创新领域，建设一批大装置，发展一批高平台，集聚一批顶尖人才，引领一批新兴产业，打造新的汇聚一流科研机构、代表我国最高水平的科学研究总部基地	①建设大科学工程设施群：建设多模态跨尺度生物医学成像设施、综合极端条件实验装置、地球系统数值模拟装置、大气环境模拟系统、中国陆地生态系统观测实验网络、"子午工程"二期、高能同步辐射光源等一批国际首创或具有领先水平的大科学装置。②建设尖端科研机构。③建设交叉研究平台。④支持中国科学院大学等建设"双一流"大学。⑤在轻元素量子科技、纳米能源、清洁能源、先进制造、3D 网络超材料、先进仪器与特种材料、健康医疗等领域方向，研发突破一批关键共性技术，培育孵化一批重大产业化项目和创新型企业。⑥成立科学中心理事会，建立专家咨询机制

通过梳理，可以发现三地的目标设定和实施路径有显著差异：上海目标明确，

把张江综合性国家科学中心建设成为跨学科、综合性、多功能的国家实验室；合肥则将目标定位为建设国家实验室集群，除了之前已建成的三所国家实验室，未来目标是建成和吸引更多国家实验室，即建成量子国家实验室，吸引新能源国家实验室落户合肥；北京在综合性国家科学中心方案中则没有明确要专门建设国家实验室，而是将国家实验室的组织模式和运行机制融入尖端科研机构。针对综合性国家科学中心大体量、多主体特点，三地均强调运行管理机制创新，包括建设组织管理新体制（如理事会）、推动创新运行新机制、探索科技治理新模式等。

2. 关键核心要素

国家实验室在我国创新体系建设进程中属于关键之举，社会各界对其认知处于摸索前进阶段。通过比较张江综合性国家科学中心、合肥综合性国家科学中心、怀柔综合性国家科学中心的基础资源与布局情况，发现三者之间存在共同特征。

（1）均有大科学工程设施群。这三个地方均重视大科学工程设施建设，尤其是以地方独有的大科学装置群领航中心发展，包括提升现有大科学装置性能和新建一批大科学工程装置项目，以此作为综合性国家科学中心和国家实验室开展前瞻性、领先性基础科学研究的依托条件。

（2）科教资源丰富，有具备国际影响力的研究型大学。三地科教资源丰富，均重视科教融合，把"双一流"大学和学科建设作为关键任务，力图强化科教力量，布局前沿学科群。三地把汇聚尖端人才群作为核心任务，提升学科领域人才的实力和潜力。上海拥有复旦大学、上海交通大学、同济大学等多所"双一流"高校，北京拥有清华大学、北京大学等多所名校，合肥拥有中国科学技术大学、合肥工业大学等"双一流"高校。除此之外，三地在国家科学中心均有院校布局，张江拥有中国科学院与上海联手办的上海科技大学，北京怀柔有中国科学院大学。2014 年，中国科学院启动了"率先行动计划"，合肥申请成立"中国科学院合肥大科学中心"。此外，三地均强调多元主体协同创新和开放式创新，包括基础研究、应用基础研究、应用研究等领域的多主体联动，以及国内国际范围内的竞争与合作。

（3）三者均具有汇聚顶尖科研机构和一流研究团队开展交叉前沿研究的能力。三地大力吸引高端科学技术人才，为推动大科学装置的建设和发展提供了有力的智力保障。

3. 区域环境

国家实验室因自身资源配置基础与周边资源环境的差异，在创新研究领域的选择与区域发展战略的结合等方面呈现不同特点。

（1）属地创新资源优势不同。上海作为国际化大都市，拥有丰富的创新资源，赋予张江综合性国家科学中心及其国家实验室建设更多的国际化资源,在汇聚全世界顶尖科研团队、科研人才,参与或发起大科学计划项目、构建全球创新网络方面具有很大的优势。合肥虽然地处中部城市,但其在量子通信、新能源等领域拥有世界顶级科研团队,拥有大批大科学装置,关键领域资源集聚优势突出。北京怀柔科学中心依托顶尖大学吸引顶尖科研团队,依托金融机构为国家实验室建设提供资本支持等。

（2）依托的核心力量不同。上海张江综合性国家科学中心主要依托高科技园区,高效集聚了园区的所有资源,在兼顾基础研究的同时更加强调应用研究。北京怀柔综合性国家科学中心则更多依托首都创新资源综合优势,布局数个大科学装置,将更加聚焦于基础研究领域。安徽合肥综合性国家科学中心则依托科研机构、大科学装置及合肥高新技术开发区等多种资源,定位更加综合,基础研究与应用研究并重。

（3）建设的主体架构不同。上海张江综合性国家科学中心将国家实验室建设融入"1 + N + 4"主体框架中,即建设一个大科学装置群,发展能源科技、光子科技等 N 个研究方向,打造张江综合实验室等 4 大发展支柱力量。安徽合肥综合性国家科学中心将国家实验室建设作为领头布局,布局建设"2 + 8 + N + 3"主体架构,即 2 个国家实验室,8 个大科学装置,N 个交叉前沿研究平台和产业创新转化平台,以及 3 个"双一流"大学和学科。北京怀柔综合性国家科学中心则没有在主体建设框架下明确国家实验室建设目标。

8.2　我国建设国家实验室的关键挑战

8.2.1　我国建设国家实验室的战略定位

从主要科技强国的发展经验看,国家战略科技力量代表了国家科技创新的最高水平,是国家创新体系的内核,国家实验室又是其中的重中之重。具体而言,国家实验室是承担一国重大战略任务、实现重大科技突破的中坚力量。全球主要发达国家均已建立了高水平的国家实验室,如美国能源部的劳伦斯伯克利国家实验室、英国的国家研究实验室、德国亥姆霍兹联合会等。这些国家实验室普遍具有规模庞大、学科交叉、从事战略研究等特征,重点解决复杂度高、大尺度、中长期、事关人类共同利益和国家国防安全的重大科技问题,产出了大量改变世界进程、人类生产生活方式的先进成果。

国家实验室的使命与我国建设世界科技强国,推动创新驱动发展战略实施的目标高度一致。国家实验室作为我国战略科技力量的首要组成部分,在目标定位上面向世界科技前沿、面向经济主战场、面向国家重大需求、面向人民生命健康，能够加快解决关键技术问题，在基础研究领域取得有影响力的科学突破，促进产业链和创新链的深度融合（黄卫，2017）。因此，我国国家实验室具有更明确的使命任务、更快的战略响应、更前瞻的布局、更高的隶属级别（常旭华和仲东亭，2021）。

基于这一战略定位，我国当前正在建设的国家实验室既不等同于"国家重点实验室"（现更名为全国重点实验室），也与 2000 年左右开始建设的 14 所传统"国家（级）实验室"有本质区别，应当直接对标美国国家实验室、德国亥姆霍兹联合会、法国国家科学研究中心等，拥有独立的财权、人事权、项目管理权限等，能够充分调动各类创新资源，开展战略性、关键性、突破性技术研究与开发。

8.2.2　国家实验室体系的变革与重组

根据国家实验室的定位，国家实验室的使命目标要突出两个"战略性"：①战略攻关性，科技管理部门应当设定明确的任务和分阶段目标，重点面向事关国家安全、重大利益的关键核心技术领域，倒排时间表，限时完成有明确应用导向的基础研究；②战略引领性，国家实验室应当有组织地进行颠覆式创新，发挥战略引领作用，抢占全球科技创新制高点。同时，国家实验室要做好长远谋划，布局未来 50 年甚至 100 年的基础研究领域，一旦完成国家交付的战略攻关任务，迅速启动下一轮前沿基础研究，科技管理部门应当通过两个战略性部署，实现国家实验室的战略能力打造，成长为战略科技力量。

在 9 家国家实验室牵引下，我国还需要对现有国家重点实验室体系进行重组，明确组织目标和任务导向[①]。现有的国家重点实验室体系运行了 39 年，存在学科布局不适应新的科技发展需求、人员规模偏小、国家战略需求响应能力不足、产业/行业联系不紧密等问题，需要对现有国家重点实验室进行方向梳理和重新布局。2017 年科技部、财政部和国家发展改革委印发《国家科技创新基地优化整合方案》（国科发基〔2017〕250 号），提出对现有国家重点实验室进行优化调整和统筹布局，对依托高校和科研院所建设的学科国家重点实验室结合评估进行优化调整，对处于国际上领跑、并跑的国家重点实验室加大稳定支持力度，对处于长期跟跑的国家重点实验室要重新确定研究方向和任务，对多年来无重大创新成果、老化僵化的国家重点实验室予以调整。同时，在科学前沿、新兴、交叉、边

---

① 2018 年科技部、财政部下发《关于加强国家重点实验室建设发展的若干意见》，规划到 2020 年基本形成定位准确、目标清晰、布局合理、引领发展的国家重点实验室体系。《中华人民共和国国民经济和社会发展第十四个五年规划和 2035 年远景目标纲要》明确提出"重组国家重点实验室，形成结构合理、运行高效的实验室体系"。《科技体制改革三年攻坚方案（2021—2023 年）》再次强调要建立"使命驱动、任务导向"的国家实验室体系。

缘等学科以及布局薄弱与空白学科，依托高校、科研院所和骨干企业，部署建设一批国家重点实验室。统筹推进学科、省部共建、企业、军民共建和港澳伙伴国家重点实验室等建设发展。

8.2.3　国家实验室的内部管理

与全球顶尖的国家实验室相比，我国国家实验室尚在建设初期，未形成有效的管理制度框架，应重点在项目管理、人才管理、设备管理三方面加强体制机制建设。

项目管理方面，基于当前的国际形势和紧迫技术需求，应为"国家实验室＋国家重点实验室体系"配置明确的战略任务和完成时间节点。对此，一方面围绕国家实验室建立纵向和垂直支持和服务体系，有明确的资助归口部门、明确的研究任务及与之匹配的充足预算，能够独立地设置科研项目和资助管理办法，根据任务拆解执行组合各类科研项目，自由划拨科研经费，以项目资金刺激各类创新主体的活力，资助具有潜力的中青年科学家从事累积性、颠覆性科研活动；另一方面，国家实验室不再或很少参与竞争性科研项目资助，不允许申请国家自然科学基金、国家重点研发计划、省部级等各类公开招标的竞争性科研项目，避免项目申报、项目结题等事务挤占国家实验室团队成员的科研时间，科技管理部门要统筹平衡各创新主体的资源，避免国家实验室的规模优势、研究优势对现有的创新体系造成过大冲击，不利于体系稳定和创新人才的有序成长。此外，应当加强对国家实验室的战略响应能力、设施安全运行、项目进展情况的重点考察，确立评估标准，并根据评估结果动态调整国家实验室整体预算和各项目预算。

人才管理方面，国家实验室应组建一支由战略科学家、高级研究人员、高级技术支持人员、普通科研人员、行政管理团队、博士后群体、博士生群体、访问学者群体、用户群体构成的人才体系。人才体系建设应当注意几组关系：一是除实验室主任、副主任等高级管理团队允许流动外，其余行政团队定岗定编、职责固定，突出职业化、国际化特色，行政人员与科研人员数量配比1∶1，甚至1.5∶1；二是科研人员、技术支持人员、行政人员薪酬不低于企业同类岗位前10%的薪酬水平；三是国家实验室应加强与所在地区高校院所的合作，以"强基计划"等为纽带共同开展联合培养博士后、联合培养博士研究生等项目，设立国家实验室和高校之间的"旋转门"制度，方便科研人员快速切换专职科研人员和大学教授的身份属性。基于以上三方面的人才保障体系，国家实验室的体制机制设计应以充分激发科研人员创新活力为根本宗旨，具体如下：①项目申报方面，不允许科研人员申报自由探索类科研项目，既避免精力分散，确保有组织科研活动得以保质保量完成，同时也避免国家实验室挤占传统高校院所的科研资源；②考核评价方面，建立以质量、贡献、绩效为导向的人才综合评价体系，取消年度考核，实行聘期考核，从结果导向转向科研过程和内容导向，杜绝以数量论英雄，允许科研人员坐冷板凳。

设备管理方面，国家实验室通常拥有多套大科学工程装置，集聚了我国在一个或数个领域最尖端、最独特、最大规模的重大科研基础设施，为此需要开展设施设备的全生命周期管理，定时维护维修。同时，国家实验室应带头使用国产科研仪器设备，加强定制化设备、关键仪器设备、关键试剂材料、关键软件开发平台的自主设计、自主制造能力，推动国产化设备和软件替代，恢复精密仪器设计制造能力，孵化国产精密仪器设备企业。

8.2.4 国家实验室体系的横向协同

从国际经验看，国家实验室离不开既有国家创新体系内部其他创新主体的有效支持。我国需要做好顶层设计和战略转型，构建由国家实验室、省级实验室、国家重点实验室和市级重点实验室组成的"总部＋基地"的四级实验室模式。首先，以 9 家国家实验室担任四级实验室模式中的"总部"，以"四个面向"为使命导向，瞄准基础前沿领域，带动其他实验室的基础研究和应用研究。其次，以新型研发机构名义组建"省级实验室"作为国家实验室的预备役。除北京、上海外，部分经济发达地区在意识到基础研究、重大科技原创研究的重要性后，纷纷以新型研发机构名义组建"省级实验室"。例如，除广州国家实验室和鹏城国家实验室外，广东省 2017 年起陆续启动了 10 余家省级实验室的建设，浙江建设了智能科学与技术浙江省实验室（之江实验室）、系统医学与精准诊治浙江省实验室（良渚实验室）、生命科学与生物医学浙江省实验室（西湖实验室）等 10 家省级实验室。再次，增强国家重点实验室体系化能力，围绕国家实验室建设方向、地区创新资源和产业优势布局国家重点实验室重组方向，制定任务导向，形成"1＋N"的实验室格局，即 1 个国家实验室带动和支撑 N 个国家重点实验室的发展。最后，带动以高校、科研单位为主体建设的市级重点实验室，借助高校和科研单位的学科建设和优势，推动市级实验室发展。同时科技管理部门应当加大对市级实验室的引导、管理和评估，避免老化僵化。

在此基础上，我国需要注重国家实验室主管部门间协作。国家实验室和国家重点实验室的建设和运营需要多主体的参与，特别是中央和地方政府、高校、科研院所和领军企业等，多个主管部门间应保持沟通协作，共同推进。首先，需要处理好科技管理部门与中国科学院系统的关系，中国科学院一直是传统国家实验室体系的核心运行主体，在新一轮国家实验室重组过程中，中国科学院应当继续发挥骨干核心作用，形成以科技管理部门统筹协调，中国科学院和职能部委密切配合的组织架构。其次，需要处理好中国科学院与地方政府的关系，目前9家国家实验室落地北京、上海、合肥、广州、深圳五个城市，部分国家实验室系中国科学院下属所合并重组而来，中国科学院应继续加强业务指导，地方政府应给予中国科学院系统资金支持，地方科技管理部门与中国科学院系统形成合力，共同推动国家实验室的规划建设、项目管理与绩效评估。

8.2.5　国家实验室体系的纵向协同

（1）央地资源协同方面。针对建设选址议题，中央政府在选择国家实验室的地理位置时需要考虑地方的城市定位、创新资源、产业优势、重大基础设施对民生环境的影响等，尽可能充分利用地方已有资金、资源和设施加快国家实验室的筹备和建设，避免资源的重复和浪费。在风险管理方面，东部沿海地区需要考虑到地缘政治冲突可能带来的风险，对于国家实验室的重大基础设施、项目文件、数据和成品等做好安全保密和战略备份，防止已有研究成果被窃取和流失。

（2）央地资金协同方面。国家实验室应形成以国家部委资金支持，地方政府配套出资的资金协同模式。科技部、其他职能部委、中国科学院、地方政府应通过部市会商机制，签署联合资助协议，明确国家实验室建设和运行过程中的出资比例（如地方政府出资40%，中央部委出资50%，中国科学院出资10%），明确每年资金资助增幅不低于10%（德国亥姆霍兹联合会有此规定）；与此同时，采取雾化预算的管理方式，由负责资金资助和运营管理的科技管理部门分配预算，根据国家实验室每年的运行情况和绩效情况动态调整建设经费与运行经费，真正实现机构式资助，章程式管理。通过以上两方面举措，确保国家实验室人均可支配科研经费不低于100万元/年（参照美国国家实验室的标准）。与此同时，在确保国家战略目标和任务不动摇的前提下，加强国家实验室多元投入机制，鼓励通过共建研发平台和创新联合体、特许新建项目公司、捐赠、冠名等吸引社会资本。

（3）外部网络构建方面。首先，国家实验室应进一步完善对外合作机制，加速开放进度，由科技管理部门和国家安全部门负责国家实验室建设运营、产出成果的保密审查，非保密、非国防、非专用设施100%对社会开放，提高设施设备的运行成效，最大限度发挥国家实验室的对外技术溢出效能。其次，在科技成果转化方面，中国科学院主导的国家实验室应设立技术转移办公室，加强基础研究、应用基础研究、应用研究成果的转移转化和产业对接，可在项目设立之初就与企业签订联合攻关协议，以创新联合体的方式推进科研任务。同时，对企业参与的国家实验室，应严格区分国家实验室的公益性任务和企业的营利性任务，平衡公益和效益，重点发展技术平台、软件平台、关键共性技术等。最后，鼓励发展"国家实验室经济"，由科技管理部门牵头在国家实验室周边规划科技园区，发展材料试制、化验测试、小试平台、数据处理等高端服务业，建立孵化机制，提升企业对于关键核心技术的承接转化能力。

8.3　我国国家实验室建设的治理建议

到 2050 年，中国要实现第二个百年奋斗目标，进入创新型国家前列，加大科技资源投入力度是必由之路，尤其是国家实验室与大科学工程设施建设，对我国实现科学突破和技术突破，解决事关国家国防和产业安全具有重要的战略意义。自 1949 年以来，我国兴建了一大批大科学工程设施，形成了一定的管理经验，但是，在北京、合肥、上海、粤港澳大湾区开工建设的四个综合性国家科学中心建设，其规模体量、设施先进性已远超当年的管理制度框架，需要构建新的配套管理制度体系。因此，结合发达国家建设国家实验室和大科学工程设施的经验，我国下一阶段的国家实验室建设需要重点考虑以下方面内容。

1. 建立与国家战略目标实现相匹配的制度管理体系

国家实验室及其大科学工程设施是我国培育具有全球影响力的科研机构和领军型科学家的重要载体，为此需建立一整套与实现战略目标相匹配的制度管理体系：在国家层面，始终围绕国家战略任务和目标开展科研活动，设计相匹配的项目管理办法，严格控制非国家任务和非学术用户使用设施的比重；在组织层面，建立由科学家主导的权力架构，充分考虑资助部门、科学共同体、企业用户、周边社区与居民的利益，在不同事务层面设置相应的决策委员会；在个体层面，建立以信任为前提的人才管理机制，以高效完成任务为导向，宽容"学术独裁"，适当引入竞争机制与末位淘汰制度。

2. 充分吸收发达国家建设国家实验室的历史教训，避免再走弯路

国家实验室及其大科学工程设施的建设、管理、运营均需耗费巨额资金和人力，需要充分吸纳国内外的历史教训：在国家实验室形成或大科学工程设施筹备方面，必须经历社会各界长达数年的论证，协调好央地关系，以取得最广泛的支持；在实验室和设施建设方面，需要控制建设成本和技术风险，预防工期延误；在管理和运营方面，大科学工程设施模拟的是极高/极低温、高辐射性、高传染/致病性实验环境，需要开展负责任的研究，吸取发达国家的国家实验室安全责任事故教训，设置安全事故等级，建立安全责任事故处置预案。在国际科技合作方面，应建立与国际接轨的科学规范、数据标准、知识产权规则等，避免因管理问题对顶尖科学家来华开展前沿研究造成障碍。以美国超导超级对撞机的失败为例，其筹建阶段对外错判国际形势，对内与 NASA 的国际空间站项目直接展开竞争；

建设阶段更因"超导超级对撞机建设由军工工程师还是物理科学家主导？"的争论导致工期延误，成本失控，最终不仅浪费 20 亿美元，更是将高能物理领导者地位让与欧洲，错失了发现希格斯玻色子的机会。

3. 建立以效率为导向，突出科学经济性的绩效考评体系

国家实验室及其大科学工程设施所提供的"高通量、大规模操作、极端实验环境"是以巨额科研投入为代价的；相应地，科研范式必须从"以个人为主的自由探索"转向"以设施为主的有目的探索"，因此，不同于一般实验室的科研活动，国家实验室和大科学工程设施的研究目标收敛，研究结果具有必然性。也正因为目标锁定，在安全运行的基础上，对国家实验室及其大科学工程设施的考核应强调"时间最短""成本最低"，突出科学经济性。

第 9 章 我国常规科技计划项目管理

正如本书第 5 章所言，"大科学"与"小科学"本质上是相辅相成、相互耦合的关系，大科学项目实施过程中以若干小科学项目为基础。本章以中央政府层面的国家自然科学基金和上海地方层面的科技计划项目为例，全面梳理和分析我国科技计划及其管理制度，提炼出"小科学"科技计划管理模式的整体框架、管理逻辑及相应的制度体系。

9.1 中央政府层面的科技计划管理——以国家自然科学基金为例

国家自然科学基金是我国科技计划资助体系的重要组成部分。国家自然科学基金面向全国自由申请，鼓励科学家自由探索和首创精神，采用科学评审方法，实行学术竞争机制，有效促进了科技资源的优化配置。国家自然科学基金在我国众多科技计划项目资助中，以严格的同行评议机制、相对合理的资助比例、高质量的项目管理，获得了科技界的广泛认可，树立了标杆。从管理模式看，国家自然科学基金委员会实行总分式管理模式，由《国家自然科学基金条例》统领所有项目类别的一般性管理，同时依据每个项目类别出台针对性更强的具体办法。

9.1.1 国家自然科学基金的管理部门及其综合管理

2007 年，国务院颁布了《国家自然科学基金条例》，针对自然科学基金的组织与规划、申请与评审、资助与实施、监督与管理、法律责任等进行了明确界定，对相关责任人、责任单位的行为做出了基本约束。

国家自然科学基金委员会是自然科学基金的管理机构，根据国家发展科学技术的方针、政策及规划，有效运用国家自然科学基金支持基础研究，坚持自由探索，发挥导向作用，发现和培养科学技术人才，促进科学技术进步和经济社会协调发展。职责包括：①制定和实施支持基础研究和培养科学技术人才的资助计划，受理项目申请，组织专家评审，管理资助项目，促进科研资源的有效配置，营造有利于创新的良好环境；②协同国家科学技术行政主管部门制定国家发展基础研究的方针、政策和规划，就国家发展科学技术的重大问题提供咨询；③接受国务院及有关部门委托开展相关工作，联合有关机构开展资助活动；④同其他国家或地区的政府科学技术管理部门、资助机构和学术组织建立联系并开展国际合作；⑤支持国内其他科学基金的工作；⑥承办国务院交办的其他事项。

    国家自然科学基金委员会的组织结构如图9.1所示，其采取扁平式管理结构，国家自然科学基金委员会作为最高权力机构处于顶层，其下设置了办公室、计划与政策局、财务局、国际合作局、人事局等行政职能部门，与之并列的是数学物理科学部、化学科学部、地球科学部等学部；与此同时，国家自然科学基金委员

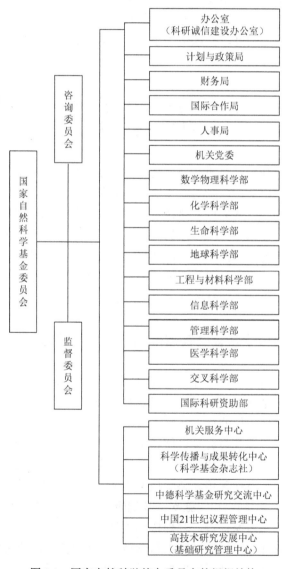

图9.1   国家自然科学基金委员会的组织结构

会还单列了监督委员会（其不与行政职能部门和学部之间发生直接关系）和咨询委员会；此外，国家自然科学基金委员会设置了五个直属单位。

　　按照这一组织结构，国家自然科学基金委员会制定了相应的组织管理规章制度，包括《国家自然科学基金委员会章程》《国家自然科学基金委员会监督委员会章程》《国家自然科学基金依托单位基金工作管理办法》《国家自然科学基金委员会科学部专家咨询委员会工作办法》及《国家自然科学基金项目评审专家工作管理办法》等文件。

　　与组织结构相匹配的是，国家自然科学基金委员会制定了相应的科技计划管理体系，具体如图 9.2 所示。

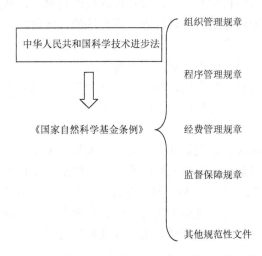

图 9.2　国家自然科学基金委员会的科技计划管理体系

9.1.2　国家自然科学基金的程序管理

　　国家自然科学基金坚持支持基础研究，逐渐形成和发展了由探索、人才、工具、融合四大系列组成的资助格局。具体如表 9.1 所示。

表 9.1　国家自然科学基金的资助格局

四大系列	具体项目类别
探索系列	面上项目、重点项目、专项项目等
人才系列	青年科学基金项目、地区科学基金项目、优秀青年科学基金项目、国家杰出青年科学基金项目、创新研究群体项目、外国学者研究基金项目等
工具系列	国家重大科研仪器研制项目
融合系列	重大项目、重大研究计划、联合基金项目、国际（地区）合作研究项目、基础科学中心项目等

因每个系列的管理目标和重心不同，国家自然科学基金委员会针对每个计划类别制定了独立的管理办法，包括《国家自然科学基金面上项目管理办法》《国家自然科学基金重点项目管理办法》《国家自然科学基金重大项目管理办法》《国家自然科学基金国际（地区）合作研究项目管理办法》等。综合这些管理办法，其核心内容是针对具体项目实行更加细节化的申请、评审、实施、评估程序。

9.1.3 国家自然科学基金的经费管理

国家自然科学基金的拨款主要来自一般公共预算和政府性基金预算，资金性质单一，相应地，自然科学基金的经费管理制度比较单一，通过《国家自然科学基金资助项目资金管理办法》予以管理。该办法的具体内容包括总则、项目资金开支范围、包干制项目资金申请与审批、预算制项目资金申请与审批、预算执行与决算、绩效管理与监督检查、附则七个板块。

目前，国家自然科学基金以定额资助理念为基础，以固定数额的经费资助科研人员开展相应研究。尽管部分学者质疑定额资助是计划经济时代的资金管理思维，与市场经济环境不相适应，甚至很多时候不能完全覆盖科研成本，但在缺乏科学的成本核算机制时，定额资助为广大科研人员提供了科研"第一桶金"的重要意义不可忽略。目前，国家自然科学基金在一些重大项目领域也开始尝试成本补偿的资助原则（黄慧玲，2015）。归纳而言，国家自然科学基金委员会目前采取的是差异化资助方式，对体量最大的青年项目和面上项目采取定额资助，对个别重大专项、重大科学仪器设备研制专项采取成本补偿资助。

9.1.4 国家自然科学基金的监督保障和其他规范性文件

为提高项目申报和管理透明度，预防科研腐败，提高科研诚信，国家自然科学基金委员会不仅设立了科研诚信建设办公室，还成立了独立性较高的监督委员会，并制定了一系列监督保障制度，包括《国家自然科学基金委员会信息公开管理办法》《国家自然科学基金项目评审回避与保密管理办法》《国家自然科学基金项目复审管理办法》《国家自然科学基金资助项目研究成果管理办法》。这些管理办法从信息公开与保密、项目评审和评估阶段回避、争议项目复核、成果管理等视角确保科技计划能够按照立项要求严格执行，保障了国家科研经费的合理使用（杜刚和顾新，2009）。

除此之外，国家自然科学基金委员会还出台了具有一般性指导意义的规范性文件，包括《国家自然科学基金项目评审专家行为规范》《国家自然科学基金地区联络网管理实施细则》《国家自然科学基金依托单位注册管理实施细则》等。

9.2　地方政府层面的科技计划管理——以上海为例

地方层面科技计划繁多，存在多种分类方式，包括按主管部门划分、按计划任务划分、按专项资金划分等。本节以上海为例，对每一类划分方法展开具体分析。

9.2.1　科技计划管理框架

从科技计划管理体系视角出发，科技计划可以分为四大管理模块：立项管理、项目管理、资金管理、人才管理，如图 9.3 所示。

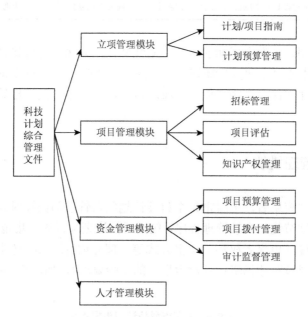

图 9.3　财政资助科技计划管理模块

具体到上海地方政府层面，其科技计划管理采取的是统分结构。表 9.2 显示了上海市科技计划综合管理相关法律法规和规范性文件。

表 9.2　上海市科技计划综合管理性的文件

序号	管理办法/规定名称	颁布单位
1	《上海中长期科学和技术发展规划纲要（2006—2020 年）》若干配套政策 沪府发〔2006〕12 号	上海市人民政府

续表

序号	管理办法/规定名称	颁布单位
2	《中共上海市委、上海市人民政府关于加快建设具有全球影响力的科技创新中心的意见》沪委发〔2015〕7号	上海市委、上海市人民政府
3	《关于进一步加大财政支持力度加快建设具有全球影响力的科技创新中心的若干配套政策》沪府办〔2015〕84号	上海市人民政府办公厅
4	《本市加强财政科技投入联动与统筹管理实施方案》沪府发〔2016〕29号	上海市人民政府
5	《上海市科技创新"十三五"规划》沪府发〔2016〕59号	上海市人民政府
6	《"中国制造2025"上海行动纲要》沪府发〔2016〕69号	上海市人民政府
7	《上海市建设具有全球影响力的科技创新中心"十四五"规划》	上海市人民政府

表 9.2 表明，上海市层面的全局战略性文件，如《上海市建设具有全球影响力的科技创新中心"十四五"规划》《"中国制造2025"上海行动纲要》等共同构成了综合管理性文件。这些文件为上海的科技计划改革提供了指导性思想和规划布局。

9.2.2　立项管理模块

从立项管理模块看，上海市每个科技计划归口管理部门针对具体的科技计划均制定了更为细节化的立项管理程序，包括科技计划项目的征集范围、申报要求、资助年限和额度、申报者权利、申报方式等。部分项目还对具体申报人做了明确要求（如青年科技英才扬帆计划对申报人的年龄要求），如表 9.3 所示。

表 9.3　上海市科技计划申报指南

归口管理部门	管理办法/规定名称	具体管理
科学技术委员会	《2017年度"科技创新行动计划"软科学研究重点项目指南》	征集范围（部分项目）申报要求资助年限和额度申报者权利申报方式
	《关于申报2017年度上海市自然科学基金项目的通知》	
	《关于组织申报2017年度上海市青年科技英才扬帆计划项目的通知》	
	《关于组织申报2017年度上海市优秀学术/技术带头人计划项目的通知》	
经济和信息化委员会	《关于开展2017年上海市产业转型升级发展专项资金项目（工业强基第一批）申报通知》	支持方向基本申报条件申报程序和材料申请受理
	《2020年度上海市工业互联网创新发展专项资金申报指南》	

续表

归口管理部门	管理办法/规定名称	具体管理
发展和改革委员会	《关于开展 2013 年度上海市战略性新兴产业项目征集工作的公告》	征集范围 项目条件 征集要求 服务窗口
教育委员会	《关于组织申报 2021 年度上海市教育委员会科研创新计划的通知》	申报要求 研究周期、资助额度 申报方式
人力资源和社会保障局	《上海市人才发展资金资助受理规定》	受理依据 受理范围 申请对象 申请条件 申报材料 申请程序 受理及评审时间

9.2.3　项目管理模块

与立项管理模块不同的是,项目管理模块主要由数个归口管理部门联合发布,具体如表 9.4 所示。这些管理办法的适用范围也相对宽些,但也存在少部分科技专项仅由单一部门归口管理的情况,如《上海市自然科学基金管理办法》《上海市教育委员会科研创新计划管理办法》等。具体到某一管理办法,其主要在申请和评审、实施与管理方面,对项目申报人、申报单位、归口管理部门等主要参与者的行为进行制度规范。

表 9.4　上海市科技计划项目管理模块相关规定

序号	管理办法/规定名称	颁布单位
1	《上海市战略性新兴产业发展专项资金管理办法》	上海市人民政府办公厅
2	《上海市科技计划项目管理办法》	科学技术委员会
3	《上海市软科学研究基地管理办法》	科学技术委员会
4	《上海市自然科学基金管理办法》	科学技术委员会
5	《上海市教育科学研究项目结项验收细则》	教育委员会
6	《上海市科技计划项目管理办法》	科学技术委员会
7	《"曙光计划"项目管理办法（2022 年修订）》	教育委员会、教育发展基金会
8	《"曙光计划"项目验收实施细则（2022 年修订）》	教育委员会、教育发展基金会

续表

序号	管理办法/规定名称	颁布单位
9	《"晨光计划"项目验收实施细则（2022 年修订)》	教育委员会、教育发展基金会
10	《"晨光计划"项目管理办法（2022 年修订)》	教育委员会、教育发展基金会
11	《上海市浦江人才计划管理办法》	人力资源和社会保障局、科学技术委员会
12	《上海市教育委员会科研创新计划管理办法（2020 年修订)》	教育委员会
13	《上海市教育科学研究项目管理办法》	教育委员会

9.2.4 资金管理模块

资金管理是科技计划管理的重中之重。上海市人民政府办公厅依据上海市战略发展要求，2015 年从顶层设计制定了《关于进一步加大财政支持力度加快建设具有全球影响力的科技创新中心的若干配套政策》，在此基础上，由上海市财政局牵头，与具体科技计划专项的归口管理部门（科学技术委员会、经济和信息化委员会、发展和改革委员会）联合发文，对具体科技计划专项的资金管理进行规范，具体如表 9.5 所示。

表 9.5 上海市科技计划资金管理相关规定

序号	管理办法/规定名称	颁布单位
1	《上海市财政科研项目专项经费管理办法》	财政局、科学技术委员会
2	《上海市科技计划专项经费后补助管理办法》	财政局、科学技术委员会
3	《进一步完善上海市财政科研项目经费"包干制"试点方案》	财政局、科学技术委员会
4	《国家科技重大专项资金配套管理办法实施细则》	财政局、科学技术委员会、发展和改革委员会
5	《上海市产业转型升级发展专项资金管理办法》	经济和信息化委员会、财政局
6	《上海市战略性新兴产业发展专项资金管理办法》	上海市人民政府办公厅

从具体管理内容看，大部分资金管理办法由总则、支持方式和支出内容、项目经费管理、监督检查、附则五部分组成，实现了对科研资金的全方位管理。

9.2.5　人才管理模块

与国家级科技计划类似，上海市也单独列出了人才类科技计划专项，通常由上海市人力资源和社会保障局、科学技术委员会、发展和改革委员会、经济和信息化委员会等联合发文，若涉及非中国籍人才，国家外国专家局也会介入，同时由公安局配合在出入境管理上提供便利。上海市人力资源和社会保障局牵头制定了两份顶层设计文件，包括《关于服务具有全球影响力的科技创新中心建设实施更加开放的国内人才引进政策的实施办法》《关于服务具有全球影响力的科技创新中心建设实施更加开放的海外人才引进政策的实施办法（试行）》。在此基础上，从人才级别视角制订了覆盖面较广的人才引进和支持计划（表 9.6）。

表 9.6　上海市科技计划人才相关规定

序号	管理办法/规定名称	颁布单位
1	《关于服务具有全球影响力的科技创新中心建设实施更加开放的国内人才引进政策的实施办法》	人力资源和社会保障局、科学技术委员会、发展和改革委员会、经济和信息化委员会
2	《关于推进新时期上海产业工人队伍建设改革的实施意见》	上海市委、市政府
3	《上海市重点产业领域人才专项奖励实施办法》	经济和信息化委员会、财政局
4	《关于新时代上海实施人才引领发展战略的若干意见》	上海市委、市政府
5	《上海领军人才队伍建设资金管理办法》	市委组织部、人力资源和社会保障局
6	《上海市白玉兰人才计划浦江项目实施办法》	市委人才工作领导小组办公室、人力资源和社会保障局、科学技术委员会
7	《上海领军人才队伍建设实施办法》	市委组织部、人力资源和社会保障局
8	《关于开展 2023 年上海市"超级博士后"激励计划资助申报工作的通知》	人力资源和社会保障局
9	《上海市浦江人才计划管理办法》	人力资源和社会保障局、科学技术委员会
10	《上海市人才发展资金管理办法》	人力资源和社会保障局
11	《上海市青年科技启明星计划管理办法》	科学技术委员会
12	《上海市优秀科技创新人才培育计划管理办法》	科学技术委员会
13	《"曙光计划"项目管理办法》《"曙光计划"项目验收实施细则（2022 年修订）》	教育委员会、教育发展基金会
14	《"晨光计划"项目管理办法（2022 年修订）》《"晨光计划"项目验收实施细则（2022 年修订）》	教育委员会、教育发展基金会

从人才覆盖范围看，上海的人才类科技计划专项基本涵盖了青年科研人才（启明星计划、"晨光计划"）、海外归国青年人才（浦江人才计划）、中青年科研业务骨干（"曙光计划"）、高层次科研人才（领军人才计划、学术/技术带头人计划）、海外高层次人才等。

从人才支持方式看，上海制定了差异化的人才科技计划专项，青年科研人才本土培养和海外引进并重，高端科研人才以海外引进为主，本土培养为辅。

9.2.6　内部规程和保障模块

为保障科研项目管理的科学性、透明性，预防和杜绝科研腐败，推动科技成果转化，上海制定了一系列内部规程和保障模块，包括《上海市科技成果转化创新改革试点实施方案》《上海市促进科技成果转移转化行动方案（2021—2023 年）》等（表 9.7）。这些地方政府规章和规范性文件有效弥补了项目管理过程中尚未涉及的具体细节，同样具有重要意义。

表 9.7　上海市科技计划相关内部规程和保障模块

序号	管理办法/规定名称	颁布单位
1	《上海市科技成果转化创新改革试点实施方案》	科学技术委员会、教育委员会、卫生健康委员会、发展和改革委员会、财政局、人力资源和社会保障局、知识产权局
2	《上海市促进科技成果转移转化行动方案（2021—2023 年）》	上海市人民政府办公厅

9.2.7　上海市科学技术委员会归口管理的科技计划

上海市科学技术委员会归口管理的科技计划共有 9 类，部分如表 9.8 所示。其中，科技创新行动计划下设 13 个子专项。整体而言，科学技术委员会的科技计划覆盖比较全面，包括基础研究、应用研究、成果转化、人才项目、企业项目、软科学（决策咨询）、科技合作、科普等。

表 9.8　上海市科学技术委员会归口管理的科技计划专项

项目类别	具体项目
基础研究	"科技创新行动计划"（基础研究领域） 上海市自然科学基金
应用研究	"科技创新行动计划"（高新技术领域、科学仪器与化学试剂领域、技术标准领域、社会发展领域、试验动物研究领域、生物医药领域科技支撑项目） 医学引导类（中、西医）科技支撑项目

续表

项目类别	具体项目
成果转化	"科技创新行动计划"（上海工程技术研究中心领域）
人才项目	浦江人才计划 上海市青年科技英才扬帆计划 上海市优秀学术/技术带头人计划项目 上海市青年科技启明星计划项目
企业项目	科技企业创新能力提升计划 科技"小巨人"企业项目
软科学	"科技创新行动计划"（软科学研究）
科技合作	"科技创新行动计划"（政府间/企业间国际科技合作项目、长三角科技联合攻关领域、国内科技合作领域）
科普	"科技创新行动计划"（科普项目）

从上海市科学技术委员会的部门财政预算支出看，2011～2023 年用于上述科学技术支出的经费呈逐年递增的趋势（图 9.4），这反映出科学技术委员会的科技计划资助强度总体保持稳步增长。但由于缺乏具体的项目执行数量数据，目前还很难判断单一项目的资助强度是否同期提升。

图 9.4　上海市科学技术委员会的部门财政预算支出情况（2011～2023 年）

按照图 9.3 的科技计划管理模块划分，首先，上海市科学技术委员会没有综合性科技计划规划文件或条例。其次，上海市科学技术委员会针对其归口管理的科技计划专项制定了本部门内部的立项管理办法。再次，在项目管理模块，科学技术委员会对其完全归口管理的专项制定了独立的项目管理办法，对需与其他部门联合管理的专项则共同制定项目管理办法；在资金管理模块，科学技术委员会主要与财政局联合出台针对具体项目的科研资金管理办法。最后，在人才专项上，针对本土人才的科技计划专项，科学技术委员会独立出台管理办法，针对海外人才，科学技术委员会与人力资源和社会保障局联合出台具体管理办法。表 9.9 列出了上海市科学技术委员会单独发布或与其他部门联合发布的部分项目管理相关办法。

表 9.9　上海市科学技术委员会单独发布或与其他部门联合发布的部分项目管理办法

环节	管理办法/规定名称	管理部门
立项管理	上海市 2023 年度"科技创新行动计划"医学创新研究专项项目申报指南	科学技术委员会
	2023 年度上海市白玉兰人才计划浦江项目申请指南	科学技术委员会，人力资源和社会保障局
	关于组织申报国家重点研发计划"生物安全关键技术研究"等重点专项 2023 年度项目的通知	科学技术委员会
项目管理	《上海市战略性新兴产业发展专项资金管理办法》	上海市人民政府办公厅
	《上海市科技计划项目管理办法》	科学技术委员会
	《上海市软科学研究基地管理办法》	科学技术委员会
	《上海市自然科学基金管理办法》	科学技术委员会
	《上海市教育科学研究项目结项验收细则》	教育委员会
	《上海市科技计划项目管理办法》	科学技术委员会
	《"曙光计划"项目管理办法（2022 年修订）》	教育委员会、教育发展基金会
	《"曙光计划"项目验收实施细则（2022 年修订）》	教育委员会、教育发展基金会
	《"晨光计划"项目验收实施细则（2022 年修订）》	教育委员会、教育发展基金会
	《"晨光计划"项目管理办法（2022 年修订）》	教育委员会、教育发展基金会
	《上海市浦江人才计划管理办法》	人力资源和社会保障局，科学技术委员会
	《科研创新计划管理办法（2020 年修订）》	教育委员会
	《上海市教育科学研究项目管理办法》	教育委员会
资金管理	《上海市财政科研项目专项经费管理办法》	财政局、科学技术委员会
	《上海市科技计划专项经费后补助管理办法》	财政局、科学技术委员会
	《进一步完善上海市财政科研项目经费"包干制"试点方案》	财政局、科学技术委员会
	《国家科技重大专项资金配套管理办法实施细则》	财政局、科学技术委员会、发展和改革委员会
	《上海市产业转型升级发展专项资金管理办法》	经济和信息化委员会、财政局
	《上海市战略性新兴产业发展专项资金管理办法》	发展和改革委员会、财政局

续表

环节	管理办法/规定名称	管理部门
人才管理	《关于服务具有全球影响力的科技创新中心建设实施更加开放的国内人才引进政策的实施办法》	人力资源和社会保障局、科学技术委员会、发展和改革委员会、经济和信息化委员会
	《关于推进新时期上海产业工人队伍建设改革的实施意见》	上海市委、市政府
	《上海市重点产业领域人才专项奖励实施办法》	经济和信息化委员会、财政局
	《关于新时代上海实施人才引领发展战略的若干意见》	上海市委、市政府
	《上海领军人才队伍建设资金管理办法》	市委组织部、人力资源和社会保障局
	《上海市白玉兰人才计划浦江项目实施办法》	市委人才工作领导小组办公室、人力资源和社会保障局、科学技术委员会
	《上海领军人才队伍建设实施办法》	市委组织部、人力资源和社会保障局
	《关于开展 2023 年上海市"超级博士后"激励计划资助申报工作的通知》	人力资源和社会保障局
	《上海市浦江人才计划管理办法》	人力资源和社会保障局、科学技术委员会
	《上海市人才发展资金管理办法》	人力资源和社会保障局
	《上海市青年科技启明星计划管理办法》	科学技术委员会
	《上海市优秀科技创新人才培育计划管理办法》	科学技术委员会
	《"曙光计划"项目管理办法（2022 年修订）》《"曙光计划"项目验收实施细则（2022 年修订）》	教育委员会、教育发展基金会
	《"晨光计划"项目管理办法（2022 年修订）》《"晨光计划"项目验收实施细则（2022 年修订）》	教育委员会、教育发展基金会
内部规程	《上海市科技成果转化创新改革试点实施方案》	科学技术委员会、教育委员会、卫生健康委员会、发展和改革委员会、财政局、人力资源和社会保障局、知识产权局
	《上海市促进科技成果转移转化行动方案（2021—2023 年）》	上海市人民政府办公厅

9.3　中央和地方科技计划项目的差异性分析

对比国家自然科学基金和上海市科技计划项目，二者在组织管理、监督保障及其他规范性文件上差异显著，具体如表 9.10 所示。

表 9.10　上海市科技计划管理与国家自然科学基金的管理体系对比

管理体系	国家自然科学基金的管理办法	上海市科技计划管理
组织管理	《国家自然科学基金委员会章程》 《国家自然科学基金委员会监督委员会章程》 《国家自然科学基金委员会依托单位基金工作管理办法》 《国家自然科学基金委员会科学部专家咨询委员会工作办法》 《国家自然科学基金项目评审专家工作管理办法》	《上海市科技专家库管理办法》 《上海市自然科学基金管理办法》
监督保障	《国家自然科学基金委员会信息公开管理办法》 《国家自然科学基金项目评审回避与保密管理办法》 《国家自然科学基金项目复审管理办法》 《国家自然科学基金资助项目研究成果管理办法》	《上海市科技计划项目管理办法》 《"晨光计划"项目管理办法（2022 年修订）》《"晨光计划"项目验收实施细则（2022 年修订）》 《上海市市级科技重大专项管理办法》
其他规范性文件	《国家自然科学基金项目评审专家行为规范》 《国家自然科学基金地区联络网管理实施细则》 《国家自然科学基金依托单位注册管理实施细则》	《上海市政府采购评审专家和评审工作管理办法》

从科技计划管理全过程看，上海科技计划管理在诸多细节上有待进一步优化。例如，在科技计划选题环节尚未建立专门的项目咨询委员会，设立相应的专家遴选机制，人数及服务期限规定等；在评审评议环节需要客观规定评审流程和结果反馈，尤其是专家评审意见的权重等。具体如图 9.5 所示。

从图 9.5 可以看出，图钉处表明上海已有相应的科技计划管理细则，空白处则表明上海市科技计划管理还存在制度空白。上海市科技计划主要在项目指南发布、立项、执行阶段进行了较好的控制，而对项目前期的指南制定过程、后期的评估及可能的市场开拓阶段缺乏有效控制或激励。具体如下。

1）专家评审制度

目前，上海市级层面科技计划专项缺乏专家评审制度。在科技计划的指南编制阶段、项目申报阶段、项目评估阶段均离不开专家的可靠评审。在专家评审制度中，有三个问题需要重点考虑：第一，需要明确专家来源、专家遴选机制、专家任职期限，以及合适的专家人数；第二，制定专家评审行为准则；第三，专家评审意见在项目最终评审意见中的权重设置，以国家自然科学基金为例，专家评审意见几乎拥有一票否决权。

2）回避制度

国家自然科学基金通过完备的信息管理建立了比较可靠的回避制度，有效排除了项目申请人与评审专家之间可能出现的同单位关系、师门关系、合作关系、竞争关系。受限于技术条件，上海市层面的科技计划还缺乏相应的制度设计和系统支持。

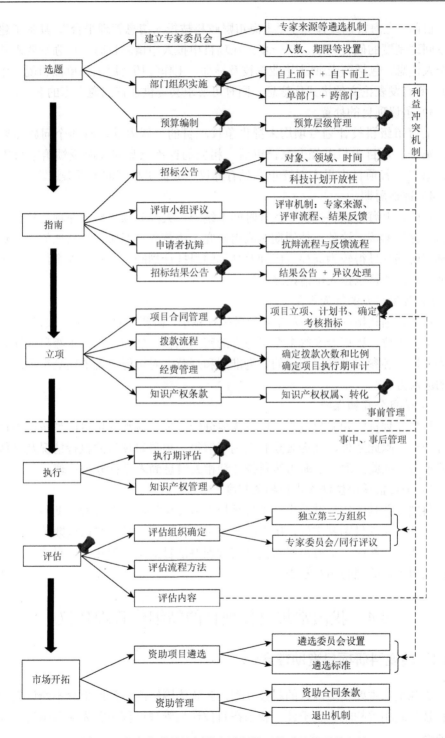

图 9.5 上海市科技计划的全过程管理体系及其不足之处

目前，上海市已经建立了"上海市财政科技投入信息管理平台"，具备了建立完备回避制度的硬件基础。下一步，在项目申报人申请项目时，可强制要求其完善个人信息，包括硕士/博士毕业院校及导师、工作经历（原工作单位和现工作单位）、所有发表论文的格式化信息，同时可要求其提供建议回避专家的名单。

3）争议项目的处置

上海市级科技计划专项均未提供争议项目的处置办法。有两个问题需要解决：第一，项目申报书经专家评审后，相应的评审意见应及时反馈给项目申请人；第二，若项目申报人对评审意见有异议，应提供相应的申诉渠道。

4）评估周期

目前，上海市级科技计划执行时间不统一，大部分项目要求在项目执行完毕的当年进行考核。这种评估周期对应用研究、决策咨询类研究是合适的，但对一些基础研究则显得较为局促。应针对具体的科技计划制定相对更加个性化的评估周期，允许项目承担人申请延缓评估。

5）各参与方的行为规范

科技计划从指南制定、发布到项目执行完毕，需要项目管理方、项目承担人、项目承担单位、评审专家等多个参与方的密切配合。然而，上海市级科技计划项目尚未针对各参与方制定明确的行为准则和规范，对可能出现的违规行为缺乏相应的应对方案。

6）信息公开和保密

科技计划执行和验收过程，信息需要分级处理。对涉密项目应当按保密程序进行处理，除此之外，社会公众有权利了解每一项科研项目的执行情况及具体的科研报告。在此方面，上海市级科技计划相关信息尚未进行分类管理。

7）项目依托单位法人责任相关制度

科技计划具体执行过程中，项目承担人所在单位承担着政府资助科研项目的日常管理。在项目顺利实施，确保科研资金不被滥用，杜绝科研腐败等方面发挥着核心作用。然而，上海市级科技计划管理办法目前主要聚焦于项目承担者，对项目承担单位的规制相对较少。

9.4　我国常规科技项目的精细化管理建议

9.4.1　转变科研项目资助理念

纵观全球主要发达国家的科技计划，其始终围绕既定资助理念不断调整和实施科技计划相关战略。鉴于此，我国在科技计划管理过程中首先应明确资助理念和战略。

中央政府层面的科技计划改革包括科技计划统筹、科技项目和资金管理、科技服务业、科技成果转化、大科学工程设施等多个方面（喻思娈，2014）。对接国家顶层设计，当前我国已初步完成科技计划的统筹和合并，明确了国家自然科学基金、国家科技重大专项、国家重点研发计划、技术创新引导专项、基地和人才专项五大类专项科技计划；然而，地方政府的调整还未全部完成，部分地区的科技计划分类主要是在原有科技计划基础上做的归并，在统筹和合并过程中反而进一步增加了牵头单位和协助单位之间的协调成本和时间（丁厚德，2005）。

9.4.2　科技计划资助改革的长远举措——优化管理体系 + 精细化管理

1. 建立统筹、协调的科技计划管理体系

2015 年，在十二届全国人大三次会议上时任科技部部长万钢强调，要建立有中国特色的以目标和绩效为导向的科技计划管理体制（常旭华等，2019）。从长远看，首先应建立统筹协调的科技计划管理体系。

1）科技计划决策的科学化

在整体科技计划框架基础上，应在科技计划决策流程上进一步进行科学化管理，具体包括：科技计划重点领域选择、科技计划指南编制等。从发达国家经验看，科技计划领域的确定主要与国家发展战略相匹配和对接，在具体部门项目指南编制上，则主要依赖专家决策和社会需求（包括机构使命、专家决策委员会、一线学者的意见、社会公众需求）。

2）科技资源的有效配置

在明确科技计划资助方向的基础上，应对现有科技资源进行有效配置，包括科研基础设施共享机制、科技成果有效扩散和贡献机制、科研项目和经费统筹管理、科研人员有效配置四个方面。以美国为例，科研人员申请项目时须签署条款加入科研成果分享平台，NIH 和 NSF 已取消了科研经费拨付对项目申报的限制，废弃或部分废弃固定的项目截止时间，允许科研人员一年三次或多次申报科研项目。特别指出的是，NIH 还通过资助机制（如 R01、R35 等）对不同层次的科研人才进行差异化资助。

3）科技评价体系的合理化

当前，我国科技计划的科技评价主要依赖专家评议，考核基准以量化成果为主，相对比较单一。从德国经验看，其对科技项目的考核包括了量化的科研产出指标、科研活动质量的评估、科研合作的评估、科研成果应用的评估。评估指标更全面和客观。美国的科技评价则有两套体系，一是管理和预算办公室组织的科技评价，二是独立的第三方评价。

4）科技成果转化政策的顺畅实施

伴随着我国科技成果转化法、科技成果转化行动方案等系列法律和政策的出台，科技成果转化在顶层设计方面已不存在障碍；但在具体落实方面，依然有许多环节没有打通。我国应进一步在权属制度改革、知识产权保护与运用、收益分配、税收政策等环节做好政策衔接，进一步保障科技成果转化工作的顺畅实施。

2. 建立精细化的科技计划管理体系

在微观层面，对比主要发达国家的成熟经验和做法，我国应建立精细化的科技计划管理体系，具体建议如下。

1）项目指南制定环节

项目指南制定决定了科技计划未来一段时期的研究方向和趋势，是决定了一国或地区科技发展战略的重要文件。借鉴发达国家的经验和做法，我国在制定项目指南时应采取专家评议和社会需求相结合的方法，尤其重视一线科研人员的想法；同时兼顾重大科技攻关项目、颠覆性技术、知识累积型科研三者之间的平衡。

2）科技计划组织形式

在重大攻关项目方面，全面对接国家的战略需求，要求项目申报团队开展有组织的科研活动；在前沿颠覆性技术方面，应鼓励战略科学家、顶尖科学家的自由探索，容许失败；在知识累积性明显的传统科研领域，应适当将科技资源向青年科学家倾斜，培养科研能力。

3）科技计划项目评审和评估机制

借鉴发达国家的项目评审制度，设立相对独立的项目评审中心。在评审程序上，建议采取"评审专家＋项目官员"的两级评审制度；在评审程序上，对项目评审小组、项目评审专家、评审流程、评审标准、评审结果计算规则等方面制定了详细的操作规程；在评审专家方面，制定评审专家回避制度、更新制度，尝试采取项目申报者同时参与他人项目评审的制度。

在项目评估方面，注重评估方法的研究和总结，加强对项目过程的评估，包括科研活动质量、科研合作情况、科研成果转化情况等；适当引入独立第三方的评估。

4）科技计划项目的成果管理

当前，政府财政资助完成的科研成果，在企业端管理过松，在高校和科研院所端管理则过严。针对这种情况，我国应适度予以平衡。建议采取以下举措：建立严格的成果披露制度，尤其加强对企业端的管理，对所有财政资助成果建立登记入库制度；科研成果完成后，要充分保障项目资助单位的"介入权"，联合国家知识产权局，在专利文件中添加政府利益的说明，专利获得授权后应主动向项目资助单位实施非独占性许可。

9.4.3　科技计划资助改革的应急举措——借鉴 NIH 的 R35 资助经验

1. 试点 R35 资助机制，提高产生革命性成果的可能性

NIH 的 R35 资助机制通过顶尖科研人才筛选、50%的精力投入保障、长期稳定的资金支持三条举措，得以确保顶尖科研人员在最长达八年的时间内重点聚焦某一个研究领域进行自由探索，提高了产生革命性成果的可能性。我国科技计划体系中还不存在类似的资助机制。从资助领域看，国家自然科学基金聚焦基础研究，其中的优秀青年和杰出青年基金实际上建立了类似 R35 的资助机制；从资助期限和延续资助看，目前国内科研项目最长资助期限仅为五年，且全部为竞争性资助，无法实施 R35 的非竞争性延续资助机制，给科研人员的持续研究带来较大不确定性；从资助形式看，R35 资助与项目式资助和机构式资助均有较大区别，完全以人为主。因此，建议如下：①在生命科学、数学、物理等纯基础科学领域先行试点开展 R35 资助机制，给予科研人员长周期稳定资助；②地方政府在开展此类资助机制时，应与国家五大科技计划管理系统对接，既可筛选出符合要求的科研人员，同时也可联网严格限制科研人员申请其他项目，确保科研人员真正专注于某一科研领域。

2. 围绕节约时间，给予科研人才更多时间开展自由探索

NIH 下属机构采取 R35 资助机制的又一目的是减少科研人员申请和管理多个项目的时间，保障科研人员有更多时间开展研究。R35 资助在申请前、申请提交、项目考核三个节点尽量减少科研人员无谓的时间消耗，避免精力浪费。借鉴这一理念，建议如下：①继续推进部委内部科研项目的归并、整合、统筹，避免科技计划条块分割和碎片化管理占用科研人员过多时间；②NIH 的非竞争性项目约占总资助规模的 50%，而我国目前仍缺乏针对延续申请和追加申请的非竞争性项目资助机制，今后应以竞争性项目和非竞争性项目并重；③结合学科特征制定针对性的考核机制，对长周期基础研究类项目应减少考核次数。

3. 推进柔性管理，改善科研项目的管理弹性

考虑到长周期资助的高风险性和不确定性，R35 资助设置了非常灵活的管理办法，包括允许科研人员不设考核目标、中途变更研究问题、提前终止项目等。对此，建议如下：①任务导向型和自由探索型科研项目并重，针对前者采取目标管理和关键绩效指标（key performance index，KPI）考评机制，针对后者推进柔性管理，给予科研人员更多的科研自主权；②营造宽容失败的环境，提高管理弹性，确保科研人员脱离现有技术路线不会影响其职业生涯。

9.4.4　科研项目精细化过程管理

结合前述内容，从过程管理视角看，我国科技计划管理应在精细化管理方面继续完善相关制度规则和程序设计，最终形成科技计划项目管理的闭环管理。具体程序设计如表 9.11 所示。

表 9.11　"小科学"背景下常规科技计划项目的精细化管理

管理环节	核心过程	相关制度
选题	专家委员会	专家来源、遴选机制
		人数、任职期限制度
		公示制度、利益冲突机制
	科学技术委员会具体处室	课题来源：自上向下＋自下向上
		单一部门＋跨部门的协调流程
	预决算管理	预算控制（刚性＋柔性）
		预算与决算协调机制
招标	招标公告	对象、领域、时间
		科技计划的国际科技合作
	评审层级	专家评审＋项目官员（权重配比）
	评审小组评议	评审标准（指标＋权重）、专家来源、评审流程、结果反馈
	回避制度和利益冲突管理	初审和会评的专家回避制度、利益冲突管理
	评审结果评议	评议评审专家的结果
	申请者抗辩	抗辩流程、反馈流程
	招标结果公示	结果公示、异议处理
立项	合同管理	项目立项、计划书、考核指标（硬性＋柔性）
	拨款流程	拨款时间节点、次数、单次比例、执行期审计、单项比例限制（劳务）、结余经费处置
	经费管理	
	知识产权管理	涉密管理、权属管理、政府利益表达（介入权）、转移转化
	风险管理	风险管理门槛、控制手段
	项目责任单位	项目责任单位管理（信用制度、保密制度、档案管理、经费管理、成果管理）
执行	执行期评估	硬性评估、柔性评估
		知识产权监控
	退出机制和中断资助机制	退出机制（经费、科研成果等）、中断资助条件、方法等

续表

管理环节	核心过程	相关制度
评估	评估小组确定	评估小组：第三方评估、专家评审委员会评估、同行评议
	评估方法	评估标准：科学性、社会性 评估流程、评估周期
	评估结果管理	评估结果管理与应用
	回避制度和利益冲突管理	评估专家的回避与利益冲突管理
	科研诚信管理	科研诚信问题处置办法
后续资助	评估结果应用	评估结果与资助申请结合
	资助机制	定向、邀标、机构资助、竞争资助

第10章 我国"大科学"的总体治理框架与关键举措

伴随科研范式变革，"大科学"时代已经到来。结合国际经验和本土实践，中国的"大科学"发展应当兼顾人类命运共同体建设和国家创新体系效能提升。因此，在第 6 章至第 9 章关于发展"大科学"的具体建议基础上，本章拟从更加宏观的视角出发，探讨我国"大科学"的治理框架和关键举措。

10.1 "大科学"治理以提升科技创新策源能力为总体目标

我国要建成举世公认的创新型国家，吸引全球顶尖科学家来华，聚焦重大科学前沿做出重大发现，开展"大科学"研究是最佳途径之一。因此，科学界和政府部门在判断是否开展"大科学"研究时，不能算"小账"，应当整体地建立判断标准，具体如下。

（1）科学价值：开展大科学计划、大科学工程是否符合未来科技发展总体趋势？是否有利于推进第四次工业革命？是否能解决别人解决不了的科学问题？

（2）时间收益：开展大科学计划、大科学工程是否一定比分散投资、自由探索式的科研资助模式效率更高、时间更短？

（3）政治收益：开展大科学计划、大科学工程是否产生了相当的政治收益？包括应对全人类共同挑战、为全球提供基础研究公共产品。

（4）经济收益：开展大科学计划、大科学工程是否带来潜在经济收益？

在四个判断标准基础上，科学界和政府部门需要对照自身经济、科技实力，判断能否开展大科学计划或大科学工程。

（1）经济能力方面：大科学计划/工程完全是基础研究，耗资巨大，外部性强，短期内几乎没有任何经济回报，中央和地方财政能否承担这一资金支出是首先需要关注的议题，如上海硬 X 射线自由电子激光装置，投资超过 100 亿元人民币，尚处在争议阶段的"中国超级电子对撞机"预期投入超千亿元，这已经远非一般省市所能承受的资金支出。

（2）科学目标方面：大科学计划/工程不是自由探索类基础研究，必须有明确的、在一定时间内可及的科学目标。按照《科技领域中央与地方财政事权和支出责任划分改革方案》的规定,"目标导向类基础研究要紧密结合经济社会发展需求,由中央和地方财政分别承担支出责任",因此,具有清晰的科学目标是中央确定主资助部门的前提条件。

（3）主导能力方面：大科学计划/工程是全球顶尖科学家共同开展科研工作、交流沟通的平台,需要一批从事国际一流研究、具备国际学术话语权和国际视野的顶尖战略科学家,以及一批能够代表国际顶尖水平的代表性成果。按照国务院《积极牵头组织国际大科学计划和大科学工程方案》的"中方主导、合作共赢"原则,中央和地方政府在大科学计划/工程方面需要重点考虑自身的研究基础和国际竞争力,确保具备主导的能力。

10.2　面向前沿基本科学问题、面向国家重大战略部署"大科学"

大科学计划或大科学工程必须面向世界科技前沿、面向国家重大战略需求。在领域布局上要充分考虑国际科技发展态势,跟踪追赶和前瞻布局并重,识别并确保战略必争领域,充分考虑国家战略需求（高杰,2018）。

大科学计划/工程的发起需要科学共同体的前期推动。从 1993~2019 年我国香山科学会议的议题设置看,医学、生物、物理、环境始终是最热门的研究领域（图 10.1）,据此可以推断,大科学计划/工程的领域布局也应当聚焦这四个大的领域。事实上,目前进入培育阶段的数个大科学计划/工程均已通过了香山科学会议的讨论,如"天琴计划与国际合作""'全脑介观神经联接图谱'大科学计划""未来地球计划与人类命运共同体建设"等。

对比美国国家研究委员会 1983~2019 年的报告主题,同样发现,出现频次最多的主题是运输与基础设施、健康与医学、环境与环境研究、地球科学、工程技术、行为与社会科学、航天航空、冲突与安全问题、教育、工业与劳工、生物学与生命科学、科技政策、数学、化学与物理、计算机与信息技术、农业、食物与营养、能源与节能、调查统计、传记与自传、探索科学 21 个一级类别,一级类别下又涉及了 150 余个二级类别,其中运输与基础设施、健康与医学、环境与环境研究三类主题的数量最多。

尤其进入 21 世纪以来,美国国家研究委员会的研究报告分为两大类主题：第一类依旧是以健康与药学为中心,不同的是加强了与生物学、教育、农业等学科的联系,可见国家研究委员会已开始更多关注生物医疗领域,同时开始注重医疗领域人才的培养。此外,在第一类中,数学、化学与物理学这一基础学科主题的重要性开始显现,其处于较为中心的位置,并与多个主题有广泛联系。行为与社

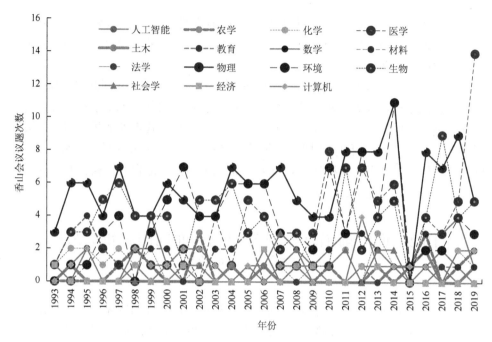

图 10.1　香山科学会议主题变化趋势（1993～2019 年）

会科学、统计、冲突安全等社科类的主题的重要性也明显增加，并且与教育这一主题的联系较大，可见美国科学界对社科类项目的投入增大。第二大类包含信息科学、环境研究、工程学等主题，主题之间的联系较第一类更为紧密。其中，环境研究与社会科学的联系密切，说明美国政府重视社会对环境问题的看法与态度，正积极进行此类研究（赵俊杰，2017）。

　　我国意识到全球科技创新已进入大科学时代，各地方政府也都在积极筹划，集中在地学、海洋科学、生命科学、能源科学四个领域开展"大科学"研究计划。例如，山东省提出要重点资助海洋领域的大科学计划，如吴立新院士提出了"透明海洋"大科学计划，管华诗院士提出了"蓝色药库"大科学计划等。长三角三省一市提出要围绕大科学计划，打造长三角科创圈，合肥重点发展高能物理和量子科学，上海发展生命科学、光子、深海观测等。深圳重点投资建设大科学工程设施，推进生命科学、生物学领域的大科学计划与大科学工程。具体如表 10.1 所示。

表 10.1　我国省市拟发起的国际大科学计划与大科学工程情况

序号	国际大科学计划	主导机构	区域
1	"化学地球"国际大科学计划	自然资源部中国地质调查局物化探所	廊坊
2	三极环境与气候变化	中国科学院青藏高原研究所	北京

续表

序号	国际大科学计划	主导机构	区域
3	深时数字地球	中国科学院地理科学与资源研究所	昆山
4	"全球岩溶动力系统资源环境效应"国际大科学计划	中国地质调查局	北京
5	青藏高原地学研究国际大科学计划	中国地质调查局	北京
6	国际子午圈大科学计划	中国科学院国家空间科学中心	北京
7	国际大洋发现计划	同济大学等	上海
8	国际微生物组大科学计划	中国科学院深圳先进技术研究院	深圳
9	"透明海洋"大科学计划	中国海洋大学	青岛
10	全球干旱生态系统国际大科学计划培育专项	中国科学院生态环境研究中心、地理科学与资源研究所、遥感与数字地球研究所等	北京
11	人类表型组国际大科学计划	复旦大学牵头,中国科学院上海生命科学研究院、上海交通大学等单位专家共同承担	上海
12	地球生物基因组计划	华大基因	深圳
13	人与生物圈计划	中国科学院生命科学与生物技术局	北京
14	长期生态研究计划	中国科学院	北京
15	平方公里阵列射电望远镜	上海天文台(参与)	上海
16	国际热核实验反应堆计划	中国科学院合肥物质科学研究院(参与)	合肥

10.3 关注全球科学竞争,布局一流的大科学工程设施集群

全球各国对本国大型科研基础设施聚焦领域有统一的规划布局,地球系统与环境科学、材料科学、空间与天文科学、粒子物理与核物理是全球大科学工程主要布局的领域。与美欧相比,得益于改革开放以来的大量资源投入,我国在主要领域均有所布局,但在数量、质量、极端性能指标上与美欧相比还存在一定差距。

从布局中国特色、全球一流大科学工程设施的角度出发,有两个建设方向:①将单一性能做到全球第一,吸引全球顶尖科研团队前来从事科研活动,但随着各国加快大科学工程建设进度,这种"全球第一"通常难以持续很长时间,且为了做到全球第一通常需要更高的政府投资;②另辟蹊径,在特定能级区域发力,加强大科学工程设施的特定目标属性与多用途属性,提升大科学工程设施的体系化能力。

此外,考虑到我国还是发展中国家,要兼顾"大科学"研究与经济社会发展、基础民生保障。在开展大科学工程建设过程中,首先应建设公共科研设施与公益科研设施,实现"一机多用,基础应用兼顾",不过度追求装置的极端性能,以最

小成本但最大限度地满足各类社会需求；其次，选择少数真正具有国际竞争力的专用研究设施，以我为主，适当吸引域外国家共同投资建设，追求极端性能世界第一。

10.4　以国家实验室为核心，完善大科学计划与工程的载体建设

围绕大科学工程设施，主要发达国家通常建立了综合性国家实验室，如著名的费米国家实验室、洛斯阿拉莫斯国家实验室等。这些综合性国家实验室通常具有以下特点：科研力量集中、科研任务集中、政府投资集中、科研成果丰硕、学科多样、学科交叉、发展新型科学和交叉科学、突破重大新技术的能力强。这些大科学工程及完善的实验室配套环境往往能够吸引世界各地的科学家前来进行科学实验。

大科学工程提供的"极端化"环境决定了国家实验室的先进程度。例如，在欧洲核子研究中心的大型强子对撞机建成后，美国费米实验室的质子-反质子对撞机沦为第二，再没有产出诺奖级成果。表 10.2 列出了主要发达国家国家实验室的大科学工程设施及科研人员规模情况。

表 10.2　全球著名国家实验室的大科学工程设施情况

大科学工程设施	依托国家实验室	常驻科研人员规模
大型强子对撞机	欧洲核子研究中心	2 500 人
先进光源	劳伦斯伯克利国家实验室	5 444 人
国家同步辐射光源Ⅱ	布鲁克黑文国家实验室	2 500 多人
斯坦福同步辐射光源	斯坦福直线加速器中心	1 600 人
散裂中子源	橡树岭国家实验室	6 000 多人
国家强磁场实验室	洛斯阿拉莫斯国家实验室	14 150 人

反观我国，尽管在大科学工程设施建设方面已步入全球领先国家行列，但在机构设置、组织机构建设上与国外相比仍有一定差距。以上海为例，表 10.3 列举了我国大科学工程设施的依托单位，与美国、欧洲著名的国家实验室（表 10.2）相比，在体量规模、国际影响力等方面仍有较大差距。

表 10.3　上海地区大科学工程设施的机构布局

序号	设施	学科领域	依托单位	科研人员规模
1	上海光源	物理学、化学、生物学、材料科学	中国科学院上海高等研究院	1015 人

续表

序号	设施	学科领域	依托单位	科研人员规模
2	上海软X射线自由电子激光装置	物理学、化学、材料科学、能源科学技术	中国科学院上海应用物理研究所	609 人（其中科技人员384 人）
3	神光Ⅱ高功率激光物理实验装置	物理学、天文学	中国科学院上海光学精密机械研究所	958 人
4	上海65米射电望远镜（天马望远镜）	天文学	中国科学院上海天文台	375 人
5	国家蛋白质科学中心（上海）	化学、生物学、药学、材料科学	中国科学院上海高等研究院	1015 人
6	转化医学国家重大科技基础设施（上海）	生物、化学、物理、信息、医学	上海交大及其医学院附属医院	

10.5 引进与培养并举，建设全球基础研究人才高地

各国的历史经验均表明，人才培养与布局要远远早于大科学计划/大科学工程的发起或参与时间，以满足人才规模要求。从这点看，我国应尽早在未来开展"大科学"活动的领域，外部引进和自我培养同步进行，打造顶尖科学家、科研人才、博士后、博士生共同构成的梯度人才体系，选择性地在部分基础研究打造全球人才高地。

1. 实施战略科学家引进与培养计划

我国应发挥科学家在科技宏观决策中的作用，面向海内外顶尖科学家群体招聘"科技战略顾问"，从中遴选和培育优秀的战略科学家；根据大科学计划发展蓝图，提前 5～10 年面向关系国家根本和全局的领域实施"战略科学家引进计划"，每年引进 10 名战略科学家。同时，打破双重国籍的限制，加大对外国籍科技人才的"中华人民共和国外国人永久居留身份证"签发规模与速度，吸引优秀的外籍人才加入中国科研队伍。

2. 提升基础学科的人才培养质量与规模

我国应加大基础学科的投入力度，改革基础学科考核评价体系，提升高校基础学科综合实力，争取到2035 年，在数学、物理、化学、天文、地理、生物等基础学科全球前 20 名排行榜均有中国高校。扩大基础学科招生改革试点覆盖面，调整"强基计划"招生专业，优化基础学科的本科生培养体系。聚集大科学计划，以真正的科学问题为导向，开展个性化、高质量、议题驱动式的研究生教育。

10.6 完善"大科学"研究的国际科技合作

"大科学"研究一方面聚焦的是涉及全人类命运和利益的重大前沿科学议题，另一方面需要各国在领土、领海、领空、生物样本等多方面予以开放和配合，这两方面都离不开高质量的国际科技合作。

1. 根据"中方主导、合作共赢"的大科学发展原则，开展国际合作

我国仍是发展中国家，总体科技水平有待提高，有必要重新审视"大科学"治理背景下的国际科技合作，始终突出"以我为主"原则。针对当前阶段制定国际科技合作规划与布局，确立整体国际科技合作框架，完善相应政策法律环境，重新审视各部门的任务职责；做好战略层面的顶层设计，将科技、教育与社会发展各领域结合起来，在协作中追求科技进步的同时，实现国家与社会的发展。

2. 培养全球意识，有限度地开展大科学国际科技合作

在全球面临诸多严峻挑战的背景下，美欧日等发达国家与地区在全球大科学项目中占有较大比重，对此我们也应积极参与其中，发挥自身优势，解决全球性问题，但不管是"走出去"还是"引进来"，都有必要重视科技合作限度问题。例如，美国能源部的合作项目，对外资机构的申请就有一定的限制标准，既不允许国外机构或人员直接参与本国的科研项目，也不直接予以科研资助。对此，我国在开展国际科技合作时，可以首先考虑筛选出需要合作的重点领域，确定与外方合作的原则，制定外资机构与人员参与合作的标准，然后严格把控合作过程，对合作成果进行有效管理。

3. 争取国际科研规则制定权，有策略地开展大科学科技合作

发达国家与地区针对不同国家采取不同策略，如欧盟针对不同的第三国采取合作、协作、援助策略；日本针对不同合作对象采取竞争与协调、合作、援助策略。我国在开展国际科技合作时，应明确与不同国家在不同领域的合作目的，有差别地展开合作。在弱势领域，作为技术接纳国，我们应力争并加强与科研先进国和特色资源国的合作；在优势领域，作为技术援助国，可以有选择地与发展中国家开展教育和科研方面的合作；同时作为世界主要大国，我们应积极开发创新潜能，参与到国际机构与组织中，争取一定的话语权与参与相应标准的制定。

参 考 文 献

卞松保，柳卸林. 2011. 国家实验室的模式、分类和比较：基于美国、德国和中国的创新发展实践研究[J]. 管理学报，8（4）：567-576.

常旭华，陈强，刘笑. 2019. 美国 NIH 和 NSF 的科研项目精细化过程管理及对我国的启示[J]. 经济社会体制比较，（2）：134-143.

常旭华，仲东亭. 2021. 国家实验室及其重大科技基础设施的管理体系分析[J]. 中国软科学，（6）：13-22.

陈光，王艳芬. 2014. 关于中国大型科研仪器共享问题的分析[J]. 科学学研究，32（10）：1546-1551.

陈力，刘笑，陈强. 2017. 社会资本参与重大公共科技基础设施建设面临问题及对策：来自国外科技领域公私合作的经验与启示[J]. 中国软科学，（6）：14-20.

陈立华，王成程，郑万国，等. 2016. 基于全面经费管理理论的大科学工程经费管理实践[J]. 项目管理技术，14（6）：91-95.

陈强，常旭华，李建昌. 2013. 主要发达国家和地区的科技计划开放及其启示[J]. 经济社会体制比较，（2）：236-243.

程豪，周琼琼. 2018. 我国重大科研基础设施调查数据分析[J]. 今日科苑，（5）：76-82.

程如烟. 2017. 欧盟 2016 年研究基础设施路线图的组织管理及启示[J]. 世界科技研究与发展，39（1）：3-7.

戴国庆. 2005. 我国大科学工程财务管理的现状以及对国际合作的影响分析[J]. 中国科技论坛，（1）：24-28.

德国亥姆霍兹联合会. 2018. 德国国家实验室体系的发展历程：德国亥姆霍兹联合会的前世今生[M]. 何宏，徐然，黄群，等译. 北京：科学出版社.

丁厚德. 2005. 科技资源配置的新问题和对策分析[J]. 科学学研究，23（4）：474-480.

丁云龙，刘洋. 2007. 论高校大型科研仪器设备的治理策略：基于 H 大学科研仪器设备管理的案例分析[J]. 公共管理学报，4（4）：92-99，126.

董璐，李泽霞，王郅媛，等. 2019. 国外大型科研仪器设备共享措施研究及启示[J]. 世界科技研究与发展，41（5）：524-533.

董雨，方昀达. 2018. 英国研究理事会对中国项目管理专业机构的启示[J]. 中国高校科技，（S1）：46-48.

杜澄，尚智丛. 2011. 国家大科学工程研究[M]. 北京：北京理工大学出版社.

杜德斌，盛垒，马勇，等. 2008. 外商参与东道国科技计划项目：美国的经验及启示[J]. 中国科技论坛，（10）：135-139.

杜刚，顾新. 2009. 我国科技计划管理腐败问题及其对策研究[J]. 科技管理研究，29（2）：34-36.

段异兵，潘紫燕，陈代还. 2014. 美国国立卫生研究院应对预算消减的资助与管理战略选择[J].

中国科学基金，28（4）：257-262.

方勇，王明明，刘牧.2010. 政府职能转变与科技计划项目管理的第三方评估咨询[J]. 中国科技论坛，（8）：5-9，25.

冯伟波，周源，周羽.2020. 开放式创新视角下美国国家实验室大型科研基础设施共享机制研究[J]. 科技管理研究，40（1）：1-5.

高博，刘垠，操秀英.2018-04-10. 从"参与"到"牵头"：有自信更有底气[N]. 科技日报，（1）.

高杰. 2018-08-18. 实施以我为主的尖端重器型国际科技合作与大科学计划[N]. 人民政协报，（3）.

郝君超，李哲.2018. 国家实验室人员管理的国际经验及启示[J]. 科技中国，（4）：86-88.

黄海洋，李建强. 2011. 美国共性技术研发机构的发展经验与启示：NIST 的发展经验及其在美国技术创新体系中的角色与作用[J]. 科学管理研究，29（1）：63-68.

黄慧玲.2015. 科技计划项目资助额度量化与实证研究[J]. 科研管理，36（12）：146-154.

黄卫.2017. 加强我国面向世界科技强国的基础研究基本布局和若干思考[J]. 中国软科学，（8）：1-8.

黄喜，李建平. 2010. 基于成熟度的科研项目管理评测及改进研究[J]. 科研管理，31（4）：139-145.

蒋玉宏，王俊明，徐鹏辉.2015. 美国部分国家实验室大型科研基础设施运行管理模式及启示[J]. 全球科技经济瞭望，30（6）：16-20.

寇明婷，邵含清，杨媛棋.2020. 国家实验室经费配置与管理机制研究：美国的经验与启示[J]. 科研管理，41（6）：280-288.

李昊，徐源.2021. 国家使命：美国国家实验室科技创新[M]. 北京：清华大学出版社.

李强，李景平. 2016. 中国参与国际大科学计划的路径研究[J]. 科学管理研究，34（5）：115-119.

李宜展，刘细文.2019. 国家重大科技基础设施的学术产出评价研究：以德国亥姆霍兹联合会科技基础设施为例[J]. 中国科学基金，33（3）：313-320.

李哲，周华东，李研.2016. 国外专业机构科研项目管理的经验与启示：以德国宇航中心项目管理署为例[J]. 中国科技论坛，（8）：149-153.

李政.2004.美国科研机构的设立和管理[J]. 全球科技经济瞭望，19（1）：9-12.

刘贺，胡颖，王冬梅.2019. 国家大型科研仪器现状及其开放共享分析研究[J]. 科研管理，40（9）：282-288.

柳怀祖. 2016. 北京正负电子对撞机工程建设亲历记：柳怀祖的回忆[M]. 长沙：湖南教育出版社.

罗德隆.2012. 国际大科学工程：ITER 计划外部审核管理[M]. 北京：科学技术文献出版社.

罗小安，许健，佟仁城.2007. 大科学工程的风险管理研究[J]. 管理评论，19（4）：43-48，64.

骆严，朱雪忠，焦洪涛.2016. 论美国大学与联邦实验室技术转移政策的差异[J]. 科学学研究，34（3）：373-379.

聂继凯，危怀安.2015. 大科学工程的实现路径研究：基于原子弹制造工程和载人航天工程的案例剖析[J]. 科学学与科学技术管理，36（9）：3-10.

潘昕昕.2016. 美国科技项目监督体系：以科技计划管理专业机构 NIH 为例[J]. 科技管理研究，36（8）：179-182.

彭春燕. 2015. 日本设立颠覆性技术创新计划探索科技计划管理改革[J]. 中国科技论坛，（4）：141-147.

石聪明，王锋. 2018. 中国参与国际大科学的得失分析[J]. 科技管理研究，38（1）：35-39.

宋海刚. 2016. 欧盟科技计划管理的咨询与决策机制研究[J]. 全球科技经济瞭望，31（8）：21-26.

孙洪. 2016. 中外国际科技合作计划（基金）资助与管理汇编[M]. 北京：科学出版社.

王川. 2015. 科研项目管理视角下的技术增加值理论[J]. 科研管理，36（S1）：300-305.

王佳存. 2011. 美国政府科技计划及经费管理[J]. 全球科技经济瞭望，26（6）：36-46.

王婷，陈凯华，卢涛，等. 2020. 重大科技基础设施综合效益评估体系构建研究：兼论在 FAST 评估中的应用[J]. 管理世界，36（6）：213-236，255.

王贻芳，白云翔. 2020. 发展国家重大科技基础设施 引领国际科技创新[J]. 管理世界，36（5）：172-188，17.

危怀安，胡艳辉. 2013. 卡文迪什实验室发展中的室主任作用机理[J]. 科研管理，34（4）：137-143.

吴建国. 2009. 美国国立科研机构经费配置管理模式研究[J]. 科学对社会的影响，（1）：23-28.

希尔齐克 M. 2022. 大科学[M]. 王文浩，译. 长沙：湖南科学技术出版社.

肖利，汪飚翔. 2011. 利用国外经费资源，拓展我国科技合作空间：以利用美国科技经费资源为例[J]. 研究与发展管理，23（2）：115-120，133.

邢淑英. 2000. 中国科学院大科学工程的管理[J]. 中国科学院院刊，15（1）：33-36.

徐晓丹，柳卸林. 2019. 北京市建设国家实验室的基础与对策研究[J]. 科技进步与对策，36（19）：41-49.

闫绪娴，侯光明. 2004. 美国科技计划管理及其特点[J]. 科学学研究，22（S1）：78-81.

阎康年. 2004. 美国贝尔实验室成功之道[M]. 广州：广东教育出版社.

阎康年. 2012. 科学革命与卡文迪什实验室[M]. 3 版. 太原：山西教育出版社.

喻思娈. 2014. 政府不再直接管理科技项目[N/OL]. http://cpc.people.com.cn/n/2014/1021/c83083-25875629.html[2023-08-14].

曾卫明，吴雷. 2008. 国家实验室管理体制与运行机制探讨[J]. 中国科技论坛，（3）：114-116.

张恒力，高元强. 2007. 我国大科学工程改造升级的管理与运行：以北京正负电子对撞机重大改造工程（BEPC Ⅱ）为例[J]. 中国科技论坛，（2）：39-42，88.

张琰，韦宇，何洁. 2015. 中美研究型高校科技项目过程管理对比研究[J]. 科研管理，36（S1）：314-320.

张志勤. 2015. 欧盟大型科研基础设施概述及政策走向[J]. 全球科技经济瞭望，30（6）：7-15.

章欣. 2016. 生物安全 4 级实验室建设关键问题及发展策略研究[D]. 北京：中国人民解放军军事医学科学院.

赵俊杰. 2017. 国外发起和参与大科学项目的相关情况研究[J]. 全球科技经济瞭望，32（1）：13-20.

赵忆宁. 2018. 大国工程[M]. 北京：中国人民大学出版社.

中国科学院. 2009. 科技革命与中国的现代化：关于中国面向 2050 年科技发展战略的思考[M]. 北京：科学出版社.

中国科学院大科学装置领域战略研究组. 2009. 中国至 2050 年重大科技基础设施发展路线图[M]. 北京：科学出版社.

钟少颖，聂晓伟. 2017. 美国联邦国家实验室研究[M]. 北京：科学出版社.

仲平，李昕，汪航. 2017. 美国大科学计划和工程管理的制度与模式：以美国 NSF 大型研究设施建设计划为例[J]. 全球科技经济瞭望，32（S1）：43-50，73.

周岱，刘红玉，赵加强，等. 2008. 国家实验室的管理体制和运行机制分析与建构[J]. 科研管理，29（2）：154-165.

周洲，赵宇刚. 2018. 大科学基础设施管理国际经验借鉴：以巴特尔纪念研究所为例[J]. 科学发展，（4）：15-20.

朱相丽，李泽霞，姜言彬，等. 2019. 美国强磁场国家实验室管理运行模式分析[J]. 全球科技经济瞭望，34（2）：24-33.

Lambright W H. 2009. 重大科学计划实施的关键：管理与协调[M]. 王小宁，译. 北京：科学出版社.

Battelle Memorial Institute. 2018. The impact of Genomics on the U.S. economy[R/OL]. https://unitedformedicalresearch.org/wp-content/uploads/2013/06/The-Impact-of-Genomics-on-the-US-Economy.pdf[2024-02-02].

Galison P L，Hevly B W. 1992. Big Science：the Growth of Large-scale Research[M]. Stanford：Stanford University Press.

Greenberg D S. 1999. The Politics of Pure Science[M]. Chicago：University of Chicago Press.

Holtkamp N. 2007. An overview of the ITER project[J]. Fusion Engineering and Design，82（5/6/7/8/9/10/11/12/13/14）：427-434.

Janamanchi M，Burns J R. 2012. The case for comprehensive models and methodologies for project planning，tracking and managing[J]. Global　Perspective on Engineering Management，1（3）：74-82.

U.S. Department of Energy. 2024. Grants Policy and Guidance [EB/OL]. https://science.osti.gov/grants/Policy-and-Guidance[2024-02-02].

U.S. National Institute of Standards and Technology. 2004. ATP Eligibility Criteria for Foreign-Owned，U.S.-Incorporated or U.S.-Organized Companies: Legislation，Implementation，and Results [EB/OL]. https://nvlpubs.nist.gov/nistpubs/Legacy/IR/nistir6099a.pdf[2024-02-02].

U.S. National Institutes of Health. 2012. Types of Grant Programs[EB/OL]. https://grants.nih.gov/grants/funding/funding_program.htm[2024-02-02].

U.S. National Science Foundation. 2023. Proposal and Award Policies and Procedures Guide[EB/OL]. https://nsf-gov-resources.nsf.gov/2022-10/nsf23_1.pdf?VersionId=VQHMy1XFClNhULRMabdaeCqYvbgykldV[2024-02-02].

Wagner C S，Yezril A，Hassell S. 2001. International cooperation in research and development[R]. Santa Monica：RAND Corporation.

Weinberg A M. 1961. Impact of large-scale science on the United States[J]. Science，134（3473）：161-164.

后　记

21 世纪注定是"大科学"的时代。

"大科学"关注的研究领域和资金需求往往是一所大学、一个省份乃至一个国家难以独自承担的，往往需要集中全人类的共同智慧和力量才可能得以实现，这不仅是跨学科的知识合作问题，更需要数十年近乎无限的资源支持。因此，从某种意义上说，"大科学"主导着国际学术界、工业界的研究方向和政府资助重点，体现了全人类愿意联合起来探索自然的决心和勇气。欧洲大型强子对撞机从提出概念到诞生第一束质子花费了 25 年时间和 100 亿美元，直到建成 5 年之后才成功发现了"上帝粒子"。

大科学研究是一种人类针对深空、深海、深地、生命科学、微观粒子等基础前沿科学采用工业规模的研究范式。原子弹、登月、人类基因组计划、希格斯玻色子、国际大洋发现计划等，无不如此。大科学研究某种程度上是对过去延续数百年的小科学研究的部分颠覆和有益补充，不必十分强调自由探索范式下通过公平竞争和机会均等保护科学家的"个人灵感"，而是突出工厂式研究模式下科学目标的收敛性、组织管理的协同性，更加注重科学研究的效率和成本。

大科学研究的科学技术意义和潜在社会价值巨大，但代价是可能吸干了稀缺资源，阻碍人类改善生存条件；大科学研究范式下制造的原子弹曾经帮助正义国家赢得战争，但代价是核的阴云徘徊在人类头顶，俄乌冲突的核恐怖升温、切尔诺贝利和福岛的核事故让人恐惧。因此，无论是 20 世纪 90 年代美国社会"是否应该上马超级质子对撞机？"还是 21 世纪初我国"是否应该建设超级对撞机？"都引起了科学界和社会公众的激烈辩论。人类对于未知世界的探索和追问，将迫使我们不断组织规模更大的大科学计划，建造能量密度更高的大科学工程设施。一个自然而然的问题是"规模持续攀升的科学研究投资是否值得，以及如何高效组织这场科学盛宴"？

针对以上这些没有标准答案的重大战略问题，本书尝试性地从"大科学"客观规律（全过程和全生命周期）、"大科学"载体建设（国家实验室）、"大科学"项目管理（常规科技计划）三个维度做了初步回答。

大科学时代的科技创新治理涉及科学、技术、工程、产业、政治、文化等诸多领域，面临着多学科交叉融合、多元主体和多目标诉求，是一项复杂系统工程。因此，关于大科学的科技创新治理有相当多的问题需要深入研究，本书仅是对研究这一问题的浅浅尝试，可能还有很多历史资料没有补充，很多新的形势变化没有考虑，只能期待日后继续补充。